Ohnmacht. Macht. Missbrauch

Ohnmacht. Macht. Missbrauch

Theologische Analysen eines systemischen Problems

Herausgegeben von
Jochen Sautermeister und Andreas Odenthal

HERDER

FREIBURG · BASEL · WIEN

MIX
Papier aus verantwor-
tungsvollen Quellen
FSC® C083411

© Verlag Herder GmbH, Freiburg im Breisgau 2021
Alle Rechte vorbehalten
www.herder.de
Umschlaggestaltung: Verlag Herder
Satz: Barbara Herrmann, Freiburg
Herstellung: CPI books GmbH, Leck
Printed in Germany
ISBN Print 978-3-451-38875-0
ISBN E-Book (PDF) 978-3-451-83875-0

Inhalt

Einführung

Der Skandal des sexuellen Missbrauchs erschüttert nach wie vor die Katholische Kirche. Bei den vielfältigen Diskussionen darüber wird jedoch leicht übersehen, dass Missbrauch nicht erst bei der Tat einsetzt und nicht nur eine Sache zwischen Täter und Opfer ist. Missbrauch hat eine strukturelle Seite, die als traumatisches Milieu missbräuchliche Machtverhältnisse voraussetzt und fördert. Eine Vortragsreihe an der Katholisch-Theologischen Fakultät der Universität Bonn im Wintersemester 2019/20 hat versucht, diese Zusammenhänge zu beleuchten, wobei das komplexe Phänomen des Missbrauchs zum einen aus theologischer Sicht, zum anderen im interdisziplinären Dialog mit der Soziologie und der Psychologie analysiert und reflektiert wurde. Die Ergebnisse dieser Vorlesungsreihe werden nun in diesem Band vorgestellt.

Am Anfang steht der Beitrag von *Jochen Sautermeister*. Er zeichnet die Entwicklung der Bemühungen nach, sich den mit dem Missbrauch verbundenen Problemen zu stellen. In diesem Prozess kamen immer stärker strukturelle Kontexte in den Blick, etwa in Form einer missbräuchlichen kirchlichen Machtausübung. Die anstehenden systemischen Fragen haben dabei auch eine theologische Seite. Es gilt zu klären, inwieweit die Theologie Denkstrukturen, Mentalitäten und Geisteshaltungen in der Kirche begünstigt hat, die durch systemstabilisierende Konstruktionen oder simplifizierende Konzepte missbräuchliche Machtstrukturen untermauerten. Die anstehende Aufgabe heißt deshalb, die theologische und ethische Verantwortbarkeit der zugrunde liegenden Denkfiguren zu reflektieren. Das geht nur interdisziplinär, wobei prospektiv theologische Modelle zu entwerfen sind, die das Heilsame und Lebensdienliche des christlichen Glaubens erfahrbar und wirksam zur Sprache bringen sowie eine befreiende kirchliche Praxis fördern können.

Der Beitrag von *Andreas Jud* und *Marion Jarczok* bilanziert zum einen den Umfang des Missbrauchs und referiert zum anderen über die kirchlichen Bemühungen zu seiner Aufarbeitung, die sich etwa in der Verschärfung der gesamtkirchlichen Gesetzgebung, in Leistungen gegenüber den Betroffenen und Versuchen zur wissenschaftlichen Aufarbeitung zeigen. Sodann wird der Missbrauch in andere derzeitige kirchliche Problematiken eingebettet, die mit den Stichwörtern Weiheamt, Verbot des Frauenpriestertums und Pflicht-zölibat umrissen sind. Thematisiert werden schließlich mögliche Präventionsmaßnahmen sowie die Umsetzung von Schutzkonzepten. Ein Fazit der Überlegungen ist etwa die ungenügende Einbeziehung der Betroffenen in die kirchlichen Überlegungen.

Wolfgang Reuter legt seinem Beitrag einen Perspektivenwechsel zugrunde, indem nicht primär die Opfer-Täter-Dynamik, sondern das diese umgebende und ermöglichende traumatische Milieu in den Blick kommt, das im Hinblick auf kirchliche Kontexte spezifiziert wird. Im Kontext einer psychoanalytisch fundierten Pastoralpsychologie bemüht er traumatheoretische Grundannahmen: Es geht auch beim Missbrauch um die Vernichtung des Anderen als Anderem. Solche traumatischen Erfahrungen vermag Reuter bereits in den überlieferten Inhalten und Praktiken des Glaubens wiederzufinden wie in manchen Spaltungstendenzen im Selbstbild der Kirche, das uneingeschränkt heilig bleiben muss. Von hier aus wird ein anderer Zugang zur „Täterdynamik" versucht sowie ein Täterprofil erstellt. Ein Blick nach vorne benennt Kriterien, nach denen statt zu einer Zerstörung zur Aufrichtung des Anderen gefunden werden kann.

Um den bei Reuter benannten kirchlichen Spaltungstendenzen entgegenzuwirken, ist es nötig, die Kirche mit sich selbst bekannt-zumachen. Dazu stellt Michael Schüßler aus praktisch-theologischer Perspektive die kirchlichen Präventionsbemühungen unter die interessante Frage, was denn an Gewohntem „verlernt" werden müsse, um Missbrauch in Zukunft verhindern zu helfen. Er nennt hier eine dringend anstehende Kritik christlicher Pastoralmacht, die sich etwa im Klerikalismus äußert. Weitere Stichworte nennen das zu Verlernende: Totalitätskonzepte, eine Sexualfixierung, ein Geschlechteressentialismus, worunter sich das Problem der vorhandenen und zugleich verbotenen Homosexualität verbirgt, was als Double-Bind-Struktur wahrzunehmen ist. Dann geht es wiederum um das schwierige Thema des Pflichtzölibats und den Co-Klerikalismus auf Seiten bestimmter Laiengruppierungen. Der Finger ist damit in die Wunde gelegt, ob nicht falsche Sakralisierungen zu einer Kultur des Wegschauens haben beitragen können.

Einen anderen Blickwinkel nimmt Oliver Wintzek ein. Aus systematisch-theologischer Perspektive beschreibt er die Tatsache, dass

mittels der Kategorie der Offenbarung die Kirche eine unanfechtbare Instanz der Gottesgewissheit werden konnte. Mit Rückgriff
besonders auf das 19. Jahrhundert rekonstruiert Wintzek historisch-
genetisch die Verzahnung von Ekklesiologie und Offenbarungs-
theologie im Kontext des Antimodernismus. Die Selbstsakralisie-
rung und Selbstimmunisierung von Kirche und Theologie vor den
Herausforderungen der Moderne führte zu einer Universalisierung
lehramtlicher Macht, vor deren Hintergrund Tendenzen der Vertuschung des Missbrauchsskandals verstehbar (nicht: entschuldbar)
werden. Der Auftrag heute lautet angesichts dieses Befundes, statt
autoritativem Vorgehen hin zu einer begründungsfähigen Deu-
tungslogik zu finden.

Aus kirchenrechtlicher Perspektive geht *Judith Hahn* dem Zusammenhang zwischen Recht und Macht nach, nun im Hinblick auf kirchenrechtliche Strukturen, die sie zwischen „Kirchenrechtsmacht"
und „Kirchenmachtrecht" rekonstruiert. Sie diagnostiziert dabei,
dass das kirchliche Recht der Macht nur eine schwache Machtkontrolle gewährleiste und sich somit dem „Illegitimitätsverdacht" aus-
setze. Zwei Perspektiven werden entworfen: Zum einen muss Macht
als Dominanz zum Thema der Theologie werden. Zum anderen
muss Macht als Verantwortlichkeit reformuliert werden.

Von der Organisationsberatung herkommend bringt *Ulrich Feeser-Lichterfeld* einen systemisch-lösungsorientierten Ansatz ein, den
er am Beispiel des „Systems" des Aloisiuskollegs in Bonn konkretisiert. Er buchstabiert dies auf die problematische Ancilla-Rolle von
Organisationsberatung, aber auch von Theologie aus. Projektiert
wird auf Zukunft hin eine Pastoralgemeinschaft, wobei im Hinblick
auf zerstörerische Machtverhältnisse „pastoral" kleingeschrieben
werden müsste.

Andreas Odenthal nimmt aus der Perspektive einer praktisch-
theologischen Liturgiewissenschaft die besondere Karfreitagsfürbitte
im Kontext der Missbrauchskrise von 2010 in den Blick. Sie wird in
den rituellen Kontext der Karfreitagsliturgie eingepasst und vor dem
Hintergrund psychoanalytischer Traumatheorie sowie dem Konzept
ritueller Erfahrung interpretiert. So kann sie in ihrer Ambivalenz
wahrgenommen werden, einerseits als Ausdruck von Betroffenheit
über den Skandal, andererseits als Abwehr echter Selbstbegegnung
der Kirche, wenn sich aus theologischer und psychoanalytischer Perspektive fragwürdige Konzepte von Heilung und dem Umgang mit

der Schuld melden. Kontrastiert wird die Fürbitte mit Materialien zum Gebetstag für Opfer von 2019, die den Entwicklungsschritt in der Sensibilisierung der kirchlichen Verantwortlichen deutlich machen.

Konrad Hilpert schließlich referiert die Diskussion um den Missbrauch innerhalb der vergangenen zehn Jahre. Der sexuelle Missbrauch stellt als Gewalt sowohl die Frage nach den einzelnen Tätern wie nach den systembedingten Ursachen. Hilpert stellt als zentrale Bezugsgröße das Leid der Opfer in den Mittelpunkt. Wiederum werden das Fehlen einer theologischen Reflexion der faktischen Macht der Kirche sowie das Problem der kirchlichen Idealbildungen angesprochen, weshalb er eine Organisations- und Professionsethik einfordert. Drei Baustellen kirchlicher Lehre und Praxis werden benannt: die Wertung menschlicher Sexualität, die Macht und das nötige Lernen der Theologie von den Humanwissenschaften.

Mit diesem Überblick ist deutlich geworden, dass es in den Überlegungen keineswegs nur um Ursachenforschung geht. Vielmehr versuchen die Beiträge, auf der Grundlage wissenschaftlicher Analysen Perspektiven zu entwickeln, wie mit dem Phänomen „Machtmissbrauch in Institutionen" präventiv umzugehen ist. Interesseleitend ist dabei die bleibende Frage, welche Interventionen erforderlich sind, um Machtmissbrauch einzudämmen und humane Strukturen und Interaktionen in Institutionen zu fördern und zu stärken.

Dank gebührt dem Verlag Herder, namentlich Herrn Clemens Carl, für die umsichtige Betreuung und die Aufnahme des Bandes in das Verlagsprogramm sowie Frau Mag. theol. Judith Greber und Britta Fernandes für die Unterstützung der formal-redaktionellen Bearbeitung der Texte und der Fahnenkorrektur. Besonders danken die Herausgeber der Beiträgerin und den Beiträgern für ihre Bereitschaft, an der Vorlesungsreihe und dieser Publikation mitzuwirken. Sie leisten mit Blick auf die Katholische Kirche einen Beitrag zu Aufarbeitung, kritisch-konstruktiver Selbstreflexion und Prävention seitens der wissenschaftlichen Theologie.

Bonn, am 15. November 2020, dem Fest des hl. Albertus Magnus
Jochen Sautermeister und Andreas Odenthal

Theologie unter den Vorzeichen von Missbrauch in der Kirche

Programmatische Konturen in ethischer Absicht

Jochen Sautermeister

1. Als die systemische Frage aufkam

Als der Jesuitenpater Klaus Mertes am 28. Januar 2010 frühere Vorkommnisse sexualisierter Gewalt und sexuellen Missbrauchs von Kindern und Jugendlichen am Berliner Canisius-Kolleg aus dem Dunkel ans Licht der Öffentlichkeit brachte, löste dies gewaltige Erschütterungen aus. Die Reaktionen waren vielfältig und heterogen. Das Entsetzen war groß. Schon bald danach entbrannte ein innerkirchliches und öffentlich ausgetragenes Ringen um die Deutungshoheit über sexuellen Missbrauch in der Kirche und dessen Ursachen. In der Rückschau zeigt sich die große Unsicherheit, wie angemessen über das Leid der Betroffenen gesprochen werden sollte und wie mit den Tätern umzugehen sei. Bezeichnend war zudem, dass die Frage nach systemischen Faktoren, die sexualisierte Gewalt gegen Kinder und Jugendliche im Raum von Kirche begünstigten, noch eher behutsam und kontrovers diskutiert wurde. Im Gegensatz zu heute fällt auf, dass die Frage nach den systemischen Bedingungen damals noch eher in der Gestalt einer Suchbewegung denn als evidenzbasierter Befund diskutiert wurde. Zudem standen die theologischen Verstehensbemühungen noch stärker unter dem Risiko einer lehramtlichen Disziplinierungspraxis, die auch einer scharfen sachlich-theologischen Kritik durchaus mit innerkirchlichen Sanktionen hätte drohen können.

Eine der frühen Wortmeldungen in der theologischen Diskussion stammt von Konrad Hilpert, damals Lehrstuhlinhaber für Moraltheologie an der Katholisch-Theologischen Fakultät der Ludwig-Maximilians-Universität München und zu dieser Zeit auch Sprecher der Arbeitsgemeinschaft der deutschen Moraltheologen, was seinen Äußerungen besonderes Gewicht verlieh. In der Aprilausgabe der Herder Korrespondenz des Jahres 2010 veröffentlichte er einen Aufsatz mit der Überschrift „Auch ein systemisches Problem? Sexueller

Missbrauch und die Sexuallehre der Kirche". Dieser Beitrag lässt sich als ein theologisch-ethischer Aufschlag für die weitere Diskussion würdigen, insofern er explizit die systemische Dimension des Missbrauchsgeschehens zur Sprache bringt:

„[…] fest steht jedenfalls: es handelt sich bei sexuellem Missbrauch um schwere Verfehlungen einzelner, die Funktionsträger und Repräsentanten von Kirche sind – mögen sie im Übrigen auch gute Arbeit geleistet haben. Hätte man davon nicht wissen können oder sogar müssen? Diese Frage wird derzeit vor allem in der verschärften Variante diskutiert, ob die Missbrauchsfälle nicht ein ‚systemisches' Problem seien, also ein Resultat der Wechselwirkung zwischen der psychosexuellen Verfasstheit des Menschen einerseits und der Zölibatsverpflichtung der Priester und Ordensleute sowie der Sexuallehre der Kirche andererseits."[1]

In seinen weiteren Überlegungen bemerkt Hilpert, dass neben der psychosexuellen Disposition, dem Zölibat und der kirchlichen Sexualmoral noch weitere Aspekte zu berücksichtigen und zu diskutieren seien. Dabei verweist er auf eine idealisierte und überhöhte Spiritualität, auf bestimmte Bilder und Vorstellungen davon, was einen „guten Katholiken" ausmacht, und hebt insbesondere die Tugend des Gehorsams hervor; ferner nennt er den Umgang der Kirche mit dem nicht Normgemäßen und dem Scheitern sowie die Gewinnung und Bildung des pastoralen Personals.

Umsichtig macht Hilpert darauf aufmerksam, dass allein eine konsequentere Androhung und Durchführung von Strafmaßnahmen und verbesserte Richtlinien wohl nicht ausreichen würden, um die Missstände zu beheben. Denn auch sozialpsychologische Dynamiken und Machtkonstellationen seien zu berücksichtigen:

„Hierzu müssen auch bestehende Mauern des Schweigens, der Angst und der Belohnung von Angepasstheit durchbrochen und die Kultivierung neuer Sensibilitäten auf dem höchst komplizierten Feld menschlicher Beziehungen in Gang gebracht werden."[2]

---

[1] K. Hilpert, Auch ein systemisches Problem? Sexueller Missbrauch und die Sexuallehre der Kirche, in: Herder Korrespondenz 64 (2010) 173–176, 174.
[2] Ebd., 176.

Hinsichtlich der institutionellen Dimension empfiehlt Hilpert daher den Blick auf andere Organisationen und Einrichtungen, anhand derer auch die Kirche lernen könnte:

„Vielleicht hilft aber auch der Blick auf jene Instrumente, die anderswo in der Gesellschaft entwickelt wurden, als Skandale offenkundig wurden: die Erarbeitung von Leitbildern durch die Mitarbeiter selbst, die Erstellung ethischer Codices, Compliance-Regeln, Checklisten für Einstellungen in sensiblen Bereichen, zentrale Monitoring-Systeme, bei denen potentielle Täter eine entsprechende Veranlagung, gefährliche Situationen und auch Vorkommnisse freiwillig melden und Hilfsangebote abrufen können, Vertrauensleute, bei denen Missbrauchte oder Missbrauchs-Gefährdete Beschwerden und Sorgen darlegen können. Hier gibt es noch vieles zu tun; ermutigend, dass viele Verantwortliche das jetzt erkannt haben."[3]

Bei aller Irritation und Frustration zeigte sich im Jahr 2010 auch eine gewisse Hoffnung. Es schien, als ob das Offenbar-Werden zahlreicher Fälle von sexuellem Missbrauch in der Kirche nicht nur in Deutschland, sondern auch in anderen Regionen der Weltkirche endlich zu einem heilsamen Prozess der Aufarbeitung und zu den als notwendig erachteten Veränderungen führen könnte.

Wenige Monate später erschien der vom Moraltheologen Stephan Goertz und dem evangelischen Theologen Herbert Ulonska herausgegebene Sammelband „Sexuelle Gewalt. Fragen an Kirche und Theologie", der ebenfalls das Phänomen pädosexueller Gewalt in der Kirche zum Gegenstand hat und dabei klar die institutionelle Dimension thematisiert:

„Es ist nicht die Zeit, gewohnte Denkblockaden zu verteidigen. Stattdessen sind an die Kirche und an die Theologie Fragen zu richten. In erster Linie, durch welche individuellen Dispositionen, strukturellen Handlungskonstellationen und kirchlichen Denkweisen es zu den vielen Fällen der sexuellen Gewalt hat kommen können und wie sich das kolossale Versagen so vieler Akteure erklären lässt. Die nicht weniger dringliche Sorge muss zugleich der Frage gelten, was in Zukunft unternommen werden

---

[3] Ebd.

kann, um derartiges individuelles und institutionelles Fehlverhalten möglichst zu verhindern."[4]

Die Beiträge dieses Bandes zeigen Perspektiven und Optionen auf, die bis heute nichts an ihrer Gültigkeit eingebüßt haben: Sexueller Missbrauch ist einerseits als Gewaltausübung und Machtmissbrauch zu begreifen, wobei andererseits im Blick auf die Täter auch persönlichkeitspsychologische Zugänge nötig sind. Es bedarf allen Einsatzes, um den Opfern beizustehen, sie in ihrer verletzten Würde wahrzunehmen, ihnen zur Sprache und zur Mündigkeit zu verhelfen sowie – entgegen subtiler Opfermechanismen – sie als Subjekte durchgängig anzuerkennen und nicht zu missachten. Eine individualisierende Zuschreibung der Taten auf die Täter greift angesichts des Ausmaßes, faktisch bestehender Mentalitäten und struktureller Organisation der Verantwortlichkeiten zu kurz. Die Bedeutung reifer Sexualität und ihrer Integration in die Persönlichkeit ist gerade in seelsorgerlichen Bereichen nicht zu unterschätzen, bedarf erhöhter Aufmerksamkeit und Förderung statt Rationalisierung, Verdrängung oder Tabuisierung. So wie Schuldfähigkeit ein Zeichen persönlicher Reife ist, so bedarf es auch eines Gespürs für angemessene Formen und Zeiten für die Rede von und die Bitte um Vergebung, wenn dies denn überhaupt möglich sein kann. Eine freimütige Selbstkritik und ein kirchlich-theologischer Lernprozess in der Sexualmoral sind notwendig, damit die Kirche die Vertrauenskrise bewältigen und wieder Glaubhaftigkeit gewinnen kann im Dienste der Botschaft des Evangeliums und für die Menschen.

---

[4] S. Goertz/H. Ulonska, Vorwort, in: Dies. (Hrsg.), Sexuelle Gewalt. Fragen an Kirche und Theologie, Berlin 2010, 7–9, 8. Später folgen weitere Publikationen, die die theologische und kirchliche Diskussion vorangebracht haben: s. etwa W. Müller, Verschwiegene Wunden. Sexuellen Missbrauch in der katholischen Kirche erkennen und verhindern, München 2010; W. Müller/M. Wijlens (Hrsg.), Aus dem Dunkel ans Licht. Fakten und Konsequenzen des sexuellen Missbrauchs für Kirche und Gesellschaft, Münsterschwarzach 2011; K. Kießling (Hrsg.), Sexueller Missbrauch. Fakten – Folgen – Fragen, Ostfildern 2011; E. Kos (Hrsg.), Kirche als Chance (Vechtaer Beiträge zur Theologie 15), Berlin 2012; G. Brüntrup/C. Herwartz/H. Kügler (Hrsg.), Unheilige Macht. Der Jesuitenorden und die Missbrauchskrise, Stuttgart ²2013 und das Themenheft der Münchener Theologischen Zeitschrift 62 (2011) Nr. 1.

Seitdem – also seit 2010 – ist Vieles geschehen. Man denke nur an die Ausarbeitung entsprechender kirchlicher Normen und Leitlinien zum Umgang mit sexuellem Missbrauch oder an die Einrichtung von Anlauf- und Beratungsstellen für Betroffene sowie an Präventionsprogramme und Schulungen. All das verdient Anerkennung, auch im Vergleich zu anderen Organisationen und Verbänden, die ebenfalls mit dem Problem von sexueller Übergriffigkeit und Missbrauch gegenüber Kindern und Jugendlichen zu tun haben, wobei die Kirche den moralischen (Selbst-)Anspruch besonders hoch formuliert hat. Allerdings darf dieser Verweis nicht dazu führen, die Schwere zu relativieren oder gar sich zu exkulpieren. Aus dem Munde von Verantwortlichen in der Kirche könnte das nämlich als eine Entlastungsstrategie erscheinen oder zumindest so verstanden werden – zumal neuere Analysen zu sexuellem Missbrauch von Kindern und Jugendlichen durch Kleriker der katholischen Kirche in Deutschland

„deutliche Unterschiede zwischen der katholischen Kirche und anderen Institutionen [zeigen; J. S.]. Die Strategie der institutionellen Verharmlosung und Vertuschung wurde danach in der katholischen Kirche zumindest bisher häufiger und intensiver praktiziert als in anderen Institutionen."[5]

Die Daten der MHG-Studie legen nahe, dass bei 52 Prozent der Kleriker „eine formelle institutionelle Verharmlosung oder Vertuschung"[6] stattgefunden habe – im Gegensatz zu 3 bis 6 Prozent bei anderen Institutionen.

Mehr als zehn Jahre später stellt sich nicht mehr die Frage, ob Missbrauch in der katholischen Kirche ein systemisches Problem sei, sondern inwiefern und in welcher Hinsicht. So konstatiert etwa der Moraltheologe Hanspeter Schmitt: „Die Ursachen liegen genauso in gewaltfördernden Strukturen der Kirche sowie in menschenverachtenden Motiven, die sich unter dem Deckmantel spiritueller Anleitung und Praxis verbergen können."[7]

---

[5] H. Dreßing, Das Ausmaß der Vertuschung. Neue Analysen der MHG-Daten belasten die Kirche im Vergleich der Institutionen, in: Herder Korrespondenz 74 (2020) Nr. 10, 13–16, 16.
[6] Ebd., 15.
[7] H. Schmitt, Höchste Zeit für die Reform der Kirche. ... und was Orden und

Spätestens mit der Veröffentlichung der MHG-Studie im September 2018, die den sexuellen Missbrauch an Minderjährigen durch katholische Priester, Diakone und männliche Ordensangehörige im Bereich der Deutschen Bischofskonferenz für den Zeitraum von 1946 bis 2014 untersucht hat, liegt dies offen zutage. Diese Studie stellt für die katholische Kirche in Deutschland eine Zäsur und einen Point of no Return dar, deren Konsequenzen weder bereits absehbar, geschweige denn eingelöst sind.

2. Vom sexuellen Missbrauch zur systemischen Frage – Der deutsche Kontext: Einsichten der MHG-Studie

Ohne die Befunde der MHG-Studie im Einzelnen darzustellen,[8] kommen die Autoren zu dem Ergebnis,

„dass es sich bei Missbrauch Minderjähriger durch Kleriker der katholischen Kirche nicht um das Fehlverhalten einzelner handelt, sondern dass das Augenmerk auch auf die für die katholische Kirche spezifischen Risiko- und Strukturmerkmale zu richten ist, die sexuellen Missbrauch Minderjähriger begünstigen oder dessen Prävention erschweren"[9].

Als Missbrauch begünstigende systemische Bedingungen in der katholischen Kirche nennt die Studie drei spezifische Problemfelder als Risikofaktoren: (1) eine katholische Sexualmoral, die mit den humanwissenschaftlichen Erkenntnissen, etwa hinsichtlich der Einstel-

---

Klöster dazu beitragen, in: Ders. (Hrsg.), Kirche, reformiere dich! Anstöße aus den Orden, Freiburg i. Br. 2019, 10–18, 12.

[8] Vgl. *H. Dreßing/H. J. Salize/D. Dölling u. a.*, Forschungsprojekt „Sexueller Missbrauch an Minderjährigen durch katholische Priester, Diakone und männliche Ordensangehörige im Bereich der Deutschen Bischofskonferenz", Mannheim – Heidelberg – Gießen, 24. September 2018 (online unter: https://www.dbk.de/fileadmin/redaktion/diverse_downloads/dossiers_2018/MHG-Studie-gesamt.pdf) (zuletzt abgerufen am 12.10.2020). S. hierzu auch den Beitrag von *A. Jud/M. Jarczok*, Überblick und Lücken zu Aufarbeitung und Prävention sexuellen Missbrauchs im Kontext der katholischen Kirche, in diesem Band.

[9] *H. Dreßing/H. J. Salize/D. Dölling u. a.*, Forschungsprojekt „Sexueller Missbrauch an Minderjährigen durch katholische Priester, Diakone und männliche Ordensangehörige im Bereich der Deutschen Bischofskonferenz", Mannheim – Heidelberg – Gießen, 24. September 2018, 15.

lung zu Homosexualität, nicht vereinbar ist, (2) einen problematischen Umgang mit dem priesterlichen Pflichtzölibat[10] sowie (3) einen Klerikalismus im Sinne eines Missbrauchs klerikaler Macht sowie eines bestimmten Rollenverständnisses von Priestern gegenüber Laien bzw. eine monarchische Leitungsstruktur. In diesem Zusammenhang werden auch Auswahl, Ausbildung, Professionalisierung und Beratung von kirchlichen Amtsträgern sowie die besondere Bedeutung der Beichte ausgemacht.

Im übergeordneten Zusammenhang analysiert der Theologe und Psychologe Hans Zollner, Leiter des römischen Kinderschutzzentrums „Centre for Child Protection" und Mitglied der päpstlichen Kinderschutzkommission, die Verschränkung der systemischen Dimension mit ihren psycho-strukturellen Auswirkungen in der Kirche folgendermaßen:

„Die Kirche ist wie jedes soziale System ein komplexes Gebilde, das auf verschiedenen Ebenen Einflüssen von außen wie von innen ausgesetzt ist und entsprechend darauf reagiert. Traumatische Erfahrungen wirken sich lähmend auf jedes soziale System aus; das ist bei der Kirche nicht anders. Verbrechen wie sexueller Missbrauch an Kindern und Jugendlichen, die ihnen zum Schutz anvertraut wurden, können und dürfen keine Welt- und keine Ortskirche, keine Diözese und keine Pfarrei, keine Kongregation und keine christliche Kommunität unberührt lassen. Solche Skandale führen in einen Teufelskreis von Irritation und Abscheu, von Bedrohung und Überforderung, von Verleugnung und Verharmlosung. Die Institution zeigt sich mit der Bewältigung dieses Traumas überfordert und droht, in eine Art Schockstarre zu verfallen, weil ihr institutionelles Selbstbild fundamental erschüttert wird. Manche Kreise tendieren dazu, sich selbst als Opfer zu inszenieren und neigen zu institutioneller Überreaktion. Meistens aber führen die Missbrauchsfälle zu systemischer Handlungsunfähigkeit, zu Bagatellisierung und Negierung der institutionellen Verantwortung, zur Verweigerung der Mitarbeit an der Aufdeckung und Aufarbeitung. Die Fähigkeit zur Selbstreinigung

---

[10] S. hierzu auch: G. *Brüntrup*, Zölibat als Risikofaktor für sexuellen Missbrauch?, in: M. Remenyi/T. Schärtl (Hrsg.), Nicht ausweichen. Theologie angesichts der Missbrauchskrise, Regensburg 2019, 109–121.

und zur Lebensfähigkeit geht verloren, an ihre Stelle treten gegenseitiges Misstrauen, Weitergabe der Traumatisierung und das, was verschiedentlich als eine safeguarding fatigue bezeichnet wurde: Die ausschließliche Fokussierung auf ‚das' Problem führt zu einer Abspaltung von seinen systemischen Zusammenhängen."[11]

Auch Zollner bescheinigt der Kirche „ein systemisches Versagen"[12]. Gerade weil der sexuelle Missbrauch den eigenen religiös-moralischen Normen und Idealen so widerspricht, geraten die Verantwortungsträger wie auch die Kirche als Institution unter erheblichen Druck. Dies lähmt, blockiert und forciert eingespielte Bewertungs- und Stressverarbeitungsmuster. „Die Angst vor dem Skandal, vor dem Gesichtsverlust, dem Verlust des Selbst- und des Fremdbildes, wird größer als die Bereitschaft, den Schmerz zuzulassen"[13] und die entsprechenden Konsequenzen zu ziehen.

Bemühungen der Aufarbeitung in Deutschland verbinden sich mit der MHG-Studie. Die Deutsche Bischofskonferenz hat die Befunde der MHG-Studie als eine „Zäsur" bezeichnet und damit zum Ausdruck gebracht, dass es kein Zurück hinter die Ergebnisse und kein einfaches ‚Weiter so' geben dürfe. Auf einem Studientag im Rahmen der Frühjahrsvollversammlung der deutschen Bischöfe im Jahr 2019 beschäftigten sie sich mit drei Fragenkreisen, nämlich erstens mit der Frage nach dem Umgang mit Macht in der Kirche, zweitens mit der Frage nach der Zukunft der priesterlichen Lebensform und drittens mit der Frage nach der Weiterentwicklung der kirchlichen Sexualmoral. Dies zeigt, dass auch aus Sicht der Deutschen Bischofskonferenz eine systemische Betrachtungsweise unumgänglich und akzeptiert ist. Schon der Einführungsimpuls der Erfurter Dogmatikerin Julia Knop brachte die gravierenden Herausforderungen ungeschminkt zur Sprache:

> „Die MHG-Studie hat keine Einzelfälle gefallener Kleriker aufgelistet. Es geht hier nicht um priesterliche Sünden gegen die Keuschheit oder den Zölibat. [...] Es geht um Gewalt. Um physi-

---

[11] H. Zollner, Prävention in der Weltkirche. Die Kinderschutz-Konferenz im Vatikan, in: Ordenskorrespondenz 60 (2019) 140–147, 144.

[12] Ebd.

[13] Ebd., 145.

sche und psychische, sexuelle und geistliche Gewalt. Um Gewalt und ihre Vertuschung im Raum und im Namen der Kirche. Die MHG-Studie hat systemische Risiken der Institution katholische Kirche, also spezifisch katholische Faktoren, identifiziert, die solche Gewalt, solchen Amtsmissbrauch von Klerikern begünstigen und seine Ahndung erschweren. Sexueller Missbrauch liegt nicht in der DNA der Kirche. Sexueller Missbrauch hat vermutlich auch nicht ursächlich mit dem Zölibat zu tun. Sexueller Missbrauch hat auch nichts damit zu tun, dass homosexuelle Männer im katholischen Klerus weit überdurchschnittlich vertreten sind. Aber was mit der DNA der Kirche zu tun hat, was tief in ihren ekklesialen Code eingeschrieben ist,

– ist die religiöse Aufladung von Macht,
– die Immunisierung kirchlicher Deutungshoheit,
– die Sakralisierung des Weiheamtes,
– die Auratisierung des Amtsträgers,
– die Stilisierung von Gehorsam und Hingabe,
– die geistliche Überhöhung der priesterlichen Lebensform,
– die Dämonisierung von Sexualität,
– die Tabuisierung von Homosexualität,
– die Paradoxie asexueller Männlichkeit."[14]

3. Herausforderungen für die Theologie – herausgeforderte Theologie

Für die Theologie ergeben sich vor diesem Hintergrund substanzielle Herausforderungen und Fragestellungen. Mit der Veröffentlichung der MHG-Studie ist eine noch profiliertere Diskussion in der Theologie in Gang gekommen.[15] Dabei zeigt sich eine neue Wendung, die Matthias Remenyi und Thomas Schärtl so markieren:

---

[14] *J. Knop*, Einführung auf dem Studientag „Die Frage nach der Zäsur. Studientag zu übergreifenden Fragen, die sich gegenwärtig stellen" zur Frühjahrs-Vollversammlung der Deutschen Bischofskonferenz am 13. März 2019 in Lingen. Online verfügbar unter https://www.dbk.de/fileadmin/redaktion/diverse_downloads/presse_2019/2019-038a-FVV-Lingen-Studientag-Einfuehrung-Prof.-Knop.pdf (zuletzt abgerufen am 03.11.2020).
[15] S. hierzu *M. Striet/R. Werden* (Hrsg.), Unheilige Theologie! Analysen angesichts sexueller Gewalt gegen Minderjährige durch Priester, Freiburg i. Br. 2019; *M. Remenyi/T. Schärtl* (Hrsg.), Nicht ausweichen. Theologie angesichts der Miss-

„Auch die universitäre, wissenschaftliche Theologie ist ein Teil dieses kirchlichen Systems. Sie ist dies nicht nur in Gestalt der Lehrenden, die, zumeist in staatlicher Anstellung, doch mit kirchlicher Beauftragung ihrer Arbeit nachgehen. Sie ist es auch in Gestalt ihrer theologischen Konzepte, ihrer Denkmodelle und Sprechregelungen, mit denen auch jene Bischöfe, Priester, Diakone und Ordensleute ausgebildet wurden – sei es, indem sie selbst Gewalt ausgeübt haben oder indem sie entsprechende Taten vertuscht haben."[16]

Die Theologie hat sich demnach auch selbst darüber aufzuklären, wo und inwiefern sie im weiten Feld von Macht und Missbrauch mit ihrer eigenen Wissenschaftspraxis und ihren überkommenen Denkfiguren Missbrauch begünstigend war, aber auch, wo sie aufklärerisch kritisch an der Seite der Betroffenen stehen kann und wo sie realistische Wege der Aufarbeitung und heilsame Perspektiven der Prävention und Reifung mit ihrer spezifischen „theologische[n; J. S.] Deutungskompetenz"[17] aufzeigen kann.

Das ist gleichermaßen notwendig und schwierig. Analytische Klarheit, Umsichtigkeit, Freimut und Achtsamkeit sind gefordert. Denn die theologischen Reflexionen dürfen nicht dazu führen, dass sie in „kalter" Analyse die ethische und existenzielle Dramatik und Brisanz außer Acht lassen. Das gilt insbesondere mit Blick auf die Leidtragenden bzw. auf die Überlebenden. Es gilt aber auch hinsichtlich der notwendigen Aufarbeitung und Prävention. Dieses praktische Interesse muss leitend sein, auch im Dienste kritischer Selbstreflexion der Theologie. Theoretische Besserwisserei oder Polemiken sind fehl am Platz. Aber auch vorschnelle Schutz- und

---

brauchskrise, Regensburg 2019; S. *Kopp* (Hrsg.), Macht und Ohnmacht in der Kirche. Wege aus der Krise, Freiburg i. Br. 2020; K. *Hilpert/S. Leimgruber/J. Sautermeister u. a.* (Hrsg.), Sexueller Missbrauch von Kindern und Jugendlichen im Raum von Kirche. Analysen – Bilanzierungen – Perspektiven (Quaestiones disputatae 309), Freiburg i. Br. 2020.

[16] M. *Remenyi/T. Schärtl*, Einleitung, in: Dies. (Hrsg.), Nicht ausweichen. Theologie angesichts der Missbrauchskrise, Regensburg 2019, 9–15, 11.

[17] M. *Striet/R. Werden*, Vorwort, in: Dies. (Hrsg.), Unheilige Theologie! Analysen angesichts sexueller Gewalt gegen Minderjährige durch Priester, Freiburg i. Br. 2019, 7–14, 12.

Abwehrmechanismen sind zu vermeiden. Aus theologisch-ethischer und moralpsychologischer Perspektive geht es darum zu verstehen, welche theologischen Mentalitäten bzw. Geisteshaltungen und Denkfiguren sexuellen Missbrauch und Machtmissbrauch in der Kirche begünstigt haben können, etwa durch systemstabilisierende Konstruktionen oder simplifizierende theologische Konzepte[18]. Es geht um eine Analyse der Wechselbeziehungen von Theologie bzw. theologischen Konstrukten und Kirchensystem, um sich den Abgründen des Missbrauchs und ihren kirchen- und theologiespezifischen Faktoren theologisch anzunähern. Eine solche Selbsterforschung sind Theologie und Kirche den Betroffenen schuldig. Zugleich ist dies auch für eine erfolgreiche Präventionsarbeit nötig. Denn nur, wenn auch die tieferliegenden theologisch-systemischen Gefahrenpotenziale aufgedeckt werden, kann sich auf Zukunft hin etwas verbessern. Aufarbeitung ist für Prävention unerlässlich. Beides hängt unlösbar miteinander zusammen.

Angesichts der Komplexität und Vielschichtigkeit kann es keine einfachen Antworten geben. Das Phänomen des sexuellen Missbrauchs in der Kirche lässt sich bislang nur ansatzweise umreißen, aber keinesfalls erschöpfend behandeln, erst recht nicht mit monokausalen Erklärungsansätzen. Eine sorgfältige Analyse ist nötig. Für Menschen, die keinen sexuellen Missbrauch erlitten haben, kann es bereits auf der empathischen Ebene schwierig sein, die ganze psychische und physische Tragweite und die negativen Auswirkungen des Missbrauchs in ihrem biografischen Ausmaß zu erfassen. Auch mag die Vorstellung schwerfallen, dass theologische Denkfiguren und Mentalitäten sich auf die Praxis von Kirche und auf die Identitätsbildung und die Persönlichkeit von Menschen auswirken können. Deshalb bedarf es der human- und sozialwissenschaftlich informierten theologischen Analysen, die plausibilisieren, wie Habitualisierungs- und Sozialisierungsprozesse in der Kirche dazu führen können, dass man bestimmte Denkformen, Erlebensmuster und Verhaltensweisen verinnerlicht, und wie diese systemischen

---

[18] Vgl. M. *Striet*, Sexueller Missbrauch im Raum der Katholischen Kirche. Versuch einer Ursachenforschung, in: Ders./R. Werden (Hrsg.), Unheilige Theologie! Analysen angesichts sexueller Gewalt gegen Minderjährige durch Priester, Freiburg i. Br. 2019, 15–40, 18.

Faktoren dann biografisch wirksam werden können.[19] Solche systemischen Faktoren sind stets kulturell bedingt. Auch Theologie ist niemals abstrakt, Theologie gibt es nur im Plural. Theologische Denkfiguren sind historisch gewachsen und kulturell eingebettet. Auch das ist für die Durchführung theologischer Analysen zu berücksichtigen. Daher ist es sinnvoll und erforderlich, kultursensible und -spezifische Untersuchungen und Studien durchzuführen. Gleichwohl stellen theologische Analysen und wissenschaftliche Konzepte immer auch verallgemeinernde Aussagen dar. Das lässt sich nicht vermeiden. Dennoch ist es wichtig, sich bewusst zu sein, dass es bei sexuellem Missbrauch konkret um Einzelschicksale von Menschen geht.

Eine theologische Aufarbeitung in ethischer Absicht hat sich dabei des ganzen Fächerspektrums der Theologie zu bedienen. Sexualisierte Gewalt in der Kirche ist aus systematischer, historischer, exegetischer, kirchenrechtlicher, liturgiewissenschaftlicher und pastoraltheologischer Perspektive näher zu beleuchten. Dabei können folgende Koordinaten von Problemzonen eine heuristische Funktion übernehmen:

(1) Institution vor Individuum (systemisch) und Priesteramt vor Person (biografisch),[20]

(2) kultische (Un)Reinheit und Sexualmoral,[21]

---

[19] S. hierzu etwa E. *Drewermann*, Kleriker. Psychogramm eines Ideals. Aktualisierte Neuausgabe, Ostfildern 2019 oder D. *Funke*, Die Wunde, die nicht heilen kann. Die Wurzeln des sexuellen Missbrauchs. Eine Psychoanalyse der Kirche, Frankfurt a. M. 2010.

[20] Vgl. G. *Essen*, Das kirchliche Amt zwischen Sakralisierung und Auratisierung. Dogmatische Überlegungen zu unheilvollen Verquickungen, in: M. Striet/R. Werden (Hrsg.), Unheilige Theologie! Analysen angesichts sexueller Gewalt gegen Minderjährige durch Priester, Freiburg i. Br. 2019, 78–105; T. *Schärtl*, Die Unordnung der Diskurse. Eine theologische Reflexion auf die Missbrauchskrise, in: M. Remenyi/Ders. (Hrsg.), Nicht ausweichen. Theologie angesichts der Missbrauchskrise, Regensburg 2019, 242–258, 248–253.

[21] Vgl. hierzu S. *Goertz*, Sexueller Missbrauch und katholische Sexualmoral, in: M. Striet/R. Werden (Hrsg.), Unheilige Theologie! Analysen angesichts sexueller Gewalt gegen Minderjährige durch Priester, Freiburg i. Br. 2019, 106–139; H. *Lutterbach*, Die Kultische Reinheit – Bedingungen der Möglichkeit für sexuelle Gewalt von Klerikern gegenüber Kindern?, in: M. Striet/R. Werden (Hrsg.), Unheilige Theologie! Analysen angesichts sexueller Gewalt gegen Minderjährige durch Priester, Freiburg i. Br. 2019, 175–195.

(3) klerikale Macht und Dienst,[22]
(4) Sakralisierung statt Sakramentalität,[23]
(5) Sündenbewusstsein und Scham sowie Verantwortung und Gewissen,[24]
(6) Geistliche Führung, Gehorsam und Freiheit,[25]
(7) die psycho-ekklesio-theologische Tiefendimension der Spaltungslogik und eines traumatischen Milieus[26].

Eine solche differenzierte theologische Sichtung, Analyse und Reflexion findet sich in der kirchlichen sowie öffentlichen Diskussion gelegentlich mit einem Argument konfrontiert: dem Argument der Glaubenskrise und der Abkehr vom Evangelium und der Lehre der Kirche. Dessen Grundgedanke besagt: Wenn sich die Betroffenen und die Verantwortlichen an die Morallehre der Kirche gehalten hätten und sich in ihrem Glauben fest an Christus orientierten, dann

---

[22] S. hierzu den Beitrag von *J. Hahn*, Mächtiges Recht – rechte Macht? Das Kirchenrecht zwischen Missbrauch und Kontrolle kirchlicher Macht, in diesem Band.

[23] Vgl. *M. Remenyi*, Die Theologie in der Missbrauchskrise. Inhaltliche und strukturelle Problemfelder, in: Ders./T. Schärtl (Hrsg.), Nicht ausweichen. Theologie angesichts der Missbrauchskrise, Regensburg 2019, 230–241, 234.

[24] S. hierzu *H.-J. Sander*, Wenn moralischer Anspruch schamlos wird. Von der Unverschämtheit im sexuellen Missbrauch und in der kirchlichen Schuldkultur, in: Stimmen der Zeit 144 (2019) 83–92; *R. Werden*, Systemische Vertuschung. Zur Rede von Scham in den Stellungnahmen von Bischöfen im Kontext der Veröffentlichung der MHG-Studie, in: M. Striet/Dies. (Hrsg.), Unheilige Theologie! Analysen angesichts sexueller Gewalt gegen Minderjährige durch Priester, Freiburg i. Br. 2019, 41–77; *G. Werner*, Bildung und Kontrolle. Historische Rückführung des Narrativs eines ,gesunden' Sündenbewusstseins in exemplarischen lehramtlichen Verlautbarungen nach dem Zweiten Vatikanischen Konzil, in: M. Striet/R. Werden (Hrsg.), Unheilige Theologie! Analysen angesichts sexueller Gewalt gegen Minderjährige durch Priester, Freiburg i. Br. 2019, 140–174.

[25] Es gibt Indizien, dass sexueller Missbrauch oft im Zusammenhang mit geistlichem Missbrauch stehen kann, nicht nur in Orden und geistlichen Gemeinschaften. S. hierzu etwa *D. Wagner*, Spiritueller Missbrauch in der katholischen Kirche, Freiburg i. Br. 2019; *K. Kluitmann*, Was ist geistlicher Missbrauch? Grenzen, Formen, Alarmsignale, Hilfen, in: Ordenskorrespondenz 60 (2019) 184–192; *K. Mertes*, (Macht-)Missbrauch in der Kirche: Wo stehen wir?, in: S. Kopp (Hrsg.), Macht und Ohnmacht in der Kirche. Wege aus der Krise, Freiburg i. Br. 2020, 17–29, 25f.

[26] S. hierzu den Beitrag von *W. Reuter*, Machtmissbrauch und traumatisches Milieu, in diesem Band.

wären sie auch nicht übergriffig geworden oder hätten dazu bei-
getragen, dass Täter geschont, Missbrauch vertuscht oder verschwiegen, oder Unheilszusammenhänge zugelassen oder aktiv unterstützt
wurden, die zu einem solchen kriminellen und unmoralischen Vergehen geführt haben. Die Argumentationsfigur ist im Grunde genommen einfach. Im Sinne eines normativen Reduktionismus bzw.
eines religiös-sittlichen Idealismus betont sie, dass die richtige hand-
lungsleitende moralische Einstellung, die sich im Glauben der Kirche verankert weiß, verhindert hätte, dass es zu Missbrauch bzw. einer Begünstigung kommt. Die systemische Dimension wird damit
wieder personalisiert und auf das Handeln Einzelner zurückgeführt.
Der Topos der Glaubenskrise als eigentlicher Kern der Kirchenkrise
zielt letztlich auf die sittlich-spirituelle Qualität der handelnden
Subjekte ab. Dahinter steht die Vorstellung, dass der Mensch sich
selbst transparent und durchsichtig ist, dass rationale Akteure –
wenn sie nur wollten – durchaus in der Lage gewesen wären, Missbrauch zu vermeiden, zu unterlassen oder zu verhindern.

An dieser Argumentationsfigur entscheidet sich die Frage nach
der Aufgabe der Theologie. Denn es ist die Frage nach den hand-
lungsleitenden Motiven und Verstrickungen, nach den subtilen
Machtdynamiken scheinbar rationaler Selbststeuerung, nach ihren
Codierungen bzw. Normierungen, nach den strukturellen und systemischen Bedingungen einer Institution und Gruppe, die dazu führen können, dass ein Verhalten, das als moralisch schlecht, lebens-
feindlich und gewalttätig eingestuft wird, sich trotzdem hat Bahn
brechen können. Im Hintergrund steht die Frage nach konkreten
Subjekten in sozialen Kontexten. Die Rede von struktureller Schuld
bzw. Sünde – ohne persönliche Verantwortlichkeiten auszuklam-
mern – gewinnt hier eine neue Dimension.

4. Konturen eines theologischen Programms

Welche Aufgaben hat vor diesem Hintergrund die Theologie? Diese
Frage aus theologisch-ethischer Sicht zu stellen, ist brisant. Denn sie
stellt die Theologie selbst unter einen moralischen Anspruch, das eigene Theologie-Treiben verantworten zu müssen. Sie fordert zur kritischen Selbstreflexion auf. Die theologisch-ethische Ausrichtung
macht deutlich, worum es im Kern geht: um das Wohl aller Menschen

als Ausdruck des Reiches Gottes und als Anspruch des christlichen Gottesglaubens. In der Praxis hat sich die Glaubwürdigkeit der Botschaft von der Menschenfreundlichkeit Gottes zu verbürgen. Das gilt sowohl für das Handeln Einzelner als auch und besonders für die systemischen und institutionellen Bedingungen, die in sozialen Interaktionen, Formierungsprozessen, Ordnungen und Praktiken weitergegeben werden. Avishai Margalits Analysen zur anständigen Gesellschaft lassen sich hier auf die Kirche übertragen. Demnach gelten Gesellschaften dann als anständig, „wenn ihre Institutionen die Menschen nicht demütigen"[27]. Sozialisationsprozesse in der Kirche sind Verkörperungsprozesse, die sich weder durch Spiritualisierung noch durch reduktive Pauschalierung angemessen verstehen lassen.

Aufgabe der Theologie ist es, eine gründliche Diagnose vorzunehmen. Ohne eine solche bestünde die Gefahr, Handlungsoptionen auszumachen und Lösungsvorschläge zu formulieren, die der Realität der Betroffenen unter gegenwärtigen Bedingungen nicht gerecht werden. Wie in jedem medizinischen Diagnoseprozess bedarf es der Beteiligung unterschiedlicher Experten und Professionen. Ganz im Sinne eines ärztlichen Konsiliums bedarf es eines interdisziplinären Verstehens. Denn durch eine konstruktive und interdisziplinär orientierte Kritik lassen sich simplifizierende oder problematische theologische Basisannahmen von Kirche, Theologie, Spiritualität, Liturgie und Moral aufspüren, sichtbar machen und somit für einen Prozess der Aufarbeitung und Aufklärung fassen. Das ist eine zentrale Voraussetzung für eine heilsame Therapie.[28] Man darf ‚heilsame Therapie' aber nicht dahingehend missverstehen, dass alles geheilt werden oder zukünftige Formen des Missbrauchs ausgeschlossen werden könnten. Je größer die vermeintliche Sicherheit, desto höher das Risiko missbräuchlicher Verhaltensweisen bzw. der mangelnden Wachsamkeit. Manchmal kann das auch eine Art palliativer Begleitung sein und schmerzhaftes Aushalten bedeuten, weil keine heilsame Begegnung zwischen Menschen mehr verwirklicht werden kann.

Dazu hat die Theologie redlich und selbstkritisch die theologische und ethische Verantwortbarkeit ihrer Denkfiguren zu reflektieren. In

---

[27] A. *Margalit*, Politik der Würde. Über Achtung und Verachtung, Berlin 2012, 13.

[28] S. hierzu den Beitrag von *W. Reuter*, Machtmissbrauch und traumatisches Milieu, in diesem Band.

bleibender Offenheit für eine solche Selbstkritik ist danach zu fragen, welche Deutungsmuster, Bewertungsmaßstäbe und theologischen Begriffe, Theorien und Konzepte das Selbst- und Weltverhältnis von Subjekten und deren Einbindung in soziale Strukturen so formatieren, dass kirchlich-destruktive Machtstrukturen kaschiert oder gar legitimiert werden und somit Missbrauch begünstigend wirken können. Ein Aufdecken von psycho-ekklesiologischen, psychosozialen und psychostrukturellen Korrespondenzen zwischen theologischen Sätzen und religiös-kirchlichen Praktiken und Strukturen kann zeigen, wie bestimmte Denkformen, soziale Wertungsmuster, Haltungen, Einstellungen und religiöse Identitätsbilder und Ideale subjektiv bedeutsam werden können und damit ganz konkret bestimmte Verhaltensweisen eher wahrscheinlich werden lassen als andere. Wenn von Mentalitäten die Rede ist, dann geht es um solche empirischen Zusammenhänge.

Die Theologie ist, wie gesagt, zum besseren Verstehen dieser Zusammenhänge zwangsläufig auf empirische Wissenschaften angewiesen. Denn diese thematisieren die entsprechenden psychodynamischen, psychosozialen, sozialstrukturellen, institutionellen, organisatorischen, systemischen und historischen Bedingungen. Als Theologie vermag sie die genuin religiös-spirituellen, liturgisch-ekklesialen, rechtlichen, pastoralen und theologischen Strukturmomente, Bedeutungselemente und Semantiken freizulegen, die die Verletzbarkeit und Vulnerabilität von Menschen (und Institutionen) fördern, allerdings auch deren Widerstandskraft und Resilienz begünstigen können. Als wissenschaftliche Reflexion auf Glaubenserfahrungen, Glaubensüberlieferung und Glaubenspraktiken kommt der Theologie die Aufgabe zu, prospektiv solche theologischen Denkfiguren aufzuspüren, zu rekonstruieren und zu modellieren, die das Heilsame und Lebensdienliche des christlichen Glaubens erfahrbar und wirksam zur Sprache bringen und Denkfiguren für eine befreiende kirchliche Praxis anbieten können.

Ein solches theologisches Sprechen darf nicht im Haus der Wissenschaften verhallen. Vielmehr muss es aus dem eigenen theologischen Selbstverständnis heraus den Anspruch haben, Praxis zu formieren. Im Unterschied zur Religionswissenschaft, die gleichsam von außen auf Religion als kulturelles Phänomen reflektiert, geschieht Theologie im Einverständnis und in der Selbstverortung im christlichen Glauben. Diese Innenperspektive der Theologie führt dazu, dass Theologie eben auch eine kirchlich engagierte Wissenschaft und somit in das kirchliche System involviert ist. Das zeigt sich unter anderem daran, dass die universitäre Theologie etwa im Bereich der Aus-, Fort- und Weiterbildung von pastoralen Mitarbeiterinnen und Mitarbeitern sowie von Religionslehrerinnen und Religionslehrern eine zentrale Rolle spielt.

Angesichts dieses Aufgabenprofils wird deutlich, was der Theologie fehlen würde, wenn sie nicht in einem akademisch-universitären Umfeld mit den enormen Möglichkeiten einer weitreichenden Interdisziplinarität verankert wäre. Ohne diese interdisziplinäre Multiperspektivität bestünde eine größere Gefahr, theologische blinde Flecken nicht zu entdecken oder Strategien der Harmonisierung, der Idealisierung oder Vereindeutigung zu unterliegen, aber auch Heterogenitäten, Ambiguitäten und Ambivalenzen sowie Unsicherheit und Unkontrollierbarkeit, die menschliches Leben charakterisieren, auszublenden, zu nivellieren oder gar zu verdrängen. Neue Formen von identitären Bewegungen, von fundamentalistischen Gruppierungen oder von fanatischen und extremistischen Strömungen lassen sich als wirkmächtige und gefährliche Strategien der Vereindeutigung und der Abwertung von Fremdem und Anderem deuten. Demgegenüber ist es Aufgabe der Theologie, auf die anthropologische Verfasstheit des Menschen und die grundlegende Sinndimension menschlicher Existenz hinzuweisen und somit die Offenheit des Menschen so wachzuhalten, dass damit eine Kritik von Spiritualisierung, Idealisierung, Moralisierung oder Abspaltung von (religiösen) Identitätskonstruktionen einhergeht. Eine Zielperspektive der Theologie ist die der Handlungsermöglichung angesichts zahlreicher Gefährdungen. Eine solche theologische Pragmatik bewährt sich darin, Hoffnung zu geben und dazu zu befähigen, mit diesen existenziellen Spannungen leben zu können. Diese Fähigkeit zur Ambiguität basiert auf einer realistischen Grundlage, nämlich die Wirklichkeit in ihren Zusammenhängen und Verstrickungen so zu sehen, wie sie ist. Ohne die Anerkennung dieser Grenzen und Bedingtheiten unserer Existenz ist auch kein Wachsen und Weiterentwickeln möglich. Das schließt dann aber ein, die Frage nach der Aufarbeitung von Schuld sowie der Schwierigkeiten von Neuanfang und Versöhnung zu thematisieren.[29]

---

[29] S. hierzu *J. Sautermeister*, Transformation – Dekonstruktion – Integration. „Entschuldigungsdynamiken" der rechtlichen Aufarbeitung sexuellen Missbrauchs

Der Theologie kommt damit eine dreifache Aufklärungsfunktion zu, die sich nicht einfach als Ergebnis eines mitunter sehr schmerzhaften Lernprozesses begreifen lässt, sondern als ein niemals abgeschlossener Prozess in Gang gehalten werden muss. Wenn man sexualisierte Gewalt zugleich als Machtmissbrauch begreift,[30] dann impliziert dies, dass fremde Interessen und Bedürfnisse missachtet und eigene Interessen dagegen durchgesetzt werden. Theologische Aufklärung als Gegenbewegung zu Machtmissbrauch bedeutet dann erstens, Menschen zu befähigen, auch bei religiösen Erwartungen sich ein eigenes, begründetes Urteil zu bilden und entsprechend das eigene Tun und Unterlassen verantworten zu können. Dies geschieht durch theologische Bildung. Sie kann niemals neutral sein, wenn sie sich als theologische Bildung versteht. Denn sie zielt auf mündige und verantwortungsbewusste religiös-sittliche Subjekte ab, die sich im Raum von Erfahrungen und Gründen zu Machtstrukturen nochmals verhalten können.[31] Das bedeutet zweitens auch, dass eine theologische Aufklärung die theologischen Inhalte kritisch daraufhin zu reflektieren hat, ob sie Praktiken, Denkformen, Interaktionen, Normen, Konstrukte oder Bilder transportieren bzw. unkritisch diskutieren oder gar legitimieren, die Machtmissbrauch, Übergriffigkeit oder Unmündigkeit begünstigen. Das vermag sie umso besser, je mehr sie drittens gegenüber den eigenen Bedingungen des Theologie-Treibens, sowohl persönlich bezogen auf Theologinnen und Theologen als auch institutionell hinsichtlich ihrer rechtlichen und organisationalen Verankerung, auch ihre eigenen (Ohn-)Machtverstrickungen durchleuchtet.

Was hilft, ist nicht ein Mehr desselben, also eine Verschärfung von Normen und Verboten, sondern eine Integration dessen, was abgespalten wurde. Konkret bedeutet das: Abschied nehmen von ekklesialen und religiösen Selbstbildern, die alles abwerten und ab-

---

in der katholischen Kirche, in: K. Hilpert/S. Leimgruber/Ders. u. a. (Hrsg.), Sexueller Missbrauch von Kindern und Jugendlichen im Raum von Kirche. Analysen – Bilanzierungen – Perspektiven (Quaestiones disputatae 309), Freiburg i. Br. 2020, 268–279.

[30] Vgl. *H.-J. Sander*, Wenn moralischer Anspruch schamlos wird (s. Anm. 24).

[31] Hier zeigt sich bereits die praktische Relevanz eines theoretischen Designs: Sollte jede Form der beeinflussenden Interaktion als Macht qualifiziert werden, dann besteht die Gefahr, Selbst- und Weltverhältnisse zu erzählen, die nicht zwischen Aufklärungspraxis und Machtdispositiv differenzieren können.

spalten, was nicht perfekt ist und nicht dem rechtfertigenden Ideal entspricht. Es geht um eine Dekonstruktion von Identitätskonstruktionen, sei es der Idealisierung der reinen Kirche im Gegensatz zur sündhaften Welt, sei es der Sakralisierung des Priesters in Abgrenzung zu den Sündern innerhalb und außerhalb der Kirche, sei es der Vorstellung von unreiner, bedrohlicher und triebgesteuerter Sexualität („ungeordnete Sexualität", Leibfeindlichkeit), sei es der Abwehr von Alterität in Geschlecht und Lebensführung (Abwertung von Frauen, Homosexualität, Pflichtzölibat, nicht-normative Lebensformen, Scheitern von Lebensentwürfen), sei es eines unbarmherzigen Perfektionismus oder Pharisäismus, der die eigene Unvollkommenheit nicht wahrnehmen und aushalten kann, sei es eines offenen oder uneingestandenen Ressentiments gegen Gewaltenteilung und Rechtsstaatsprinzipien in der Kirche.

Es bedarf einer Theologie, die das Menschsein in all seinen Facetten wahrnimmt und ernst nimmt. Damit verbunden ist eine Sensibilität für die Ambivalenzen und Ambiguitäten, die nicht aus dem Leben von Menschen, aus der pastoralen Praxis, aus dem liturgischen Handeln, aus dem moralischen Sprechen, aus dem Selbstverständnis der Kirche und der Identität von Klerikern wie auch Laien entfernt werden dürfen. Sind diese Voraussetzungen in der Kirche gegeben, ist eine reife Persönlichkeitsentwicklung von Gläubigen in kirchlichen Handlungsfeldern und theologischen Bildungskontexten möglich. Das bedeutet aber auch, alle Menschen als religiöse und moralische Subjekte anzuerkennen und sie in ihrer Identitätsentwicklung zu fördern. Wenn das gelingt, kann Kirche wieder zu einem heilsamen Lebensraum werden.

Überblick und Lücken zu Aufarbeitung und Prävention sexuellen Missbrauchs im Kontext der katholischen Kirche

Andreas Jud, Marion Jarczok

Kinder wachsen mit engen Bezugspersonen in der Familie auf, aber auch mit dauerhaften und temporären Bezugspersonen in weiteren Kontexten wie Schule, Verein oder Kirche.[1] Nicht immer bieten diese Vertrauten den Kindern den nötigen Schutz, manche nutzen auch ihre Position aus und wenden Gewalt an. Leider ist auch sexueller Missbrauch weit verbreitet, die bisher umfangreichste weltweite Überblicksarbeit gibt eine Spannbreite an Betroffenheit im Bereich von acht bis 17 Prozent[2] an.[3] Für Deutschland berichteten 2016 in einer bundesweiten Studie 13,9 Prozent der Befragten von geringfügigem bis schwerem sexuellem Missbrauch. Die Vielzahl an Definitionen und verwendeten Begriffen zum Thema[4] trägt zu teils stark schwankenden Angaben über verschiedene Studien hinweg bei.[5]

---

[1] Der vorliegende Einstieg und das erste Unterkapitel bauen auf einem vorangegangenen Beitrag zum Thema auf: A. Jud/M. Jarczok, Zur Häufigkeit von sexuellem Missbrauch von Kindern und Jugendlichen im Kontext der katholischen Kirche, in: K. Hilpert/S. Leimgruber/J. Sautermeister/G. Werner (Hrsg.), Sexueller Missbrauch von Kindern und Jugendlichen im Raum von Kirche. Analysen – Bilanzierungen – Perspektiven (Quaestiones disputatae 309), Freiburg i. Br 2020, 63–72. Einzelne Elemente sind angepasst übernommen.

[2] Die Angabe entspricht dem berichteten 95-prozentigen Konfidenzintervall, das die Spannbreite bezeichnet, in welcher der Durchschnittswert aus den untersuchten 323 unabhängigen Populationsstudien mit 95-prozentiger Sicherheit liegt.

[3] Vgl. M. Stoltenborgh/M. H. van IJzendoorn/E. M. Euser u. a., A global perspective on child sexual abuse: Meta-analysis of prevalence around the world, in: Child Maltreatment 16 (2011) Nr. 2, 79–101.

[4] Vgl. A. Jud/P. Voll, The definitions are legion: Academic views and practice perspectives on violence against children, in: Sociological Studies of Children and Youth 24 (2019) 47–66.

[5] Vgl. J. Barth/L. Bermetz/E. Heim u. a., The current prevalence of child sexual abuse worldwide: a systematic review and meta-analysis, in: International Journal of Public Health 58 (2013) Nr. 3, 469–483; sowie M. Stoltenborgh/M. H. van IJzendoorn/E. M. Euser u. a., A global perspective on child sexual abuse (s. Anm. 3), 79–101.

Trotz der definitorischen und methodischen Herausforderungen in der Forschung sind einige Erkenntnisse weitgehend gesichert: So sind die Prävalenzangaben für weibliche Betroffene weltweit fast durchgehend rund doppelt so hoch wie für männliche Betroffene.[6] Umfangreich belegt ist auch der Befund, dass eine sehr deutliche Mehrheit der Taten durch Männer ausgeübt wird.[7] Allerdings ist weibliche Täterschaft bei sexueller Gewalt bisher nur ungenügend beforscht und dürfte auch aufgrund gesellschaftlicher Normvorstellungen, die besonders die Mutterrolle als unvereinbar mit sexueller Gewalt sehen, weniger bereitwillig berichtet werden.[8] Schließlich weist die Täterforschung darauf hin, dass eine Mehrheit der Missbrauchstäter nicht die Kriterien für eine Diagnose einer Pädophilie erfüllt, was weit verbreiteten Vorstellungen widerspricht.[9] Folglich verübt eine Mehrheit der Missbrauchstäter die Gewalthandlungen nicht aufgrund einer sexuellen Präferenzstörung, sondern als „Ersatzhandlungen" bspw. aufgrund einer Persönlichkeitsstörung.

Schwerwiegende Verletzungen der Intimsphäre eines Menschen durch sexuelle Gewalt wurden und werden auch durch Personen in der katholischen Kirche ausgeübt: Die internationale Reihe an Missbrauchsskandalen im Kontext der katholischen Kirche in Australien, Deutschland, Irland, den Vereinigten Staaten und an weiteren Orten ist lang. Sie haben die Öffentlichkeit aufgerüttelt und die katholische Kirche in eine Krise gestürzt. Ein erster Abschnitt fasst die bisherige Evidenz zu Studien zur Häufigkeit sexuellen Missbrauchs in der katholischen Kirche zusammen und vergleicht sie mit Studien zur Häufigkeit sexuellen Missbrauchs in anderen religiösen Kontexten. Die Initiierung, Finanzierung und Unterstützung entsprechender Studien können Ausgangspunkt und erster Schritt in der Aufarbei-

---

[6] Vgl. *D. Sethi/F. Mitis/L. Alink u. a.*, Scale and consequences of the problem, in: D. Sethi/M. Bellis/K. Hughes u. a. (Hrsg.), European report on preventing child maltreatment, Kopenhagen 2013, 8–33.

[7] Vgl. *E. Romano/R. V. De Luca*, Male sexual abuse: A review of effects, abuse characteristics, and links with later psychological functioning, in: Aggression and Violent Behavior 6 (2001) 55–78.

[8] Vgl. *J. Gerke/M. Rassenhofer/A. Witt u. a.*, Female-Perpetrated Child Sexual Abuse: Prevalence Rates in Germany, in: Journal of Child Sexual Abuse 29 (2019) 1–15.

[9] Vgl. *J. Wagner/L. F. Kuhle/D. Grundmann u. a.*, Vorbeugung sexuellen Kindesmissbrauchs, in: der kriminalist 7–8 (2014) 5–11.

tung sein. Weitere Aspekte der Aufarbeitung werden im zweiten Kapitel besprochen, vorhandene Lücken werden identifiziert.

Aufarbeitung muss stets in Kombination mit Bemühungen um Prävention erfolgen, sodass künftig weniger Missbrauch im Kontext der katholischen Kirche stattfindet. Ein abschließender Abschnitt widmet sich diesem Thema.

1. Umfang sexuellen Missbrauchs in der katholischen Kirche und anderen religiösen Kontexten

Die eingangs erwähnte mediale Aufmerksamkeit auf sexuellen Missbrauch an Kindern und Jugendlichen durch Personen in der katholischen Kirche hat eine rege Forschungstätigkeit nach sich gezogen;[10] eine Übersichtsarbeit im Rahmen der deutschen Mannheim-Heidelberg-Gießen-Studie (MHG-Studie) nennt 40 internationale Studien, welche zu Größe und Art des sexuellen Missbrauchs Minderjähriger im Kontext der katholischen Kirche geforscht haben.[11] Von den darin berücksichtigten 15.849 Betroffenen ist – im Widerspruch zur allgemeinen epidemiologischen Literatur zu sexuellem Missbrauch[12] – eine deutliche Mehrheit von 78,6 Prozent männlich. Im Durchschnitt sind die Betroffenen zum Zeitpunkt des Missbrauchs zwölf Jahre alt. Die Täter sind in einer noch deutlicheren Mehrheit von 92,8 Prozent männlich, dies jedoch in Einklang mit der allgemeinen epidemiologischen Literatur zu Missbrauch.[13] Die Aufarbeitung von Personal- und Handakten von 38.156 deutschen Klerikern der katholischen Kirche fügt sich in das internationale Bild ein.[14]

---

[10] Vgl. *F. Rashid/I. Barron*, Why the Focus of Clerical Child Sexual Abuse has Largely Remained on the Catholic Church amongst Other Non-Catholic Christian Denominations and Religions, in: Journal of Child Sexual Abuse 28 (2019) Nr. 5, 564–585.

[11] Vgl. *D. Dölling/D. Hermann/A. Kruse* u. a., Metaanalyse zum sexuellen Missbrauch an Minderjährigen im Rahmen der katholischen Kirche: erste Ergebnisse, in: Forensische Psychiatrie, Psychologie, Kriminologie 10 (2016) Nr. 2, 103–115.

[12] Vgl. *M. Stoltenborgh/M. H. van IJzendoorn/E. M. Euser* u. a., A global perspective on child sexual abuse (s. Anm. 3), 79–101.

[13] Vgl. ebd.

[14] Vgl. *H. Dreßing/D. Dölling/D. Hermann* u. a., Sexual abuse at the hands of Ca-

Sowohl die internationale Übersichtsarbeit als auch die Aufarbeitung von Personalakten deutscher katholischer Kleriker verweisen auf rund vier Prozent Täter innerhalb dieser Gruppe.[15] Eine Mehrheit von 83 Prozent bekleidet die Funktion eines Gemeindepfarrers.[16] Die Tatorte unterliegen zumeist der Kontrolle des Täters mit Wohnung des Täters oder Schule auf den vorderen Rängen.[17] Obschon eine leichte Mehrheit (55,1 Prozent) ein Kind oder einen Jugendlichen missbraucht, vergehen sich Mehrfach-Täter im Schnitt an 5,4 Kindern und Jugendlichen. Einige wenige Täter sind dabei für besonders viele Taten verantwortlich.[18] Zwei Drittel der Betroffenen werden mehrfach missbraucht, bei 5,3 Prozent zieht sich der Missbrauch sogar auf einen Zeitraum von zehn oder mehr Jahren hin. Im Einklang mit der Täterforschung allgemein erfüllt in der internationalen Übersichtsarbeit nur eine Minderheit von 17,7 Prozent die Merkmale einer Pädophilie; noch bedeutsamer sind bei psychiatrisch-psychologischer Untersuchung Merkmale emotionaler oder sexueller Unreife (29,6 Prozent) sowie Persönlichkeitsstörungen (21,6 Prozent).[19]

Bisherige Studien haben Missbrauch in der katholischen Kirche vor allem über Aktenstudien oder über Befragungen von Personen erfasst, die sich als Missbrauchsbetroffene im Kontext der katholischen Kirche identifiziert haben. Was weitgehend fehlt, sind Befragungen in der allgemeinen Bevölkerung, die auch die Häufigkeit sexuellen Missbrauchs durch Personen in kirchlichen Funktionen erfassen. Witt et al. gehen

---

tholic clergy – a retrospective cohort study of its extent and health consequences for affected minors (the MHG Study), in: Deutsches Ärzteblatt International 116 (2019) 389–396.

[15] Vgl. ebd. sowie D. Dölling/D. Hermann/A. Kruse u. a., Metaanalyse zum sexuellen Missbrauch an Minderjährigen (s. Anm. 11), 103–115.

[16] Vgl. ebd.

[17] Vgl. ebd.

[18] Vgl. John Jay College of Criminal Justice, The Nature and Scope of Sexual Abuse of Minors by Catholic Priests and Deacons in the United States 1950–2002, Washington D. C. 2004. Online verfügbar unter http://www.usccb.org/issues-and-action/child-and-youth-protection/upload/the-nature-and-scope-of-sexual-abuse-of-minors-by-catholic-priests-and-deacons-in-the-united-states-1950-2002.pdf (zuletzt abgerufen am 02.08.2020).

[19] Vgl. H. Dreßing/D. Dölling/D. Hermann u. a., Sexual abuse at the hands of Catholic clergy (s. Anm. 14), 389–396 sowie D. Dölling/D. Hermann/A. Kruse u. a., Metaanalyse zum sexuellen Missbrauch an Minderjährigen (s. Anm. 11), 103–115.

dieser Frage für Deutschland erstmals anhand einer repräsentativen Stichprobe von rund 2.500 Befragten nach.[20] Während insgesamt 10,5 Prozent der Befragten von sexuellem Missbrauch in der Kindheit betroffen waren, gaben je 1,6 Prozent der Befragten an, von einem katholischen Priester oder evangelischen Pfarrer sexuell missbraucht worden zu sein. Hochgerechnet auf die Bevölkerung Deutschlands ergibt sich jeweils eine Zahl von rund 114.000 Betroffenen sexuellen Missbrauchs durch katholische Priester und evangelische Geistliche, was pro Konfession in etwa der Einwohnerzahl der Stadt Ulm entspricht.[21] Auch wenn für diese Extrapolation ein großer Schwankungsbereich eingerechnet werden muss, übersteigen die ermittelten Werte doch deutlich das Ausmaß der Betroffenheit, das sich aus Aktenaufarbeitungen und Stichproben mit Betroffenen ergibt.

Nicht nur scheint das Ausmaß von Missbrauch im kirchlichen Kontext bisher noch eher unterschätzt worden zu sein, Analysen von Dreßing et al. für den Zeitraum von 2009 bis 2015 weisen auch darauf hin, dass Missbrauch durch Kleriker nicht nur ein Problem der Vergangenheit darstellt:[22] Die sexuellen Missbrauchsvorwürfe sind im untersuchten Zeitraum hoch geblieben und stellen ein anhaltendes Problem dar.[23]

Die im vorherigen Abschnitt dargelegten deutschen Zahlen zur Häufigkeit von sexuellem Missbrauch durch kirchliche Funktionsträger weisen darauf hin, dass sexueller Missbrauch von Kindern und Jugendlichen nicht nur für die katholische Kirche ein großes Problem darstellt, sondern in ähnlichem Ausmaß auch für die evangelische Kirche zutreffen dürfte.[24] Zu anderen Religionsgemeinschaften sind bisher noch sehr wenige Daten vorhanden.

---

[20] Vgl. *A. Witt/E. Brähler/P. L. Plener u. a.*, Different Contexts of Sexual Abuse With a Special Focus on the Context of Christian Institutions: Results From the General Population in Germany, in: Journal of Interpersonal Violence 34 (2019) [DOI 10.1177/0886260519888540]. Die nachstehenden Zahlen sind dieser Studie entnommen.

[21] Vgl. ebd.

[22] Vgl. *H. Dreßing/D. Dölling/D. Hermann u. a.*, Sexueller Missbrauch von Kindern durch katholische Priester seit 2009: Verlauf und relative Häufigkeit im Vergleich zur männlichen Allgemeinbevölkerung, in: Psychiatrische Praxis 46 (2019) 1–7.

[23] Vgl. ebd.

[24] Vgl. *A. Witt/E. Brähler/P. L. Plener u. a.*, Different Contexts of Sexual Abuse (s. Anm. 20).

2. Aufarbeitung sexuellen Missbrauchs in der katholischen Kirche

Aufarbeitung wird als Begriff zwar gängig, aber auch diffus genutzt. Kavemann et al. fassen den Sinn und Zweck von Aufarbeitung wie folgt zusammen:[25]

„Aufarbeitung von sexuellem Kindesmissbrauch ist Mahn- und Erinnerungskultur. Sie ist auf Zeugenschaft angewiesen, in deren Zentrum die Anhörungen von Betroffenen stehen. Aufarbeitung zielt auf vertiefte Erkenntnisse über sexuellen Kindesmissbrauch in unserer Gesellschaft und auf Anerkennung erlittenen Leids und Unrechts. Perspektivisch strebt Aufarbeitung auch den Schutz von Kindern und Jugendlichen sowie politische Schlussfolgerungen an. Diese richten sich an Verantwortungsträger in Politik und Gesellschaft.“

Dabei gilt zu beachten, dass Aufarbeitung nicht mit einer juristischen Aufklärung oder der individuellen Traumaverarbeitung gleichzusetzen ist.

Gerade bei Aufarbeitung von Missbrauch in Institutionen steht neben dem Umgang der Institution mit der Aufdeckung der Taten auch im Vordergrund, ob kindswohlgefährdende Strukturen der Vertuschung und Verdrängung existier(t)en. Während auf institutioneller Seite die Aufarbeitung zu einem tatsächlichen Ende kommen kann, so kann die individuelle Aufarbeitung Teil des gesamten Lebensweges sein. Folglich sind die Erwartungen als auch das Verständnis von Gerechtigkeit stark geprägt von der individuellen Lebensgeschichte und damit einhergehenden Interessen und Bedürfnissen.[26]

Lange Zeit wurde sexueller Kindesmissbrauch seitens der katho-

---

[25] B. *Kavemann/B. Nagel/D. Doll u. a.*, Erwartungen Betroffener sexuellen Kindesmissbrauchs an die gesellschaftliche Aufarbeitung, Berlin 2019, 2. Online verfügbar unter https://www.aufarbeitungskommission.de/wp-content/uploads/2019/09/Studie_Erwartungen-Betroffener-sexuellen-Kindesmissbrauchs-an-die-gesellschaftliche-Aufarbeitung.pdf (zuletzt abgerufen am 02.08.2020).

[26] Vgl. *Unabhängige Kommission zur Aufarbeitung sexuellen Kindesmissbrauchs*, Rechte und Pflichten: Aufarbeitungsprozesse in Institutionen. Empfehlungen zur Aufarbeitung sexuellen Kindesmissbrauchs, Berlin 2020. Online verfügbar unter https://www.aufarbeitungskommission.de/wp-content/uploads/2020/04/Empfehlungen-Aufarbeitung-sexuellen-Kindesmissbauchs_Aufarbeitungskommission-2020.pdf (zuletzt abgerufen am 02.08.2020) sowie B. *Kavemann/B. Nagel/D. Doll*

lischen Kirche Deutschlands, aber auch seitens der evangelischen
Kirche verdrängt und eher als ein Problem der Anderen oder als
Einzelfälle angesehen. Dennoch reagierten sowohl die katholische
Kirche als auch die evangelische Kirche im Jahr 2002 auf die ersten
Missbrauchsskandale in den Vereinigten Staaten und Irland mit ei-
ner Verabschiedung der Leitlinien „Zum Vorgehen bei sexuellem
Missbrauch Minderjähriger durch Geistliche im Bereich der Deut-
schen Bischofskonferenz" und der „Leitlinien für den Umgang mit
Fällen sexuellen Missbrauchs durch Mitarbeitende der evangelischen
Kirche". Seitdem wurden diese Leitlinien regelmäßig angepasst
(s. unten). Mit den ersten Missbrauchsskandalen im kirchlichen
Kontext in Deutschland 2010 wurde die Auseinandersetzung mit
dem Thema vor allem in der katholischen Kirche intensiver, auf der
ein großer medialer und öffentlicher Druck lag. Nachdem immer
mehr Verdachtsfälle ans Tageslicht kamen, baten die Bischöfe im
Jahr 2010 auf ihrer Vollversammlung in Freiburg um Entschuldi-
gung bezüglich der Missbrauchsfälle in katholischen Einrichtungen.
In der Folge wird der Trierer Bischof Stephan Ackermann zum Son-
derbeauftragten des sexuellen Kindesmissbrauchs in der katholischen Kirche und es werden die folgenden vier Aufgaben festgelegt:
1) Verantwortung verorten, 2) die Leitlinien aus dem Jahr 2002 aus-
werten, 3) die Prävention stärken und 4) die Wahrheit aufdecken.
Zusätzlich wurde ein Maßnahmenkatalog, welcher in den folgenden
Abschnitten ausgeführt wird, verabschiedet.[27] Ebenfalls im Jahr 2010
bittet auch Papst Benedikt XVI. im Zuge einer Messe auf dem Pe-
tersplatz öffentlich um Vergebung.

Neben dem Druck zur Aufarbeitung sexuellen Missbrauchs in der
katholischen Kirche wird zunehmend die Forderung laut, dass auch
die evangelische Kirche in der moralischen Verantwortung steht zu
überprüfen, inwiefern auch in ihrer eher dezentralen Struktur Missbrauch geschehen ist und ggf. vertuscht wurde.[28] Informationen zur

---

u. a., Erwartungen Betroffener sexuellen Kindesmissbrauchs an die gesellschaftliche
Aufarbeitung (s. Anm. 25).
[27] Vgl. M. *Kowalski*, Fallanalyse „Sexueller Kindesmissbrauch im Kontext der
evangelischen und katholischen Kirche", Berlin 2018. Online verfügbar unter
https://www.aufarbeitungskommission.de/wp-content/uploads/2018/06/Fall-
analyse-Sexueller-Kindesmissbrauch-im-Kontext-der-katholischen-und-evange-
lischen-Kirche.pdf (zuletzt abgerufen am 02.08.2020).
[28] Vgl. ebd.

Aufarbeitung in der evangelischen Kirche Deutschlands finden sich in den zitierten Dokumenten.[29] Die nachfolgenden Unterabschnitte nehmen wichtige Elemente aus dem Aufarbeitungsprozess der katholischen Kirche auf.

2.1. Leitlinien, Rahmenverordnung und Motu proprio „Vos estis lux mundi"

Die erwähnte Leitlinie für den Umgang mit sexuellem Missbrauch Minderjähriger im Bereich der Deutschen Bischofskonferenz aus dem Jahre 2002 wurde infolge der bekannt gewordenen Skandale überarbeitet und in einer ersten Fassung am 1. September 2010 für drei Jahre erlassen. Eine erneut überarbeitete Fassung wurde im August 2013 für fünf Jahre erlassen.[30] Ab 2017 wurde unter Einbeziehung von Hinweisen Betroffener aus den (Erz-)Bistümern und Ergebnissen der wissenschaftlichen Aufarbeitung eine weitere Überarbeitung der Leitlinien angegangen. Der Einschluss der wissenschaftlichen Erkenntnisse der MHG-Studie aus dem Jahr 2018 sowie die Veröffentlichung des Motu proprio „Vos estis lux mundi" durch Papst Franziskus im Mai 2019[31], welches die Einarbeitung dieser Regelungen in die Leitlinien und Rahmenordnungen erforderte, führten zu einer Verlängerung der bestehenden Regelwerke. Die neuen „Leitlinien für den Umgang mit sexuellem Missbrauch Minderjähriger und erwachsener Schutzbefohlener durch Kleriker, Ordensangehörige und andere Mitarbeiterinnen und Mitarbeiter im Bereich der Deutschen Bischofskonferenz" sowie die „Rahmenordnung – Prävention gegen sexualisierte Gewalt an Minderjährigen und erwachsenen Schutzbefohlenen im Bereich der Deutschen Bischofskonferenz" wurden schließlich vom Ständigen Rat der Deutschen Bischofskonferenz am 18. November 2019 beschlossen und traten zum 1. Januar 2020 in Kraft. Eine Evaluation beider Schriftstücke ist alle fünf Jahre vorgesehen.[32]

---

[29] Vgl. ebd. sowie *A. Witt/E. Brähler/P. L. Plener u. a.*, Different Contexts of Sexual Abuse (s. Anm. 20).

[30] Vgl. ebd.

[31] *Franziskus*, Apostolisches Schreiben in Form eines Motu proprio „Vos estis lux mundi", Rom 2019. Online verfügbar unter http://www.vatican.va/content/francesco/de/motu_proprio/documents/papa-francesco-motu-proprio-20190507_vos-estis-lux-mundi.html (zuletzt abgerufen am 02.08.2020).

[32] Vgl. *Deutsche Bischofskonferenz*, Ständiger Rat befasst sich mit der Überarbeitung der Rahmenordnung Prävention, der Leitlinien und des Maßnahmenkata-

Im Dezember 2019 verkündet Papst Franziskus die Aufhebung des päpstlichen Geheimnisses im Kontext von Missbrauch. Damit können Aussagen aus kirchlichen Prozessen an zivile Behörden gehen, d. h. es wurde damit die Möglichkeit geschaffen, dass die Kirche mit Justizbehörden außerhalb des Vatikans zusammenarbeiten kann. Zudem können auch Betroffene damit nicht mehr zur Geheimhaltung verpflichtet werden. Das Beichtgeheimnis bleibt aber weiterhin geschützt. Mit diesem Motu proprio änderte der Papst auch die Norm, welche die Bestrafung der Verbreitung und des Besitzes von kinderpornografischem Material betrifft, und stuft diese zukünftig bei den schwersten Delikten (*graviora delicta*) ein und erhöht die Altersgruppe Betroffener von bisher 14 Jahren auf bis zu 18 Jahren.[33]

Im Februar 2020 richtet Papst Franziskus außerdem eine Task Force für zunächst zwei Jahre ein, welche die nationalen Bischofskonferenzen bei der Erstellung von Kinderschutz-Leitlinien unterstützen soll. Dabei kann diese aber erst auf Anfrage seitens der Bischofskonferenzen aktiv werden und daher nicht unabhängig die Aufarbeitung vorantreiben. Aktuell umfasst die Task Force ca. ein Dutzend Personen – Kirchenrechtler, Psychologen und andere Experten –, welche im vierteljährlichen Rhythmus Bericht erstatten soll.[34] Auffällig ist die Abwesenheit Betroffener in dieser Expertengruppe.

---

logs zur Aufarbeitung sexuellen Missbrauchs, Pressemitteilung vom 25. Juni 2019. Online verfügbar unter https://www.presseportal.de/pm/28823/4306668 (zuletzt abgerufen am 03.08.2020) sowie *Dies.*, Überarbeitete Regelwerke zum Umgang mit sexuellem Missbrauch und zur Prävention im Bereich der Deutschen Bischofskonferenz, Pressemeldung vom 09. Dezember 2019. Online verfügbar unter https://www.dbk.de/nc/presse/aktuelles/meldung/ueberarbeitete-regelwerke-zum-umgang-mit-sexuellem-missbrauch-und-zur-praevention-im-bereich-der-deuts/detail/ (zuletzt abgerufen am 02.08.2020).

[33] Vgl. Missbrauch: Franziskus hebt „päpstliches Geheimnis" auf, 17.12.2019. Online verfügbar unter https://www.vaticannews.va/de/papst/news/2019-12/missbrauch-franziskus-paepstliches-geheimnis-abgeschafft.html (zuletzt abgerufen am 02.08.2020); *A. Bachstein*, „Päpstliches Geheimnis" bei Missbrauch abgeschafft, 17.12.2019. Online verfügbar unter https://www.sueddeutsche.de/politik/katholische-kirche-paepstliches-geheimnis-bei-missbrauch-abgeschafft-1.4727150 (zuletzt abgerufen am 02.08.2020).

[34] Vgl. Papst und Vatikan. Online verfügbar unter https://dbk.de/themen/sexueller-missbrauch/papst-und-vatikan/ (zuletzt abgerufen am 02.08.2020).

2.2. Leistungen gegenüber den Betroffenen

Für den Zeitraum von 2010 bis 2012 wurde seitens der katholischen Kirche eine bundesweite Hotline für Betroffene eingerichtet. Die hier gesammelten Erfahrungen und Erlebnisse der Betroffenen wurden auch in die wissenschaftliche Aufarbeitung übertragen und im Zuge einer entsprechenden Studie ausgewertet.[35] Des Weiteren wurde ab März 2011 für Betroffene die Möglichkeit geschaffen, bei der für den oder die Täter zuständigen Körperschaft einen sogenannten Antrag auf (finanzielle) „Leistungen in Anerkennung des Leids, das Opfern sexuellen Missbrauchs zugefügt wurde", zu stellen. Die Betroffenen können hiernach sowohl materielle Unterstützung als auch Hilfeleistungen für Therapiekosten erhalten. Im Jahr 2013 beteiligte sich die katholische Kirche noch am „Ergänzenden Hilfesystem des Bundes" im institutionellen Bereich.[36] Auf der Frühjahrs-Vollversammlung der deutschen Bischöfe im März 2020 wird ein neues Verfahren für die Anerkennungszahlungen an Betroffene des Missbrauchs festgelegt. Hiernach soll in Zukunft die Höhe der gezahlten Summen sich an von staatlichen Gerichten beschlossenen Schmerzensgeldern in vergleichbaren Fällen orientieren, wobei man sich auf den oberen Bereich der zuerkannten Zahlungen beziehen und auch für Härtefälle keinen Deckelungsbetrag vorgeben wolle. Umgesetzt werden soll dieser Prozess von einem unabhängigen Entscheidungsgremium, das die Leistungshöhe verbindlich festsetzt und für eine zentrale Auszahlung an die Betroffenen zuständig ist. Während der Missbrauchsbeauftragte der Bundesregierung, Johannes-Wilhelm Rörig, das Modell als einen Weg in die richtige Richtung sieht, im Bewusstsein, dass viele Betroffene von dem Ergebnis enttäuscht sind, kritisiert die Initiative „Eckiger Tisch" (Interesseninitiative der Betroffenen sexuellen Missbrauchs in der katholischen Kirche) das neue Verfahren heftig und sieht darin einen Entzug der Institution aus der Verantwortung und kündigt an, dass sie weiter-

---

[35] Vgl. *A. Zimmer/D. Lappehsen-Lengler/M. Weber u. a.*, Sexueller Kindesmissbrauch in kirchlichen Institutionen – Zeugnisse, Hinweise, Prävention. Ergebnisse der Auswertung der Hotline der Deutschen Bischofskonferenz für Opfer sexueller Gewalt, Weinheim – Basel 2014.

[36] *S. M. Kowalski*, Fallanalyse „Sexueller Kindesmissbrauch im Kontext der evangelischen und katholischen Kirche" (s. Anm. 27), 14.

hin für eine tatsächliche Entschädigung kämpft wird, da die von
Gerichten ausgesprochenen Schmerzensgelder oft sehr gering aus-
fallen und damit höchstens Leid anerkannt wird, die Betroffenen
aber nicht für teils massive persönliche Folgen entschädigt werden.[37]
Grundsätzlich haben Betroffene sexuellen Missbrauchs über das
Zivilrecht die Möglichkeit, Schadensersatz (Wiedergutmachung des
Schadens) und Schmerzensgeld (Ausgleich immaterieller Nachteile)
von dem bzw. der Täter(in) zu erlangen.[38]

2.3. Wissenschaftliche Studien zur Aufarbeitung

In den vergangenen Jahren wurden und werden seitens einzelner
Bistümer, Ordensgemeinschaften und kirchlicher Einrichtungen unabhängige Aufarbeitungsstudien durchgeführt.[39] Für eine übergrei-

---

[37] Vgl. Missbrauch: Heftige Kritik an Schmerzensgeld-Beschluss der Bischöfe,
05.03.2020. Online verfügbar unter https://www.katholisch.de/artikel/24747-miss-
brauch-heftige-kritik-an-schmerzensgeld-beschluss-der-bischoefe (zuletzt abgerufen am 02.08.2020).

[38] Vgl. Unabhängiger Beauftragter für Fragen des sexuellen Kindesmissbrauchs, Zi-
vilrechtliche Ansprüche. Online verfügbar unter https://beauftragter-miss-
brauch.de/recht/schadensersatz-und-entschaedigung/zivilrechtliche-ansprueche
(zuletzt abgerufen am 04.08.2020).

[39] Vgl. M. Grübel, Bericht der Kommission sexueller Missbrauch, Rottenburg –
Stuttgart 2013. Online verfügbar unter https://www.drs.de/fileadmin/drs/docu-
ments/rat_und_hilfe/hilfe_bei_missbrauch/20131231_bericht_ksm.pdf (zuletzt abgerufen am 03.08.2020) sowie G. Hackenschmied/P. Mosser, Untersuchung von Fällen sexualisierter Gewalt im Verantwortungsbereich des Bistums Hildesheim –
Fallverläufe, Verantwortlichkeiten, Empfehlungen, München 2017. Online verfügbar unter www.ipp-muenchen.de/texte/IPP_Muenchen_Gutachten_Bistum_Hil-
desheim.pdf (zuletzt abgerufen am 03.08.2020); auch U. Raue, Bericht über Grenzverletzungen gegenüber Kindern und Jugendlichen im Jesuiten-Kolleg St. Blasien,
Deutsche Provinz der Jesuiten 2011. Online verfügbar unter https://www.jesui-
ten.org/fileadmin/user_upload/Downloads/Bericht_Raue_St._Blasien_-_15.02.11.
pdf (zuletzt abgerufen am 03.08.2020) sowie J. Zinsmeister/P. Ladenburger/I. Mitlacher, Schwere Grenzverletzungen zum Nachteil von Kindern und Jugendlichen
im Aloisiuskolleg Bonn-Bad Godesberg. Abschlussbericht zur Untersuchung im
Auftrag der Deutschen Provinz der Jesuiten, Köln 2011. Online verfügbar unter
https://www.jesuiten.org/fileadmin/user_upload/Downloads/Abschlussbericht_
AKO_Zinsmeister.pdf (zuletzt abgerufen am 03.08.2020) sowie U. Weber/J. Bau-
meister, Vorfälle von Gewaltausübung an Schutzbefohlenen bei den Regensburger
Domspatzen. Untersuchungsbericht, Regensburg 2017. Online verfügbar unter
https://www.uw-recht.org/images/Abschlussbericht_Domspatzen.pdf (zuletzt abge-

fende Betrachtungsweise im Zuge der wissenschaftlichen Aufarbeitung des sexuellen Kindesmissbrauchs in Deutschland werden zumeist die folgenden sechs großen Studien herangezogen, die teils bereits im Abschnitt zur Häufigkeit sexuellen Missbrauchs in der katholischen Kirche zitiert wurden:

1. Auswertung der Daten der Anlaufstelle der Unabhängigen Beauftragten,[40]
2. Analyse forensischer Gutachten von katholischen Geistlichen,[41]
3. Projekt des Kriminologischen Forschungsinstituts Niedersachsen,[42]
4. Auswertung der Hotline der Deutschen Bischofskonferenz,[43]
5. Aufarbeitung zu den Missbrauchsfällen in den Internaten der Benediktinerabteien Ettal[44] und Kremsmünster[45] und
6. Mannheim-Heidelberg-Gießen Studie (MHG-Studie)[46].

---

rufen am 03.08.2020) und A. *Bintig*, Grenzverletzungen im AKO Pro Scouting am Aloisiuskolleg (hrsg. v. Aloisiuskolleg Bonn GmbH) Bonn-Bad Godesberg, Köln 2013. Online verfügbar unter https://www.jesuiten.org/fileadmin/user_upload/Downloads/0_B-Bericht_final_2013-06-03_nach_Vgl.pdf (zuletzt abgerufen am 03.08.2020).

[40] S. *J. M. Fegert/M. Rassenhofer/T. Schneider u. a.*, Endbericht der wissenschaftlichen Begleitforschung zur Anlaufstelle der Unabhängigen Beauftragten zur Aufarbeitung des sexuellen Kindesmissbrauchs Dr. Christine Bergmann, Bundesministerin a. D., Ulm 2011. Online verfügbar unter https://beauftragter-missbrauch.de/fileadmin/Content/pdf/Downloads/Endbericht_Auswertung_Anlaufstelle_Missbrauchsbeauftragte.pdf (zuletzt abgerufen am 03.08.2020).

[41] S. *N. Leygraf/A. König/H.-L. Kröber u. a.*, Sexuelle Übergriffe durch katholische Geistliche in Deutschland. Eine Analyse forensischer Gutachten 2000–2010, Essen – Dortmund – Berlin u. a. 2012. Online verfügbar unter https://www.dbk.de/fileadmin/redaktion/diverse_downloads/Dossiers_2012/2012_Sex-Uebergriffe-durch-katholische-Geistliche_Leygraf-Studie.pdf (zuletzt abgerufen am 03.08.2020).

[42] S. *S. Fernau/D. F. Hellmann* (Hrsg.), Sexueller Missbrauch Minderjähriger durch katholische Geistliche in Deutschland, Baden-Baden 2014.

[43] S. *A. Zimmer/D. Lappehsen-Lengler/M. Weber u. a.*, Sexueller Kindesmissbrauch in kirchlichen Institutionen (s. Anm. 35), 198.

[44] S. *H. Keupp/F. Straus/P. Mosser u. a.*, Sexueller Missbrauch und Misshandlungen in der Benediktinerabtei Ettal. Ein Beitrag zur wissenschaftlichen Aufarbeitung, Wiesbaden 2017.

[45] S. *H. Keupp/F. Straus/P. Mosser u. a.*, Schweigen – Aufdeckung – Aufarbeitung. Sexualisierte, psychische und physische Gewalt im Benediktinerstift Kremsmünster, Wiesbaden 2017.

[46] S. *H. Dreßing/H. J. Salize/D. Dölling u. a.*, Forschungsprojekt „Sexueller Missbrauch an Minderjährigen durch katholische Priester, Diakone und männliche

Im Zuge gescheiterter Kooperationen, bspw. mit dem Kriminologischen Forschungsinstitut Niedersachsen, wird die Kritik an „Zensur" und „mangelnder Transparenz" laut.[47] Auch bei der MHG-Studie, der aktuell wohl bedeutsamsten Studie im Kontext, war mangelnde Transparenz der katholischen Kirche ein Kritikpunkt. So wurden im Zuge der MHG-Studie bspw. keine Originalakten eingesehen, sondern Kirchenmitarbeiter schickten ausgefüllte Fragebögen anonymisiert zurück.[48]

Insgesamt wiesen die bisherigen wissenschaftlichen Ergebnisse auf mehrere Lücken hin, die mit besonderem Bezug auf die MHG-Studie in fünf entscheidende Empfehlungen mündeten:[49]

– Einführung einer standardisierten Aktenführung zur Dokumentation von Missbrauchsbeschuldigungen in allen (Erz-)Bistümern,

– Angebot niedrigschwelliger und von der katholischen Kirche unabhängiger Anlaufstellen (mögliche Zusammenarbeit mit der Geschäftsstelle Bundeskoordinierung Spezialisierter Fachberatung gegen sexualisierte Gewalt in Kindheit und Jugend [BKSF]),

– Weiterentwicklung des gegenwärtigen Verfahrens zur Anerkennung des Leids (s. oben ausgeführter Punkt),

– Sicherstellung einer transparenten und unabhängigen Aufarbeitung: Die „Gemeinsame Erklärung über verbindliche Kriterien

---

Ordensangehörige im Bereich der Deutschen Bischofskonferenz", Mannheim – Heidelberg – Gießen, 24. September 2018. Online verfügbar unter https://www. zi-mannheim.de/fileadmin/user_upload/downloads/forschung/forschungsverbuende/MHG-Studie-gesamt.pdf (zuletzt abgerufen am 03.08.2020).

[47] S. C. *Pfeiffer/T. Mößle/D. Baier,* Zensur versus Forschungsfreiheit. Ein Fallbeispiel aus der kriminologischen Forschung, in: Datenschutz und Datensicherheit 37 (2013) 428–433.

[48] Vgl. FAQ zur MHG-Studie. Online verfügbar unter https://www.dbk.de/themen/sexueller-missbrauch/faq-mhg-studie/ (zuletzt abgerufen am 03.08.2020).

[49] Vgl. *Deutsche Bischofskonferenz,* Ständiger Rat befasst sich mit der Überarbeitung der Rahmenordnung Prävention, der Leitlinien und des Maßnahmenkatalogs zur Aufarbeitung sexuellen Missbrauchs, Pressemitteilung vom 25. Juni 2019. Online verfügbar unter https://www.presseportal.de/pm/28823/4306668 (zuletzt abgerufen am 03.08.2020) sowie *Dies.,* Maßnahmen zur Aufarbeitung der Fälle sexuellen Missbrauchs an Minderjährigen, 25.06.2019. Online verfügbar unter https://www. dbk.de/fileadmin/redaktion/diverse_downloads/dossiers_2019/2019-06-25_Massnahmen-zur-Aufarbeitung-der-Faelle-sexuellen-Missbrauchs-an-Minderjaehrigen. pdf. (zuletzt abgerufen am 03.08.2020).

und Standards für eine unabhängige Aufarbeitung von sexuellem Missbrauch in der katholischen Kirche in Deutschland" wurde zwischen der Deutschen Bischofskonferenz und der Unabhängigen Kommission zur Aufarbeitung sexuellen Kindesmissbrauchs im Mai 2020 geschlossen,
– Verbindliches überdiözesanes Monitoring für die Bereiche der Intervention und der Prävention durch die Zusammenarbeit mit dem Institut für Prävention und Aufarbeitung (IPA), welches im September 2019 gegründet wurde.

2.4. Weiheamt, Pflichtzölibat und Maria 2.0

Die Diskussion um das Zölibat ist integraler Bestandteil der Aufarbeitung sexuellen Missbrauchs in der katholischen Kirche. So zeigte sich in allen Teilprojekten der MHG-Studie, dass der Anteil beschuldigter Diakone niedriger als der beschuldigter Diözesanpriester ist und hier der Hauptunterschied zwischen den beiden Gruppen in der Verpflichtung zum Zölibat sei.[50] Kritiker fordern daher, dass das Zölibat mindestens als ein Risikofaktor in bestimmten Konstellationen gesehen werden muss, und fordern daher dessen (verpflichtende) Abschaffung.[51] Von dieser Aussage distanziert sich das Studienteam um Leygraf et al. und sieht im Zölibat sogar einen Schutz vor dem Missbrauch: Pädophile Strukturen würden sich in der Pubertät entwickeln, das Zölibat jedoch erst später erfolgen, und zudem gäbe es keine empirischen Hinweise, dass der Verzicht auf Sexualkontakte das Risiko für Sexualdelikte erhöht.[52]

Wie eingangs erläutert, machen Pädophile nur einen geringeren Teil der Täter aus. Als Mittelweg der Diskussion wird nun auch aus den eigenen Reihen der katholischen Kirche der Vorschlag eingebracht, die Verpflichtung zum Zölibat freizustellen und in diesem

---

[50] Vgl. *H. Dreßing/H. J. Salize/D. Dölling u. a.*, Forschungsprojekt „Sexueller Missbrauch an Minderjährigen durch katholische Priester, Diakone und männliche Ordensangehörige im Bereich der Deutschen Bischofskonferenz" (s. Anm. 46).

[51] Vgl. ebd. sowie *Royal Commission into Institutional Responses to Child Sexual Abuse*, Final Report, Commonwealth of Australia 2017. Online verfügbar unter https://www.childabuseroyalcommission.gov.au/final-report (zuletzt abgerufen am 03.08.2020).

[52] Vgl. *N. Leygraf/A. König/H.-L. Kröber u. a.*, Sexuelle Übergriffe durch katholische Geistliche in Deutschland (s. Anm. 41).

Zuge auch dem Abbau der Überhöhung des Weiheamts sowie dessen Öffnung für Frauen nachzukommen (vgl. auch Kirchenstreik Maria 2.0)[53] und damit dem Verständnis der Weihepriester als „besondere Menschen" mit „besonderen Vollmachten" entgegenzuwirken.[54]

2.5. Was macht die Politik?

Hinsichtlich der Aufgabe der Politik in Bezug auf die kirchliche Aufklärung sieht der Missbrauchsbeauftragte der Bundesregierung, Johannes-Wilhelm Rörig, auch den Staat in der Verantwortung aktiv zu werden, gerade in Deutschland, wo Staat und Kirche eng miteinander verwoben sind: „[...] Er trägt Verantwortung für alle Kinder, auch die, die sich in Obhut der Kirche befinden. Der Staat muss ein Interesse an einer tiefgehenden Aufarbeitung haben. Ihm kann nicht an einer Kirche gelegen sein, die jede Glaubwürdigkeit verliert [...]."[55] Zieht man Bilanz um die aktuellen Aufarbeitungsbemühungen, so findet Rörig klare Worte: „Sexuelle Gewalt kann nur dann wirkungsvoll bekämpft werden, wenn sich alle gesellschaftlichen Kräfte verbünden. Wir brauchen für Deutschland einen Pakt gegen Missbrauch."[56] Gerade an das Engagement der politischen Akteure wird appelliert: „Ich erwarte eine deutlichere Haltung der Politik. Für mich gehören klare Forderungen, Vorgaben und finanzielle Untermauerung in jedes Parteiprogramm und in jeden Koalitionsvertrag, auf Bundes- und auf Länderebe-

---

[53] Vgl. Offener Brief aus Anlass des Sondergipfels zum Thema der sexualisierten Gewalt in der Kirche. Online verfügbar unter https://weact.campact.de/petitions/offener-brief-an-papst-franziskus-aus-anlass-des-sondergipfels-uber-missbrauch-in-der-kirche (zuletzt abgerufen am 03.08.2020).

[54] Vgl. Kardinal Marx erhält Offenen Brief mit Reform-Forderungen, 03.02.2019. Online verfügbar unter https://www.kirche-und-leben.de/artikel/kardinal-marx-erhaelt-offenen-brief-mit-reform-forderungen (zuletzt abgerufen am 03.08.2020).

[55] *J.-W. Rörig* zitiert nach *M. Drobinski*, „Wir dürfen das Leid nicht ignorieren". Interview mit J.-W. Rörig, 23.09.2018. Online verfügbar unter https://www.sueddeutsche.de/politik/missbrauch-die-ergebnisse-sind-dramatisch-1.4141310 (zuletzt abgerufen am 03.08.2020).

[56] *J.-W. Rörig*, zitiert nach Wunsch nach gesellschaftlichem Pakt gegen sexuelle Gewalt an Kindern, 28.01.2020. Online verfügbar unter https://www.aerzteblatt.de/nachrichten/108941/Wunsch-nach-gesellschaftlichem-Pakt-gegen-sexuelle-Gewalt-an-Kindern (zuletzt abgerufen am 03.08.2020).

ne"[57], so Rörig. Auch der „Eckige Tisch" forderte die Politik auf, die schleppende Aufarbeitung der Kirche(n) nicht zu tolerieren, sondern aktiv zu werden wie bspw. durch Strafverfolgung der Fälle der 1.670 Täter, die durch die MHG-Studie bekannt wurden, um nicht eine weitere Verjährung von Taten zuzulassen, weil die Staatsanwaltschaft nicht ermittelt. Verjährten Taten sollte durch eine unabhängige Untersuchungskommission nachgegangen werden. Zudem sei es Aufgabe des Staats, Betroffene zu schützen und nicht zuzulassen, dass Verbrechen durch katholische Priester von der Kirche intern geregelt und vertuscht werden können. Des Weiteren sieht die Initiative die Politik auch in der Pflicht, sich für angemessene Entschädigungszahlungen der Betroffenen einzusetzen.[58]

3. Prävention sexuellen Missbrauchs im Kontext der katholischen Kirche

Die lange Zeit diskursbestimmende Unterteilung von Präventionsbemühungen in Primär-, Sekundär- und Tertiärprävention wird zunehmend durch das Kontinuum universeller, selektiver und indizierter Prävention[59] ersetzt oder erweitert.[60] Universelle Missbrauchsprävention hat die allgemeine Bevölkerung resp. alle

---

[57] *J.-W. Rörig,* zitiert nach Sexueller Missbrauch: Bekämpfung muss nationale Aufgabe werden, 30.01.2020. Online verfügbar unter https://www.sozial.de/sexueller-missbrauch-bekaempfung-muss-nationale-aufgabe-werden.html (zuletzt abgerufen am 03.08.2020).

[58] Vgl. *M. Katsch,* Eckiger Tisch fordert Unterstützung durch die Politik für eine unabhängige Aufarbeitung sowie angemessene Entschädigung. Pressemitteilung vom 28. September 2018. Online verfügbar unter https://www.eckiger-tisch.de/wp-content/uploads/2018/09/2018-09-28_PM_Eckiger-Tisch.pdf (zuletzt abgerufen am 03.08.2020).

[59] Vgl. *P. J. Mrazek/R. J. Haggerty,* Reducing risks for mental disorders. Frontiers for preventive intervention research, Washington D. C. 1994.

[60] Vgl. *J. M. Fegert/R. Schepker/F. Keller u. a.,* Preventing later substance use disorders in at-risk children and adolescents. A review of the theory and evidence base of indicated prevention, Lissabon 2009; sowie *A. Jud,* Fokus Prävention im schulischen Kontext, in: Ders./J. M. Fegert (Hrsg.), Kinderschutz: Eine Bestandsaufnahme für das Saarland, o. O. 2020, 39–43. Online verfügbar unter: https://www.comcan.de/fileadmin/downloads/2020_08_03_-_Expertise_Saarland_Online.pdf (zuletzt abgerufen am 12.10.2020).

mit der Kirche verbundenen Personen im Fokus, ohne dass bereits spezifische Risiken für Missbrauch ausgemacht sind. Selektive Prävention setzt bei vulnerablen Gruppen an, für die Risikofaktoren identifiziert wurden. Das können sowohl risikobelastete Kinder und Jugendliche als auch Personengruppen sein, denen aufgrund identifizierter Risiken eine höhere Wahrscheinlichkeit zugeschrieben wird, Missbrauchshandlungen auszuüben. Zimmer et al. nennen in ihrer Studie als Risikofaktoren, dass religiös sehr interessierte, am religiösen Leben aktiv teilnehmende oder in sehr katholisch geprägten Familien aufwachsende Kinder häufiger betroffen sind.[61] Indizierte Prävention im Kontext des Kinderschutzes soll schließlich dort greifen, wo bereits erste Anzeichen für geringfügige Formen von aktiver Gewalteinwirkung vorhanden sind. Informationen zu Präventionsmaßnahmen gegen sexuellen Missbrauch im Kontext der katholischen Kirche wurden bisher nicht systematisch wissenschaftlich aufgearbeitet, der vorliegende Abschnitt kann daher nur einen kursorischen Einblick bieten. Es zeichnet sich ab, dass viele Präventionsbemühungen im Bereich der universellen Prävention eingeleitet wurden,[62] die im Verhältnis von Kosten pro Individuum günstig sind. Mit etwas höheren Kosten verbundene Maßnahmen im Bereich der indizierten Prävention werden bislang kaum umgesetzt. Diese Erkenntnis ist jedoch nicht auf den kirchlichen Kontext beschränkt, sondern betrifft allgemein die Präventionsbemühungen zum Schutz von Kindern vor Gewalt.[63] Da die Grenzen zwischen indizierter Prävention und Intervention bei Verdacht auf Missbrauch wiederum fließend sind, wird hier auf eine Einordnung vorhandener Maßnahmen zur indizierten Prävention im Kontext der katholischen Kirche verzichtet.

---

[61] Vgl. A. *Zimmer*/D. *Lappehsen-Lengler*/M. *Weber u. a.*, Sexueller Kindesmissbrauch in kirchlichen Institutionen (s. Anm. 35), 198.
[62] Vgl. H. *Dreßing*/H. J. *Salize*/D. *Dölling u. a.*, Forschungsprojekt „Sexueller Missbrauch an Minderjährigen durch katholische Priester, Diakone und männliche Ordensangehörige im Bereich der Deutschen Bischofskonferenz" (s. Anm. 46); sowie H. *Zollner*, Prävention von Missbrauch Minderjähriger und Schutzbefohlener in der katholischen Kirche, in: Erwachsenenbildung 66 (2020) 4–7.
[63] Vgl. A. *Jud*, Fokus Prävention im schulischen Kontext, in: Ders./J. M. *Fegert* (Hrsg.), Kinderschutz: Eine Bestandsaufnahme für das Saarland, o. O. 2020, 39–43.

3.1. Präventionsmaßnahmen in der katholischen Kirche im Überblick

Zollner zählt in einem Überblicksbeitrag verschiedene Präventions-maßnahmen im Kontext der katholischen Kirche auf.[64] Beispiele sind telefonische Beratungshilfen für Missbrauchsbetroffene, Überarbei-tung der Richtlinien für Intervention und Prävention, die Ernennung von Missbrauchsbeauftragten in den Diözesen und Orden, durchgän-gige und verpflichtende Präventionsschulungen für kirchliche Mit-arbeitende. Dreßing et al. weisen im Rahmen der MHG-Studie für die katholische Kirche Deutschlands ebenfalls auf „umfangreiche Be-strebungen" hin.[65] So waren bspw. Ende 2014 ca. 59 Prozent der Kleri-ker in einer Präventionsschulung. Allerdings variiert der Stellenwert, den Diözesen der Präventionsarbeit beimessen, stark. So liegt der Um-fang der vorhandenen Präventionsschulungen zwischen einmaligen drei Stunden bis zu Intensivschulungen im Umfang von 336 Stunden. Kritisch ist zu werten, dass nur acht von 27 deutschen Diözesen Auf-frischungskurse anbieten. Auch die Beteiligung Betroffener in der Prä-ventionsarbeit ist dringend ausbaubedürftig.[66] Nur vier Diözesen bezo-gen Betroffene in die Präventionsarbeit ein, vier weitere Diözesen haben Anfragen zur Mitarbeit gar dezidiert abschlägig behandelt.

3.2. Wirksamkeit von Präventionsmaßnahmen

Eine besondere Herausforderung von Prävention gegen sexuellen Missbrauch im Kontext der katholischen Kirche und ganz generell ist die oft noch ungenügende Evidenz zur Wirksamkeit der präven-tiven Maßnahmen.[67] Allgemein noch am besten untersucht ist uni-verselle Prävention im Kontext Schule. Die meisten Präventions-maßnahmen werden hier dem Empowerment-Ansatz zugerechnet,[68]

---

[64] Vgl. *H. Zollner*, Prävention von Missbrauch Minderjähriger und Schutzbefoh-lener in der katholischen Kirche, in: Erwachsenenbildung 66 (2020) 4–7.
[65] *H. Dreßing/D. Dölling/D. Hermann u. a.*, How Active is the Catholic Church in the Prevention of Sexual Abuse? Preliminary Results of the MHG-Study, in: Psy-chiatrische Praxis 45 (2018) Nr. 2, 103–105.
[66] Vgl. ebd.
[67] Im Überblick vgl. *A. Jud*, Fokus Prävention im schulischen Kontext (s. Anm. 63).
[68] Vgl. *U. Bauer/P. Kolip/E. Finne u. a.*, Prävention von sexualisierter Gewalt in der Schule, in: M. Wazlawik/H. Voss/A. Retkowski u. a. (Hrsg.), Sexuelle Gewalt in pädagogischen Kontexten, Wiesbaden 2017, 181–196.

der die Stärkung von Selbstschutzfähigkeiten in den Mittelpunkt rückt.[69] Meta-Analysen zeigen denn auch einen positiven Einfluss eines hohen Partizipationsgrads der Schüler(innen) auf den Wissenszuwachs,[70] der auch nachhaltig bleibt.[71] Weniger gut gesichert ist, ob die untersuchten schulischen Programme auch zu einer höheren Bereitschaft bei den Betroffenen führen, erfahrenen Missbrauch jemandem zu berichten. Auch wird nur selten als entscheidendes Wirksamkeitskriterium erfasst, ob der Einsatz von Präventionsprogrammen bei Kindesmisshandlung auch tatsächlich zur Verringerung der Betroffenheit von Misshandlung beiträgt. Was für die noch verhältnismäßig gut untersuchten schulischen Präventionsprogramme gilt, kann auch auf Präventionsmaßnahmen im Kontext der katholischen Kirche übertragen werden: Ob diese tatsächlich den gewünschten Effekt haben und sexuellen Missbrauch signifikant verringern, dazu stehen Befunde weitgehend aus.

Zollner et al. streichen in einer Übersichtsarbeit zu Prävention sexuellen Missbrauchs als wirksame Elemente unter anderem heraus,

– dass Präventionsmaßnahmen in zeitlich engen und regelmäßigen Abständen erfolgen,
– dass sie sprachlich angemessen gestaltet sind und die Zielgruppe nicht überfordern,
– dass Mädchen und Jungen gleichermaßen und gleichwertig als mögliche Opfer angesehen werden,
– dass Präventionsprogramme von Frauen und Männern geleitet werden und
– dass Präventionsprogramme auch erste Informationen zu möglichen Interventionsmaßnahmen enthalten.[72]

---

[69] Vgl. *A. Lohaus/H. M. Trautner*, Präventionsprogramme und ihre Wirksamkeit zur Verhinderung sexuellen Missbrauchs, in: U. T. Egle/S. O. Hoffmann/P. Joraschky (Hrsg.), Sexueller Missbrauch, Misshandlung, Vernachlässigung. Erkennung, Therapie und Prävention der Folgen früher Stresserfahrungen, Stuttgart – New York [3]2005, 623–635.
[70] Vgl. *M. K. Davis/C. A. Gidycz*, Child sexual prevention programs: A meta-analysis, in: Journal of Clinical Child Psychology 29 (2000) Nr. 2, 257–265.
[71] Vgl. *K. Walsh/K. Zwi/S. Woolfenden u. a.*, School-Based Education Programs for the Prevention of Child Sexual Abuse: A Cochrane Systematic Review and Meta-Analysis, in: Cochrane Database of Systematic Reviews 4 (2015) 1–95.
[72] Vgl. *H. Zollner/K. A. Fuchs/J. M. Fegert*, Vermeidung von Viktimisierung: Prävention durch bessere Information, in: Nervenheilkunde 32 (2013) 819–825.

Die Berücksichtigung der entsprechenden Elemente ist auch für Präventionsmaßnahmen im Kontext der katholischen Kirche entscheidend. Herauszustreichen ist dabei der Punkt zur gleichwertigen Behandlung von Mädchen und Jungen als mögliche Opfer, gerade da in der katholischen Kirche anders als in allen anderen Kontexten deutlich mehr Jungen von Missbrauch betroffen sind. Besonders betonen Zollner et al., dass Prävention gegen sexuellen Missbrauch an Kindern und Jugendlichen neben den potenziell Gefährdeten und ihren Bezugspersonen auch die Fachkräfte und die politisch-regulatorische Ebene einbeziehen muss.[73] Die Unterstreichung der Bedeutsamkeit des Einbezugs von Erwachsenen in die Präventionsarbeit gegen sexuellen Missbrauch an Kindern und Jugendlichen führte auch zur aktuell steigenden Bedeutsamkeit sogenannter „bystander education", die möglichst viele Menschen für das Thema sensibilisieren soll und Missbrauchsprävention von der individuellen und familiären Ebene auf die gesamtgesellschaftliche Ebene ausdehnt.[74]

4. Zur Umsetzung von Schutzkonzepten im Kontext der katholischen Kirche

Als Beitrag zur Prävention ist außerdem der in Deutschland entwickelte Zugang zu Schutzkonzepten hervorzuheben, auch wenn er teilweise über Prävention hinausgeht. Unter Schutzkonzepten wird ein System von spezifischen Maßnahmen verstanden, die für den besseren Schutz von Mädchen und Jungen vor sexuellem Missbrauch und Gewalt in einer Institution sorgen. Schutzkonzepte sind als „Zusammenspiel aus Analyse, strukturellen Veränderungen, Vereinbarungen und Absprachen sowie Haltung und Kultur einer Organisation"[75] zu sehen.

Die Unterarbeitsgruppe empfahl seinerzeit, dass jede Institution fachliche Standards mit einem hohen Verbindlichkeitsgrad erfüllen

---

[73] Vgl. ebd.
[74] Vgl. C. *Plummer*, Using Policies to Promote Child Sexual Abuse Prevention: What is Working?, Harrisburg, PA 2013.
[75] *Unabhängiger Beauftragter für Fragen des sexuellen Kindesmissbrauchs*, Schutzkonzepte. Online verfügbar unter https://beauftragter-missbrauch.de/praevention/schutzkonzepte/ (zuletzt abgerufen am 04.08.2020).

solle.[76] Mit dem Bundeskinderschutzgesetz, welches damals in der Entwicklung war und 2012 in Kraft getreten ist, sollten

> „die öffentlichen Träger verpflichtet werden, fachliche Standards in sämtlichen Aufgabenbereichen der Kinder- und Jugendhilfe zu entwickeln, anzuwenden und regelmäßig zu überprüfen – und dies über Vereinbarungen auch bei freien Trägern sicherzustellen."[77]

Um hier die Verbindlichkeit zu erhöhen, solle

> „die Finanzierung freier Träger aus öffentlichen Mitteln und die Erteilung einer Betriebserlaubnis an Anforderungen im Hinblick auf fachliche Standards geknüpft werden. Dort, wo diese Mechanismen nicht greifen, sollen Selbstverpflichtungserklärungen der Träger und Einrichtungen entwickelt werden."[78]

Eine Übersicht der Ebenen und Elemente eines Schutzkonzeptes zeigt die nachfolgende Tabelle.

Ebenen	Elemente von Schutzkonzepten
Analyse	– Gefährdungs- und Potenzialanalyse
Prävention	– Präventionsangebote für die Kinder und Jugendlichen – Leitbild – Verhaltensleitlinien/Verhaltenskodex – Vorgaben zur Gestaltung der Organisationskultur – Arbeitsvertragliche Regelungen, z. B. Einholung des Erweiterten Führungszeugnisses, Selbstverpflichtungserklärung – Berücksichtigung von Kriterien des Kinderschutzes in der Personalauswahl – Regelmäßige Qualifizierung der Mitarbeitenden

---

[76] Vgl. *J. M. Fegert/U. Hoffmann*, Schutzkonzepte, in: A. Jud/J. M. Fegert (Hrsg.), Kinderschutz: Eine Bestandsaufnahme für das Saarland, o. O. 2020, 27–38.

[77] *Die Bundesregierung*, Runder Tisch „Sexueller Kindesmissbrauch in Abhängigkeits- und Machtverhältnissen in privaten und öffentlichen Einrichtungen und im familiären Bereich". Protokoll der zweiten Sitzung am 30. September 2010, 2. Online verfügbar unter https://web.archive.org/web/20150923193520/http://www.bmjv.de/SharedDocs/Downloads/DE/pdfs/2_Sitzung_Runder_Tische_Sexueller_Kindesmissbrauch.pdf?__blob=publicationFile (zuletzt abgerufen am 04.08.2020).

[78] Ebd., 2f.

	– Partizipationsformen für Kinder und Jugendliche, Eltern und Mitarbeitende – Konzept zum Management von Beschwerden und Anregungen – Pädagogisches, sexualpädagogisches und medienpädagogisches Konzept
Intervention	– Konzept zum Umgang mit Fehlverhalten von Mitarbeitenden – Leitlinien/Regelungen zum Umgang mit Verdachtsfällen von sexueller Gewalt
Aufarbeitung	– Handlungsempfehlungen zum Umgang mit der Aufarbeitung aufgetretener Fälle – Konzept zur Rehabilitation nach Falschbeschuldigung

Tabelle: Ebenen und Elemente von Schutzkonzepten[79]

Zimmer et al. heben in ihrer Untersuchung als wichtige Elemente von Schutzkonzepten in der katholischen Kirche besonders die Personalauswahl, Fachkompetenz des eingesetzten Personals und die Personalaufsicht hervor und verweisen auf die Wichtigkeit unterschiedlicher Prävention für unterschiedliche Kontexte wie Internat, Pfarrei sowie Kinder- und Jugendheime im Kontext der katholischen Kirche.[80] Vom Runden Tisch „Sexueller Kindesmissbrauch" (RTKM) wurde empfohlen, dass in jeder Einrichtung, in der Kinder und Jugendliche betreut werden – also auch in Einrichtungen der katholischen Kirche –, ein solches Schutzkonzept erstellt wird. Seit 2010 haben zahlreiche Institutionen entsprechende Konzepte entwickelt, diverse Publikationen zum Thema der Schutzkonzeptentwicklung sind erschienen.[81] Daneben gab es auch wissenschaftliche Unter-

---

[79] Tabelle angepasst nach *J. M. Fegert/U. Hoffmann*, Schutzkonzepte (s. Anm. 76), 31–36.

[80] Vgl. *A. Zimmer/D. Lappehsen-Lengler/M. Weber u. a.*, Sexueller Kindesmissbrauch in kirchlichen Institutionen (s. Anm. 35), 157–160.

[81] *S. P. Straubinger/A. Bawidamann/Y. Oeffling u. a.*, Kinderschutz zwischen Wald und Wiese. Schutzkonzepte gegen sexuellen Missbrauch in Waldkindergärten, München 2019; sowie *C. Oppermann/V. Winter/C. Harder u. a.* (Hrsg.), Lehrbuch Schutzkonzepte in pädagogischen Organisationen, Weinheim – Basel 2018; *R. Horvay/A. Naumann*, Schutz vor grenzverletzendem Verhalten und Übergriffen in einer Klinik für Kinder- und Jugendpsychiatrie. Konzept zur Prä-

suchungen zur Umsetzung von Schutzkonzepten in der Praxis.
Helming et al. betonen dabei, dass „die Auseinandersetzung mit sexueller Gewalt in Institutionen ein prozesshaftes Geschehen darstellt, das nicht beim Umgang mit einem Vorkommnis stehen bleiben darf."[82] Sie unterstreichen außerdem die Notwendigkeit, die
Entwicklung von Schutzkonzepten als Teil der Qualitätsentwicklung
zu sehen. Kritisch wird gesehen, dass die Schutzkonzeptentwicklung
in vielen Einrichtungen von der Leitungsebene „top down" vorgege-
ben wurde und die Perspektive der Kinder und Jugendlichen sowie
der Betreuungspersonen außen vor blieb.[83]

Im Zeitraum von 2015 bis 2018 wurde durch das Deutsche Ju-
gendinstitut (DJI) ein „Monitoring zum Stand der Prävention sexualisierter Gewalt an Kindern und Jugendlichen in Deutschland"
durchgeführt, das die Bereiche Bildung und Erziehung (Schulen, Ki-
tas, Heime und betreute Wohnformen), Freizeit (religiöses Leben
und Kinder- und Jugendarbeit) sowie Gesundheit (Kliniken und
Praxen) umfasste.[84] Zentrale Ergebnisse für den Kontext religiöses
Leben sind der hohe Grad an Selbstorganisation und Freiwilligkeit
der Angebote, mit einem großen Anteil an ehrenamtlich tätigen Personen. Wenn Schutzkonzepte hier einmal eingeführt sind, werden
sie überwiegend als Qualitätsmerkmal wahrgenommen. Verbes-

---

vention, Intervention und Aufarbeitung, Norderstedt 2018; *M. Wolff/W. Schröer/
J. M. Fegert* (Hrsg.), Schutzkonzepte in Theorie und Praxis. Ein beteiligungsori-
entiertes Werkbuch, Weinheim – Basel 2017.

[82] *E. Helming/H. Kindler/A. Langmeyer u. a.*, Sexuelle Gewalt gegen Mädchen
und Jungen in Institutionen. Abschlussbericht des DJI-Projekts im Auftrag der
Unabhängigen Beauftragten zur Aufarbeitung des sexuellen Kindesmissbrauchs,
Dr. Christine Bergmann, München 2011, 177. Online verfügbar unter
https://www.dji.de/fileadmin/user_upload/sgmj/Abschlussbericht_Sexuelle_Ge-
walt_02032012.pdf (zuletzt abgerufen am 04.08.2020).

[83] Vgl. *Klinik für Kinder- und Jugendpsychiatrie und Psychotherapie, Universitäts-
klinikum Ulm* (Hrsg.), Schlussbericht des Projektes „Schutzkonzepte vor sexueller Gewalt in der Heimerziehung aus der Sicht von Jugendlichen und Gruppen-
erzieher/innen. Ein interdisziplinäres Verbundvorhaben zur Erforschung der
Adressatensicht und der Entwicklung einer Kultur des Hinsehens", Ulm 2016.

[84] Vgl. *S. Kappler/F. Hornfeck/M.-T. Pooch u. a.*, Kinder und Jugendliche besser
schützen – der Anfang ist gemacht. Schutzkonzepte gegen sexuelle Gewalt in
den Bereichen: Bildung und Erziehung, Gesundheit, Freizeit. Abschlussbericht
des Monitorings zum Stand der Prävention sexualisierter Gewalt an Kindern
und Jugendlichen in Deutschland (2015–2018), Berlin 2019.

serungspotenzial besteht beim Einbezug der Kinder und Jugendlichen in die Schutzkonzeptentwicklung. International weist Wurtele darauf hin, dass religiöse Organisationen vergleichbare „Codes of Conduct" etwas häufiger umsetzen als der schulische Bereich und Sportorganisationen.[85] In der katholischen Kirche wie in allen anderen Bereichen auch weist das DJI-Monitoring auf die regional noch sehr unterschiedliche Ausgestaltung und Intensität der Umsetzung hin.[86] Zentral sei außerdem, die Entwicklung von Schutzkonzepten nicht als eine einmalige Angelegenheit zu verstehen, sondern diese als einen fortlaufenden Prozess anzusehen, in welchem ein Schutzkonzept erstellt, in der Praxis erprobt, evaluiert und weiterentwickelt wird.

5. Fazit

Sowohl in der Aufarbeitung sexuellen Missbrauchs in der katholischen Kirche als auch in der Prävention fällt besonders der ungenügende Einbezug Betroffener auf. Damit erleben sie nicht nur ein weiteres Mal Ohnmacht. Die Kirche beraubt sich auch einer wichtigen Wissensquelle in der Umsetzung von Aufarbeitung und Prävention.

Während in der Aufarbeitung die deutlich unterschiedliche Umsetzung in den verschiedenen Diözesen auffällt,[87] die Musterschüler und Verweigerer kennt, muss für die Prävention auf die ungenügend überprüfte Wirksamkeit von Maßnahmen verwiesen werden. Entscheidend ist, hier künftig mehr Evaluationen von Präventionsmaßnahmen einzufordern und dabei vor allem auch den entscheidenden Outcome zu überprüfen, ob sich die Häufigkeiten sexuellen Missbrauchs durch Präventionsmaßnahmen tatsächlich verringern. Andererseits ist auf die Nachhaltigkeit von Präventionsmaßnahmen zu pochen. Das Ausmaß an umgesetzten Präventionsschulungen im

---

[85] Vgl. *S. K. Wurtele*, Preventing the sexual exploitation of minors in youth-serving organizations, in: Children and Youth Services Review 34 (2012) Nr. 12, 2442–2453.

[86] Vgl. *S. Kappler/F. Hornfeck/M.-T. Pooch u. a.*, Kinder und Jugendliche besser schützen (s. Anm. 85).

[87] Vgl. *H. Dreßing/D. Dölling/D. Hermann u. a.*, How Active is the Catholic Church in the Prevention of Sexual Abuse? (s. Anm. 65).

Bereich der katholischen Kirche stimmt zwar eher positiv, kritisch ist jedoch zu werten, dass es bei einmaligen Schulungen bleibt und kaum Auffrischungen vorgenommen werden.[88] Besonders kritisch sieht Dreßing in einer Bilanz zur MHG-Studie denn auch die Umsetzung von Prävention bei Klerikern, wo das Team häufig Ablehnung und Widerstand erfahren habe.[89]

Aufarbeitung und Prävention sind zwei Seiten einer Medaille.[90] Sie können nur mit Aufrichtigkeit, fachlicher Überprüfung von außen und Nachhaltigkeit gelingen, ohne dass sie zu Alibifunktionen verkommen. Andernfalls sei dies „wie ein Pflaster auf eine eiternde Wunde zu kleben. Da kommt nach einer Weile kein Eiter mehr raus, aber die Wunde unten schwärt weiter."[91]

---

[88] Vgl. ebd.

[89] Vgl. C. Florin, „Die Täterorganisation kann keine Aufarbeitung machen". Interview mit H. Dreßing, 01.07.2019. Online verfügbar unter https://www.deutschlandfunk.de/missbrauch-in-der-katholischen-kirche-die.886.de.html?dram:article_id= 452549 (zuletzt abgerufen am 05.08.2020).

[90] Vgl. B. Kavemann/B. Nagel/D. Doll u. a., Erwartungen Betroffener sexuellen Kindesmissbrauchs an die gesellschaftliche Aufarbeitung (s. Anm. 25).

[91] H. Dreßing zitiert nach C. Florin, „Die Täterorganisation kann keine Aufarbeitung machen" (s. Anm. 90).

Machtmissbrauch und traumatisches Milieu

Pastoralpsychologische Überlegungen zur „Ver-*Nicht*-ung des Anderen"

Wolfgang Reuter

Die Thematik des sexuellen Missbrauchs innerhalb der Kirche und des ihm zugrunde liegenden Machtmissbrauchs ist uns spätestens seit den Offenlegungen durch Pater Mertes im Jahre 2010 bekannt. Zur Aufarbeitung wurden seitdem auf verschiedenen Ebenen viele – unterschiedlich wirksame – Initiativen ergriffen. Die Publikation der MHG-Studie aus dem Jahr 2018[1] war zugleich ein Höhepunkt in der offiziellen Verarbeitung des Geschehenen wie auch ein Ausgangspunkt für Forderungen nach weiteren und differenzierteren Schritten der Aufarbeitung und Prävention. In diese Richtung zielt auch das Gutachten der Kanzlei Westpfahl-Spilker-Wastl für das Bistum Aachen, das am 9. November 2020 der Öffentlichkeit vorgestellt wurde.[2] Ich biete hierzu nun einen pastoralpsychologischen Beitrag mit einer psychoanalytischen und einer theologischen Perspektive an. Beide Deutehorizonte – psychoanalytisch und theologisch – legen es nahe, dass wir uns hier mit der relationalen oder inter-subjektiven Dimension des Lebens, deren Gefährdung und auch deren Vernichtung – der ‚Ver-*Nicht*-ung des Anderen' – werden befassen müssen. Im psychoanalytischen Kontext drängt sich die Auseinandersetzung mit dem

---

[1] Vgl. *H. Dreßing/H. J. Salize/D. Dölling u. a.*, Forschungsprojekt „Sexueller Missbrauch an Minderjährigen durch katholische Priester, Diakone und männliche Ordensangehörige im Bereich der Deutschen Bischofskonferenz", Mannheim – Heidelberg – Gießen, 24. September 2018. Online verfügbar unter https://www.dbk. de/fileadmin/redaktion/diverse_downloads/dossiers_2018/MHG-Studie-gesamt. pdf (zuletzt abgerufen am 01.07.2020).

[2] *U. Wastl/M. Pusch/N. Gladstein,* Sexueller Missbrauch Minderjähriger und erwachsener Schutzbefohlener durch Kleriker im Bereich des Bistums Aachen im Zeitraum 1965 bis 2019 – Verantwortlichkeiten, systemische Ursachen, Konsequenzen und Empfehlungen –, München 9. November 2020. Siehe hier S. 6–13; 341–373. Online verfügbar unter https://westpfahl-spilker.de/wp-content/uploads/2020/11/Gutachten_Bistum_Aachen.pdf (zuletzt abgerufen am 30.11.2020).

Verdrängten und dem Unbewussten als Phänomenen unseres
menschlichen Seins – dies auch angesichts unserer Rede von Gott
(Theo-Logie) – geradezu auf.

1. Perspektivenwechsel – Der Blick ins Milieu

Mein Perspektivenwechsel hat nun eine wichtige und weitreichende
Konsequenz. Ich nehme nicht primär die Täter-Opfer-Dynamik in
den Blick[3]. Ich frage vielmehr nach den sich aus dem Milieu – aus
dem Kontext des Systems oder des Lebensraumes – ergebenden Möglichkeiten für missbräuchliche Praxis von Macht, die sich speziell in
der Ausübung sexualisierter Gewalt gegenüber Schutzbefohlenen,
und damit in der Ver-*Nicht*-ung des Anderen, manifestiert. Es gilt,
die systemimmanenten Rahmenbedingungen für Machtmissbrauch
und sexualisierte Gewalt in den Blick zu nehmen und sie tiefer zu ergründen. Dies führt mich zu der These, dass Machtmissbrauch und
sexualisierte Gewalt ihren Ort in von Menschen geschaffenen und damit auch von ihnen zu verantwortenden traumaförderlichen Milieus
haben, die als Ermöglichungsraum für den Missbrauch gelten. Daraus
folgt, dass alle Maßnahmen zur Aufarbeitung und Prävention von sexualisierter Gewalt und Machtmissbrauch nichts nützen werden,
wenn nicht auch das System als Ganzes sich seiner (unbewussten)
Verstrickung ins traumatische Milieu und der Förderung dieses Milieus bewusst wird. Es ist meine Hoffnung, dass eine solche Bewusst-
machung zur Überwindung traumaförderlicher Rahmenbedingungen innerhalb des Systems Kirche führt. Dies wird die Kirche
allerdings in ihrem innersten Selbstbild wie auch in ihrer gegenwärtigen realen Gestalt treffen und grundlegende, evangelien- und konzils-
gemäße Reformen erforderlich machen. Im interdisziplinären Dialog
mit angrenzenden Wissenschaften ist hier auch die wissenschaftliche
Theologie gefragt und mit im Boot. Aus pastoralpsychologischer Perspektive möchte ich nun einige Aspekte aus dem Diskurs der Theologie mit der relationalen Psychoanalyse und der neueren Trauma-

---

[3] S. hierzu W. *Reuter*, Psychodynamik von Tätern – Versuch einer Tätertypologie, in: K. Hilpert/S. Leimgruber/S. Sautermeister u. a. (Hrsg.), Sexueller Missbrauch von Kindern und Jugendlichen im Raum der Kirche (Quaestiones disputatae 309), Freiburg i. Br. 2020, 104–114.

theorie und -therapie in die gegenwärtige Diskussion einbringen. Dies geschieht in folgenden Schritten. Ich werde zunächst aufzeigen, dass Machtmissbrauch und sexualisierte Gewalt schon immer Thema in den Überlieferungen der Menschheit und speziell auch der Heiligen Schriften waren (2). Hieran schließe ich eine kurze Beschreibung der pastoralpsychologischen Perspektive an (3), um von hier aus nach den Missbrauchstätern zu fragen (4). Die neuere psychoanalytische Traumatherapie wird dann herangezogen, um das Trauma als ein Beziehungsgeschehen im größeren Kontext des Milieus zu erläutern (5). Im Transfer dieses Verständnisses konkretisiere ich meine These, dass die Kirche selbst ein traumaförderliches Milieu darstellt (6). Abschließend wird mit der „Aufrichtung des Anderen" ein Gegenmodell zur „Vernichtung des Anderen" in Aussicht gestellt (7).

2. Machtmissbrauch und traumatisches Milieu – Thema in den Überlieferungen der Menschheit

Eine Bemerkung sei vorab erlaubt. Papst em. Benedikt XVI. hatte in einem Artikel für das bayrische Klerusblatt einen Zusammenhang zwischen dem Aufkommen des sexuellen Missbrauchs durch Priester der katholischen Kirche und der sexuellen Revolution ab den 60er Jahren des vergangenen Jahrhunderts konstruiert[4]. Kurzzeitig hatte er hiermit eine erhöhte Aufmerksamkeit, dies vor allem auch aufgrund der dieser These folgenden, notwendigen fachlichen Kritik[5]. Ein Kritikpunkt sei hier hinzugefügt. Mit seiner These blendet der emeritierte Papst aus, dass die Erfahrungen von Machtmissbrauch und sexualisierter Gewalt in der Geschichte der Menschheit schon immer tradiert wurden. Traditionals, Erzählungen und Mythen – auch die heiligen Schriften der Religionen – greifen diese Themen auf, geben ihnen eine Sprache und setzen sie auf unter-

---

[4] S. *Benedikt XVI.*, Die Kirche und der Skandal des sexuellen Mißbrauchs, 11.04.2019. Online verfügbar unter https://www.vaticannews.va/de/papst/news/2019-04/papst-benedikt-xvi-wortlaut-aufsatz-missbrauch-theologie.html (zuletzt abgerufen am 29.06.2020).

[5] Vgl. *C. Breitsameter/S. Goertz*, Gefangener seiner Vorurteile in feinschwarz.net, 14.04.2019. Online verfügbar unter https://www.feinschwarz.net/gefangener-seiner-vorurteile/ (zuletzt abgerufen am 29.06.2020).

schiedliche Weise in Szene[6]. Ihre kulturelle und gesellschaftspoliti-
sche Relevanz liegt darin, über die Distanz der Jahrhunderte und
Jahrtausende hinweg die verdrängten Erfahrungen von Machtmissbrauch in Erinnerung zu halten. Zu diesem Zweck erzählen sie von
gewaltvollen Beziehungen, von sexuellem Missbrauch und – dies
dürfen wir keinesfalls übersehen – von den dies alles ermöglichenden Rahmenbedingungen. Traditionals sind Ausdruck des (kollektiven) Widerstandes. Dieser richtet sich gegen die den beschriebenen
Phänomenen anhängende Praxis des Vertuschens und Verschwei-
gens. Angesichts der mehr als plausiblen Sprachlosigkeit der Opfer
und (!) der Täter wie auch angesichts der – in der Regel durch
Druck und Zwang – auferlegten Sprechtabus innerhalb der Systeme
und Milieus erweist sich die Praxis narrativer Vergegenwärtigung als
heilsam. Sie öffnet unseren Blick dafür, dass Machtmissbrauch und
sexualisierte Gewalt im Kontext von funktionierenden Systemen
schon immer Themen der Menschheit waren.

2.1. Ohnmacht, Macht und Missbrauch – Thema der biblischen Überlieferung

Ein Blick in die alttestamentliche Ur-Kunde offenbart, dass natürlich
auch in der biblischen Überlieferung Erfahrungen von Macht, Ohnmacht, Gewalt, Schuldigsein und Schuldigwerden, Grenzüberschreitung bis hin zu sexuellem Missbrauch in vielerlei Varianten tradiert
werden. An prominenten Stellen des Alten Testamentes kommt die
Praxis der „Vernichtung des Anderen" im Kontext traumatischer
Milieus zum Ausdruck. So auch in Psalm 51, einem der „theologischen Spitzentext[e] der biblischen Überlieferung"[7]. Hier, am Beginn des sogenannten zweiten Davidpsalters[8], heißt es gleich zu Beginn ungeschönt:

„[1]Für den Chormeister. Ein Psalm Davids, [2]als der Prophet Natan
zu ihm kam, nachdem sich David mit Batseba vergangen hatte"[9].

---

[6] Vgl. *W. Reuter*, Relationale Seelsorge. Psychoanalytische, kulturtheoretische
und theologische Grundlegung, Stuttgart 2012, 113.
[7] *E. Zenger*, Psalm 51, in: F.-L. Hossfeld/E. Zenger, Psalmen 51–100 (Herders
Theologischer Kommentar zum Alten Testament), Freiburg i. Br. 2000, 56.
[8] Vgl. ebd., 28.
[9] Die Bibel. Altes und Neues Testament. Einheitsübersetzung, Freiburg – Basel –
Wien 1980.

Diese beiden Verse legen einen gewaltigen Schatten auf den Psalm. Sie künden vom traumatischen Milieu, vom Machtmissbrauch am Hofe des Königs David und sie beschreiben Verhältnisse, die zur Vernichtung des Anderen führen. Hier erfahren wir, dass der König – die große Hoffnungsgestalt des Volkes Israel – selbst ein Missbrauchstäter ist. In der zugrunde liegenden Story im 2. Buch Samuel wird überliefert, wie David den Ehegatten der von ihm geschwängerten Batseba, den Hethiter Uriah, durch einen gezielten Einsatz in vorderster Reihe einer militärischen Aktion vorsätzlich zu Tode kommen lässt. Grund dafür ist, dass David nicht willens ist, die Verantwortung für die durch die Affäre mit Batseba zu Tage getretene neue Situation gegenüber dem Uriah zu übernehmen (2 Sam 11). Machtmissbrauch, sexuelles Begehren und dessen Befriedigung über Grenzen hinweg sind – nicht nur – an dieser Stelle ein zentrales Thema biblischer Überlieferung.

2.2. „Ver-Nicht-ung" des Anderen – Traumatisches Milieu am Hofe Davids?

Auf den ersten Blick scheint es so zu sein, als werde in Ps 51,2 „lediglich" ein Seitensprung des Königs David mit Batseba, also eine dyadische Beziehungsgeschichte, erwähnt. Nimmt man die zugrunde liegende Story aus 2 Sam 11f. hinzu, so lassen sich in der biblischen Überlieferung allerdings im Ansatz Phänomene aufzeigen, welche in starker Korrelation zu den gegenwärtig zu Tage tretenden Rahmenbedingungen von Machtmissbrauch und sexualisierter Gewalt stehen. So liegt der Gedanke nah, dass schon in der biblischen Überlieferung Phänomene tradiert werden, welche auch gegenwärtig wirksam sind und die sich als konstitutiv für das traumatische Milieu erweisen. Eingedenk der Tatsache, dass wir hier vor einem bedeutsamen theologischen Text stehen und dass uns der historische Zugang zur realen Gestalt des Königs David nicht direkt gegeben ist, nutze ich die beiden genannten Texte dennoch, um auf diesen darin übermittelten Erfahrungshintergrund aufmerksam zu machen. Hier springt als Erstes die Triebdynamik und die Triebbefriedigung des David ins Auge, hier könnten wir vom persönlichen Tat- und Tätermotiv sprechen. Der Text berichtet, dass David hier die Grenzen des bestehenden Ehebandes zwischen Batseba und Uriah außer Kraft setzt und in dessen Folge den Tod des Uriah in Kauf nimmt. Damit ist die erwachsene, triadische Beziehungsstruktur zwischen ihm und den beiden anderen vernichtet. Hier wird offenkundig, wie die Vernichtung des Anderen mit der Missachtung von Grenzen einhergeht.

Der ausschließliche Blick auf die Täter-Opfer-Dynamik, also auf David als den Täter und auf Uriah, vielleicht auch auf Batseba, als Opfer, greift nun allerdings zu kurz. Wir dürfen den in Ps 51,2 angedeuteten Fall nicht allein als eine Sache zwischen zwei Personen – dyadisch – verstehen. Der Schilderung in 2 Sam 11 zufolge ereignen sich Davids Befriedigung seiner sexuellen Begierde und der Machtmissbrauch zum Schaden des Uriah in einem weiteren Kontext. Hier wird offenkundig, dass im höfischen Milieu der damaligen Zeit und im System des Militärs mit seiner Befehls-Gehorsams-Dynamik die geschilderte Art des Machtmissbrauchs offensichtlich einen Platz und eine Plausibilität haben[10]. Die biblische Überlieferung leistet hier zweierlei: Sie beschreibt eine Täter-Opfer-Dynamik und eröffnet mittels der dreifachen Vernichtung des Anderen zugleich einen Blick auf das die Tat ermöglichende traumaförderliche Milieu:

- wir erfahren von der Vernichtung des bestehenden Beziehungssystems zwischen Batseba und Uriah (Ps 51,2),
- wir erfahren von der Tötung des Uriah – Vernichtung des Anderen (2 Sam 11,16f.) und
- darüber hinaus gilt es festzuhalten, dass dieser Tatbestand in Ps 51,2 selbst keinerlei Erwähnung findet – eine nochmalige Vernichtung des Uriah als Opfer durch die Redaktionsarbeit der biblischen Autoren.

3. Die Perspektive der Pastoralpsychologie

Dies führt nun zurück zu meiner These: Machtmissbrauch und sexualisierte Gewalt sind nie nur eine Sache zwischen Täter und Opfer. Sie gedeihen im traumatischen Milieu, welches sie zugleich mit konstituieren. Das traumatische Milieu realisiert sich in der Ver-*Nicht*-ung des Anderen, was immer auf die Ver-*Nicht*-ung des „Mit-Ein-Anders" hinausläuft. Zumindest unbewusst fördert die Kirche in ihrer derzeitigen Gestalt und in einem großen Teil ihres Selbstbildes und ihres Selbstverständnisses ein derartiges Milieu. Sie befindet

---

[10] Vgl. 2 Sam 11,2–4.14–16.

sich selbst, wie ich zuletzt dargelegt habe, in einem „Missbrauchs-strudel"[11].

Ich möchte diese These nun aus der Perspektive einer psychoana-lytisch fundierten Pastoralpsychologie näher erläutern. Im interdis-ziplinären Diskurs der Theologie mit der neueren psychoanalyti-schen Traumatheorie[12] stelle ich dar, inwieweit die Erkenntnisse aus diesem Diskurs etwas dazu beitragen können, das Phänomen von Machtmissbrauch und sexualisierter Gewalt als Ver-*Nicht*-ung des Anderen zu verstehen. Was bedeutet dies für die Kirche, für ihre Pra-xis und für die Theologie als Wissenschaft, die auf der Höhe der Zeit zwischen den Alltagserfahrungen der Menschen und dem jüdisch-christlichen Deutehorizont zu vermitteln hat? Zur Beantwortung dieser Fragen drängt sich das inter-subjektive Verständnis psycho-analytisch fundierter Pastoralpsychologie geradezu auf. Das Leben wird hier – relational – als ein Sein in Entwicklung und in Beziehung verstanden. Es entfaltet sich im relationalen „Mit-Ein-Ander"[13], wel-ches im traumatischen Milieu schwer gestört oder ganz vernichtet werden kann. Aus dieser Perspektive legen sich zu unserem Thema folgende Fragen nahe:
– Wer sind die Missbrauchstäter?
– Wie kommt es dazu, dass sie im Raum der Kirchen agieren können?
– Gibt es Rahmenbedingungen, die Machtmissbrauch und sexuelle Gewalt im kirchlichen Kontext begünstigen und die Kirche selbst als ein traumatisches, zumindest aber traumaförderliches Milieu entlarven?
– Was ist in Kirche(n), Theologie und Seelsorge zu tun, um dem „Missbrauchsstrudel" zu entrinnen? Sind die schon ergriffenen Maßnahmen (Prävention etc.) ausreichend?

---

[11] W. *Reuter*, Kirche im Missbrauchsstrudel – Beziehungstrauma und traumati-sches Milieu, in feinschwarz.net, 19.02.2019. Online verfügbar unter https://www.feinschwarz.net/kirche-im-missbrauchsstrudel-beziehungstrauma-und-traumatisches-milieu/ (zuletzt abgerufen am 01.07.2020).
[12] Vgl. W. *Reuter*, Relationale Seelsorge (s. Anm. 5), 140–143.
[13] Ebd., 283–300.

4. Wer sind die Missbrauchstäter? – Täterdynamik und Täterprofil

Der Schwerpunkt meiner weiteren Ausführungen liegt auf der Darstellung des traumatischen Milieus als Ermöglichungsraum für Machtmissbrauch und sexuelle Gewalt. Dennoch soll zunächst nach den Missbrauchstätern gefragt werden. Wer sind sie? Gibt es eine erkennbare Täterdynamik, ein Täterprofil? Diese Fragen können nicht eindeutig beantwortet werden. Die Tätergruppe ist, wie nahezu alle Studien aufzeigen, heterogen. Ein einheitliches Profil im Sinne einer „idealen" Tätertypologie ist nicht ermittelbar.

„Täter kommen aus den unterschiedlichsten Bezugsgruppen der Opfer und sind in nahezu allen gesellschaftlichen Milieus und in unterschiedlichen sozialen Gruppierungen zu Hause. Im kirchlichen Bereich sind dies, wie die MHG-Studie zeigt, natürlich Priester sowie andere Seelsorger und Verantwortliche. Neben den erhobenen Zahlen befinden wir uns in einer großen Grauzone, einem Zwischenbereich, in dem unabhängig von strafrechtlicher Relevanz missbräuchliches und grenzverletzendes Verhalten, die Ver-Nicht-ung des Anderen, an der Tagesordnung ist. Die Übergänge sind hier fließend"[14].

Dennoch hat die MHG-Studie den Versuch einer Tätertypisierung vorgenommen und differenziert drei verschiedene Beschuldigtengruppen, die unterschiedliche „Muster des Erlebens und Verhaltens" zutage bringen[15]. Diese „Grundmuster von Beschuldigten" lassen „sich bereits publizierten Typologien sexueller Missbrauchstäter außerhalb des kirchlichen Kontextes zuordnen"[16].

---

[14] W. Reuter, Psychodynamik (s. Anm. 2), 105f.
[15] H. Dreßing/H. J. Salize/D. Dölling u. a., Forschungsprojekt (s. Anm. 1), 104. S. auch MHG-Studie Endbericht Zusammenfassung (Version 13.08.2018), 10. Online verfügbar unter https://www.dbk.de/fileadmin/redaktion/diverse_downloads/dossiers_2018/MHG-Studie-Endbericht-Zusammenfassung.pdf (zuletzt abgerufen am 01.07.2020). S. auch W. Reuter, Psychodynamik (s. Anm. 2), 106–108.
[16] MHG-Studie Endbericht Zusammenfassung (Version 13.08.2018), 10. Online verfügbar unter https://www.dbk.de/fileadmin/redaktion/diverse_downloads/dossiers_2018/MHG-Studie-Endbericht-Zusammenfassung.pdf (zuletzt abgerufen am 01.07.2020). S. auch H. Dreßing/H. J. Salize/D. Dölling u. a., Forschungsprojekt (s. Anm. 1), 104–118, 104. Zur Typologie s. W. Berner, Sexueller Missbrauch – Epidemiologie und Phänome-

Die Studie bringt mit dem „fixierten Typus" einen eher der psychiatrischen Deutung und Behandlung zuzuordnenden Tätertyp mit einer Störung von Krankheitswert zutage. Hier handelt es sich um Beschuldigte, die über einen Zeitraum von mehr als sechs Monaten sexuellen Missbrauch an „mehreren Betroffenen, die jünger als 13 Jahre alt waren", begangen haben. Die Studie stellt heraus, dass bei ihnen „Hinweise auf eine mögliche pädophile Präferenzstörung im Sinne einer pädophilen Haupt- und Nebenströmung vorliegen"[17]. Hiervon unterscheide ich die beiden anderen Tätertypologien, die ich zum „narzisstisch-regressiv unreifen Typus" zusammenfasse[18]. Bei diesem Typus treten frühe Entwicklungs- und Persönlichkeitsstörungen zutage, in deren Folge auch das Leben als Erwachsener gestört ist. Die Störungen lassen sich mittels eines psychodynamischen, entwicklungs- und beziehungstheoretischen Zugangs erklären. Sie konkretisieren sich in Form von Störungen

– des Bindungs-Trennungs-Verhaltens unter besonderer Berücksichtigung der Nähe-Distanz-Regulation in der Grenzgestaltung (relational),
– des Selbst-Erlebens im Kontakt mit sich selbst und mit anderen bis hin zur Vernichtung des Selbst (narzisstisch-selbstpsychologisch),
– der psychischen Entwicklung durch die Regression auf frühere Entwicklungs- und Beziehungsniveaus (triadisch-dyadisch-monadisch),
– der Impuls-Befriedigungs-Toleranz (entwicklungspsychologisch-triebdynamisch),
– der eigenen sexuellen Entwicklung und der darauf basierenden Identitätsbildung. Mangelnde Integration der erotischen und sexuellen Dimension des Lebens wie auch die Bevorzugung von Macht und Machtausübung anstelle von Beziehung sind für diesen Tätertypus ebenfalls besonders charakteristisch[19].

Frühe Persönlichkeitsstörungen des narzisstisch-regressiv unreifen Tätertypus weisen auf einen großen Nachholbedarf an Entwicklung

---

nologie, in: T. Stompe/H. Schanda (Hrsg.), Sexueller Kindesmissbrauch und Pädophilie, Berlin 2017.
[17] W. Reuter, Psychodynamik (s. Anm. 2), 107.
[18] Dies sind der „narzisstisch-soziopathische Typus" und der „regressiv unreife Typus".
[19] Vgl. W. Reuter, Psychodynamik (s. Anm. 2), 108–114.

hin. Sie sind Ursache für vielfältige Formen von Grenzverletzungen
und können als Merkmale verstanden werden, aufgrund derer Kan-
didatinnen und Kandidaten für den Seelsorgeberuf als ungeeignet
angesehen werden müssen. Nicht zuletzt sei darauf hingewiesen,
dass diese Entwicklungs- und Persönlichkeitsstörungen durch ein
berufliches Agieren im traumaförderlichen Milieu nicht nur manifestiert, sondern auch weiter verstärkt werden können. Zugleich
wird nachvollziehbar, wie durch die Taten dieses Tätertypus die Entwicklung und die Beziehungen anderer und nicht zuletzt das relationale Mit-Ein-Ander vernichtet werden können.

5. Traumatheorie und traumatisches Milieu

Bei aller Notwendigkeit, die psychische Struktur der Missbrauchstäter zu erheben, um ihr Verhalten besser zu verstehen und präventiv dagegen angehen zu können, gilt es festzuhalten, dass die dyadische Perspektive auf das Täter-Opfer-Verhältnis eindeutig zu kurz
greift. Es genügt nicht, in der Missbrauchsdebatte immer wieder allein auf die Täter zu blicken. Dies führt schnell dazu, die Opfer und
das Milieu, welches traumatisierende Taten überhaupt erst ermöglicht und zugleich die Täter deckt, außer Acht zu lassen. Auch wird
sich Prävention als wenig erfolgreich erweisen, wenn das präventive
Engagement einzig auf potenzielle Täter und Täterinnen und nicht
auf das gesamte Milieu abzielt.
    Ein Blick in die neuere psychoanalytische Traumatheorie erweist
sich hier als hilfreich. In Abgrenzung gegenüber der eher psychiatrischen Diagnose der posttraumatischen Belastungsstörung, welche sich
in jedem Alter durch belastende Erfahrungen von außen ereignen kann,
gilt der Traumabegriff im neueren psychoanalytischen Verständnis als
Ausdruck eines komplexen und multidimensionalen Beziehungs-
geschehens im engsten Kern der Familie sowie im familiären und gesellschaftlichen Umfeld. Er ist nur schwer zu definieren und wird im
psychoanalytischen Kontext eher als Metapher für Beziehungsstörungen verstanden. Mathias Hirsch beschreibt das Trauma als einen Ausdruck lange anhaltender Beziehungsstörungen in der Familie[20]. Er be-

---

[20] Vgl. M. *Hirsch*, Psychoanalytische Traumatologie – Das Trauma in der Familie.
Psychoanalytische Theorie und Therapie schwerer Persönlichkeitsstörungen,

nennt vier Faktoren, welche das Trauma als komplexes und in seiner Wirkung destruktives Beziehungsgeschehen konstituieren:
- das Opfer-Täter-Verhältnis,
- den mangelnden Schutz durch den Täter und andere Dritte,
- die Verleugnung bzw. das Verschweigen der Tat(en) und des daraus resultierenden Traumas in der Familie und im umgebenden Milieu, dies oft über Generationen, und
- zuletzt natürlich die Wirkung der Tat auf das Opfer, sein subjektives Erleben[21].

Der Psychoanalytiker Werner Bohleber hat die Notwendigkeit aufgezeigt, zwischen
- dem Prozess der Traumatisierung,
- dem traumatischen Zustand und
- den bleibenden pathologischen Veränderungen
als verschiedene Dimensionen des Traumageschehens zu unterscheiden[22]. Als zusätzliches Kriterium der Unterscheidung füge ich hier die Handhabung des Traumageschehens im umgebenden Milieu an, denn auch das Verschweigen, Vertuschen, Tabuisieren und das Moralisieren gegen das Opfer tragen zur weiteren Genese des Traumas bei.

Mit Joachim Küchenhoff verweise ich auf einen weiteren Protagonisten psychoanalytischer Traumatheorie. Ihm zufolge führt das Trauma in seiner extremen Weise zum „Verlust des Selbst", der wiederum durch den „Verlust des Anderen" induziert ist[23]. Dieser doppelte Verlust geht einher mit einer Vielzahl von Zerstörungen. Das Beziehungstrauma vernichtet
- den Anderen als Subjekt bzw. als Person in seiner Relationalität,
- das Opfer in seinem Selbst-Erleben als Opfer,
- das dynamische Verhältnis von Nähe und Distanz,

Stuttgart 2004, 2. S. auch W. Reuter, Relationale Seelsorge (s. Anm. 5), 140–143, Literatur dort Anm. 102.104.

[21] Vgl. M. Hirsch, Psychoanalytische Traumatologie (s. Anm. 19), 2; s. auch W. Bohleber, Die Entwicklung der Traumatheorie in der Psychoanalyse, in: Psyche – Zeitschrift für Psychoanalyse und ihre Anwendungen 54 (2000) 797–839.

[22] Vgl. W. Reuter, Relationale Seelsorge (s. Anm. 5), 140–143.

[23] J. Küchenhoff, Verlust des Selbst, Verlust des Anderen – die doppelte Zerstörung von Nähe und Ferne im Trauma, in: Psyche – Zeitschrift für Psychoanalyse und ihre Anwendungen 58 (2004) 811–835.

- triadische Beziehungsformen auf der Grundlage eines reifen Strukturniveaus,
- die Erfahrung von Differenz, Getrenntheit und Alterität,
- die darauf aufbauende Symbolisierungsfähigkeit
- und nicht zuletzt den notwendigen Schutz des Anderen[24].

In Anlehnung an Küchenhoff spreche ich in Hinblick auf Traumaerfahrungen, die ihre Ursache in Machtmissbrauch und sexualisierter Gewalt haben, nicht vom Verlust, sondern von der Ver-*Nicht*-ung des Anderen. Diese hat ihre Ursache im traumatischen Milieu, in Lebensräumen, in denen „die produktive Erfahrung von Andersheit" genauso aufgehoben ist wie „die Geschlossenheit des Selbsterlebens"[25]. So lässt sich nun zusammenfassen: Das ‚traumatische Milieu' entsteht

- durch das Opfer-Täter-Verhältnis,
- durch den Verlust bzw. die Vernichtung des Anderen,
- durch mangelnden Schutz,
- durch den Entzug der Täter und anderer Dritter,
- durch die Verleugnung und das Verschweigen des Traumas und die daraus resultierende Tabubildung, oft über Generationen hinweg[26].

Die psychoanalytische Traumatheorie stellt ein multidimensionales und sehr komplexes Verständnis des Traumas als Beziehungsgeschehen vor Augen. Es übersteigt die Beziehungsdimension zwischen Täter und Opfer und verortet diese im traumatischen Milieu. Dieses Milieu fördert Machtmissbrauch und sexualisierte Gewalt und damit die Vernichtung des Anderen. Dies geschieht durch das Zusam-

---

[24] Vgl. *W. Reuter*, Relationale Seelsorge (s. Anm. 5), 142.

[25] Dies ist – ohne große theoretische Bemühungen – leicht erklärt: „Der selbstverständliche Bezug zum eigenen Selbst geht verloren, wenn der Andere nicht mehr der Andere bleibt", sondern Grenzen und Differenzen von Geschlecht und Generation überschreitend, sich zum Ziel der Befriedigung eigener unbewusster und unerfüllter Bedürfnisse in das Leben anderer hineindrängt. Hierdurch wird im intersubjektiven Verhältnis „die Integrität der Person, der Wunsch nach Selbstbestimmung und Selbstdemarkation" existenziell verletzt, im Extremfall komplett zerstört. *S. J. Küchenhoff*, Verlust des Selbst, Verlust des Anderen (s. Anm. 22), 835.

[26] Vgl. *W. Reuter*, Relationale Seelsorge (s. Anm. 5), 143.

menwirken von systemischen Rahmenbedingungen und in ihrer Entwicklung gestörten Personen, die im entsprechenden Milieu als dort professionell Agierende Rolle und Funktion haben. Hier ist an Seelsorger, Lehrer, Erzieher, Trainer, Familienangehörige und viele andere mehr zu denken. Die Beziehungsstruktur ist in der Regel durch Abhängigkeit charakterisiert. Die in Leitung Agierenden der Milieus, in denen Machtmissbrauch und sexuelle Gewalt möglich sind, tragen – neben den Tätern – hierfür die (Mit-)Verantwortung.

6. Das traumatische Milieu im Raum der Kirche – Vernichtung und Spaltung

Wenn es zutrifft, dass traumatische Milieus Machtmissbrauch, sexualisierte Gewalt und damit die Ver-*Nicht*-ung des Anderen ermöglichen und fördern, so liegt der Schluss nahe, dass angesichts des offenbar gewordenen Machtmissbrauchs durch sexualisierte Gewalt auch die Kirche ein solches traumaförderliches Milieu darstellt. Sie fördert, so meine These (s. o.), in ihrer derzeitigen Gestalt und in einem großen Teil ihres Selbstbildes und Selbstverständnisses – zumindest unbewusst – traumatische Milieus. Will sie das Dilemma von Machtmissbrauch und sexualisierter Gewalt wirklich ergründen und überwinden, so wird sie sich dem „Missbrauchsstrudel" im eigenen Milieu[27] stellen müssen. Sie kommt nicht umhin aufzuarbeiten, welchen Anteil sie als Institution auf den entsprechenden Ebenen ihres Handelns und ihrer Verantwortlichkeit an den Taten sexualisierter Gewaltanwendung, an deren Ermöglichung wie auch an ihrer Vertuschung hat. Im Kontext von Machtmissbrauch und sexualisierter Gewalt, die sich im innersten Kern der Kirche ereignen, steht auch die Frage im Raum, inwieweit das über Jahrhunderte gewachsene und gepflegte Selbstbild der Kirche wie auch ihre Leitmotive dies alles ermöglicht haben. Im Rahmen dieses Beitrags kann dies nicht umfassend dargestellt und begründet werden. Daher soll es genügen, einige Spaltungen im Selbstbild der Kirche, die zur Vernichtung des Anderen beitragen, aufzuzeigen. Abschließend sollen dann mittels der „Aufrichtung des Anderen" Auswege aus dem traumatischen Milieu angedeutet werden. Hierbei kann es nur bei einer

---

[27] Vgl. *W. Reuter*, Kirche im Missbrauchsstrudel (s. Anm. 10).

To-Do-Liste ohne Anspruch auf Vollständigkeit bleiben, die fragmentarisch zu verstehen ist.

6.1. Die Ver-Nicht-ung des Anderen – Spaltungen im Selbstbild der Kirche

Zur Tradition der Kirche gehört es von Beginn an, das eigene Selbstbild im Kontakt mit der Ur-Kunde, in Anbindung an die Tradition und unter Einbeziehung der Herausforderungen von Gegenwart und Zukunft immer wieder neu zum Ausdruck zu bringen und zu gestalten[28]. Das ist insofern eine große Herausforderung, als allein schon der Blick in die neutestamentlichen Texte zeigt, dass es das eine und für alle verbindliche Selbst- und Erscheinungsbild der Kirche so nicht gibt und nie gegeben hat. Das Bekenntnis zu Jesus Christus als dem Gekreuzigt-Auferstandenen mag als verbindendes und verbindliches Kriterium der Einheit gelten. Auf dieser Grundlage aber entfaltete sich die Kirche dann in Pluralität und Ambiguität[29]. Ambivalenzen und Paradoxien prägen ihre in Entwicklung befindliche Gestalt. Pluralität im Erscheinungsbild wie auch Ambiguität, Ambivalenz und Paradoxie – alles Ausdrucksformen dynamischer Spannungen – erzeugen aber zugleich auch den Ruf nach verbindlicher Einheitlichkeit, vielleicht auch nach Einfachheit. Genau hier liegt nun die Gefahr der Spaltung im Selbstbild begründet, welches sich dann schnell zu einem Idealbild wandeln kann[30]. Die für die Entwicklung fatalen Konsequenzen von Spaltungen zeigen sich darin, dass sie Ambivalenzen aufheben und Ambiguitätstoleranz als die Fähigkeit des erwachsen gewordenen Ich, Gegensätzliches und auch Widersprüchliches zu ertragen oder gar zu gestalten, auflösen. Im traumatischen Milieu sind derartige Spaltungen als Ausdruck der Vernichtung des Anderen – zumindest als unbewusste

---

[28] Vgl. Dekret *Perfectae caritatis* über die zeitgemäße Erneuerung des Ordenslebens, 2.
[29] Vgl. *W. Reuter*, Orts-Veränderung. Pastoralpsychologische Impulse zu den pastoralen Zukunftswegen vor Ort, 1/2018. Online verfügbar unter http://www.futur2.org/article/orts-veraenderung-pastoralpsychologische-impulse-zu-den-pastoralen-zukunftswegen-vor-ort/ (zuletzt abgerufen am 01.07.2020).
[30] S. *D. Funke*, Die Wunde, die nicht heilen kann. Die Wurzeln des sexuellen Missbrauchs. Eine Psychoanalyse der Kirche, Oberursel 2010; *Ders.*, Idealität als Krankheit? Über die Ambivalenz von Idealen in der postreligiösen Gesellschaft, Gießen 2016.

Mechanismen – wirksam. Dies gilt auch für den Raum der Kirche und bereitet hier den Boden für Machtmissbrauch und sexualisierte Gewalt. Neben allen noch so gut gemeinten Maßnahmen zur Prävention ist es deshalb ein Postulat der Stunde, dass die Akteure in Kirche, Pastoral und Seelsorge wie auch innerhalb der wissenschaftlichen Theologie sich dieser milieubedingten Spaltungen bewusst werden. Einige seien hier kurz angedeutet:

– Die Kirche begünstigt durch die Spaltung von Ideal und Real die Entwicklung eines traumatischen Milieus. Das kirchliche Selbstbild, ihre Selbstkonstitution und Selbstorganisation, die sich vom Rückgriff auf das biblisch überlieferte Leitbild der „Heiligen Familie" leiten lassen, tragen durch die Idealisierung dieser *heiligen* Familie zur Spaltung bei. Sie führt, wie Dieter Funke aufgezeigt und ausführlich dargelegt hat, zur Überbewertung eines Reinheitsideals, in dessen Folge sich ein asexuelles und damit durchaus körperfeindliches Menschen- und Priesterbild entwickeln konnte[31]. An die Stelle eines „Ich-Ideals", welches in der Entwicklung des Menschen insbesondere für die Entwicklung des eigenen Selbst unverzichtbar ist, tritt ein von der Kirche gefordertes und gefördertes priesterlich-klerikales „Ideal-Ich"[32], welches Ambivalenzen, Ambiguität und Paradoxien durch Spaltung auflöst. Bei Missbrauchstätern vom oben genannten narzisstisch-regressiv unreifen Persönlichkeitstypus dürfen wir davon ausgehen, dass ihnen die Entwicklung eines eigenen Selbst und die darauf basierende Achtung vor dem Selbst des Anderen und seiner Grenzen nicht gelungen ist. In Ermangelung eigener Selbstentwicklung greifen sie auf kirchlich tradierte Ideale als Selbstanleihe zurück. Dies muss aus pastoralpsychologischer Perspektive als ein Ausschlusskriterium für alle Bewerber für einen pastoralen Beruf angesehen werden.

– In diesem Zusammenhang drängt es sich geradezu auf, auch auf die Spaltung zwischen Klerus und Laien hinzuweisen[33]. Die lehramtliche

---

[31] Vgl. *D. Funke*, Die Wunde, die nicht heilen kann. Die Wurzeln des sexuellen Missbrauchs. Eine Psychoanalyse der Kirche, Oberursel 2010, 15–33.

[32] *D. Funke*, Idealität als Krankheit? Über die Ambivalenz von Idealen in der postreligiösen Gesellschaft, Gießen 2016, 31–79.

[33] Zur Aufkündigung des Klerus-Laien-Vertrages s. *F. Diergarten*, Das Unbehagen im Christentum. Psychoanalytische und theologische Untersuchungen zu Verdrängungsphänomenen, Frankfurt a. M. 2003, 393–410.

und kirchenrechtlich manifestierte Aufrechterhaltung der dieser
Spaltung zu Grunde liegenden Ständeregeln zementiert die längst
überwunden geglaubte „Chorschranke" in den Köpfen der Menschen und bringt unterschiedliche Erfahrungs- und Deutungsräume
der Wirklichkeit, unterschiedliche Milieus, hervor. Auf diese Weise
erhält und fördert das System den Schutzraum klerikaler Macht-
und Männerbünde, in denen das Vertuschen von Machtmissbrauch
und sexualisierter Gewalt wie auch die Verleugnung – die
„Ver-*Nicht*-ung" – der Opfer[34] bis in die jüngste Vergangenheit hinein wie ein Ausdruck von Bundestreue erschienen. Innerhalb des
Milieus galt, wie es gegenwärtig offenkundig wird, zumindest bis
zur Offenlegung durch Pater Mertes im Jahr 2010, ein männerbünd-
lerischer Corpsgeist zum Schutz von Tätern und zum Schutz des
Milieus – zur Reinhaltung des Selbstbildes der Kirche.

– Dass durch die Aufrechterhaltung der Ständeordnung und durch
die damit einhergehende Reanimierung von Klerikalismus und
Episkozentrismus zukunftsweisende Aussagen des Zweiten Vatikanischen Konzils über das „Volk Gottes" und die hier vorherrschende „wahre Gleichheit an Würde und Tätigkeit" aller Getauf-
ten[35] außer Kraft gesetzt werden, sei hier nur kurz angedeutet[36].

– Natürlich muss in diesem Zusammenhang auch die in der Kirche
vorherrschende Spaltung zwischen Männern und Frauen angesprochen werden. Wie das Synodalforum 3 „Frauen in Diensten und
Ämtern in der Kirche"[37] zeigt, wird dieses Thema im Rahmen des

---

[34] Schon in Ps 51,2 wird wohl die Tat des David erwähnt, das Opfer, Uriah, wird
hier durch Verschweigen vernichtet.

[35] Vgl. Dogmatische Konstitution *Lumen gentium* über die Kirche, 32; c. 208
CIC/1983.

[36] Dies manifestiert, wie Daniel Bogner herausgestellt hat, eine „Kirchenstruktur
nach dem Bilde der absolutistischen Monarchie" mit einem rechtlich gültigen
und seit Jahrhunderten kaum weiter entwickelten Funktionsregime. S. *D. Bogner*, Ihr macht uns die Kirche kaputt ... doch wir lassen das nicht zu, Freiburg
i. Br. 2019, 45. Michael Seewald sprach im Publik-Forum-Interview vom
04.10.2019 in diesem Zusammenhang von einer „ständisch organisierten Amts-
oligarchie". S. *H. Meesmann*, „Jetzt wäre Mut gefragt". Interview mit M. Seewald,
04.10.2019. Online verfügbar unter https://www.publik-forum.de/Religion-Kir-
chen/jetzt-waere-mut-gefragt (zuletzt abgerufen am 02.07.2020).

[37] Vgl. Der Synodale Weg, Synodalforen. Online verfügbar unter https://www.sy-
nodalerweg.de/struktur-und-organisation/synodalforen/ (zuletzt abgerufen am
02.07.2020).

Synodalen Weges gegenwärtig neu aufgegriffen und kontrovers diskutiert. Dies kann jedoch nicht darüber hinwegtäuschen, dass der Teilhabeausschluss der Frauen in Hinblick auf kirchliche Ämter und Funktionen das kirchliche Milieu prägt. „Gleiche Rechte und gleiche Pflichten" für alle, wie sie derzeit von Maria 2.0 gefordert werden, würden angesichts des traumaförderlichen Milieus der klerikalen Männerkirche dieser eine neue Gestalt und ein neues Selbstbild jenseits von Sexualfeindlichkeit und Teilhabeausschluss geben.

– Auch auf der derzeitigen Ausbildungspraxis von Seelsorgerinnen und Seelsorgern lastet die Hypothek der bereits aufgezeigten Spaltungen. Die gegenwärtigen Ausbildungskonzepte verstärken die Spaltung zwischen Klerus und Laien, zwischen Männern und Frauen und müssen sich bezüglich ihrer Orientierung an Realität und Idealität hinterfragen lassen. Die Verweigerung gemeinsamer Ausbildungsgänge aller pastoralen Berufsgruppen isoliert jede dieser Gruppen. Das weitere Festhalten am klassischen Priesterseminar mit exklusiven Ausbildungsanteilen für die Priesteramtskandidaten lässt das Seminar zunehmend als einen „Ort vernichteter Heterogenität" erscheinen[38]. Vernichtung des Anderen ist, so darf gefolgert werden, ein konstitutiver Bestandteil der Ausbildung. Sie manifestiert die gegenwärtige Trennung von Handlungs- und Zuständigkeitsebenen im pastoralen Handlungsfeld und widerspricht dem Postulat einer charismenförderlichen Seelsorgepraxis, wie es in der interdisziplinären Seelsorgestudie aus dem Jahre 2015 zum Ausdruck kam[39]. Schon in den 80er Jahren des vergangenen Jahrhunderts hatten Hermann Stenger und andere einen pastoralanthropologischen Entwurf zur Eignung für die Berufe der Kirche vorgelegt, in dem es unter anderem darum geht, Fähigkeiten und Zuständigkeiten unter Einbeziehung von Kompetenz und Identität neu zu entwickeln[40].

---

[38] *M. Heuvelmann*, Mit Foucault im Seminar, feinschwarz.net, 24.10.2019. Online verfügbar unter https://www.feinschwarz.net/mit-foucault-im-seminar/ (zuletzt abgerufen am 02.07.2020).

[39] Vgl. *K. Baumann/A. Büssing/E. Frick u. a.*, Deutsche Seelsorgestudie „Wie es Seelsorgern und Seelsorgerinnen wirklich geht …". Online verfügbar unter https://www.cjacobs.de/seelsorgestudie/index.html (zuletzt abgerufen am 02.07.2020).

[40] Vgl. *H. Stenger* (Hrsg.), Eignung für die Berufe der Kirche. Klärung – Beratung – Begleitung, Freiburg i. Br. 1988.

Machtmissbrauch und sexualisierte Gewalt in der Kirche sind keine isoliert zu betrachtenden Einzelfälle zwischen Täter und Opfer. Sie ereignen sich vielmehr im traumaförderlichen Milieu, welches die Kirche sich durch die Aufrechterhaltung der aufgezeigten Spaltungen und durch ihre Praxis im Umgang mit Tätern und Opfern selbst erschaffen hat. Neben aller Prävention ist es von gleicher Wichtigkeit, die das Milieu prägenden Selbstbilder der Kirche und die daraus resultierende Praxis theologisch fundiert neu in den Blick zu nehmen. Ein solcher Schritt der Selbstkonstitution dient allem voran einer Rehabilitierung der Opfer. Er ist allerdings auch notwendig, um die Glaubwürdigkeit der Kirche zu erneuern.

7. Die Aufrichtung des Anderen – Eine To-Do-Liste für die Zukunft

Hier greife ich nun noch ein letztes Mal auf Psalm 51,2 zurück. Er zeigt nicht nur auf, dass Machtmissbrauch und sexualisierte Gewalt schon immer Thema der Überlieferungen der Menschheit waren. Neben David und Batseba, die hier namentlich genannt sind, bringt er eine weitere Person ins Spiel: Nathan, der David mit seiner Tat konfrontiert. Seine Rolle ist in 2 Sam 12 näher beschrieben. Die biblische Überlieferung, das ,traditional', deutet hier im Ansatz eine konfrontative Traumatherapie an, der sich nicht nur Einzelne, Opfer oder Täter, unterziehen, sondern die in der Konfrontation das gesamte Milieu in den Blick nimmt. Das Therapiemodell „Nathan" läuft darauf hinaus, Geschehenes ungeschönt beim Namen zu nennen. Die Vernichtung des Uriah zur damaligen Zeit kann genauso wenig rückgängig gemacht werden wie gegenwärtig jede einzelne Tat sexualisierter Gewalt. Dennoch müsste sich eine von Nathan inspirierte Konfrontationstherapie für die Gegenwart an die Opfer, an die Täter und an das Milieu richten und als Ziel darin, anstelle der Vernichtung, die Aufrichtung des Anderen proklamieren. Dies hieße konkret:
– Die Kirche selbst benötigt eine konfrontative „Traumatherapie", welche geschehenes Übel beim Namen nennt, das ganze System in den Blick nimmt und die kritische Auseinandersetzung mit den eigenen Selbst-Bildern fordert und fördert.
– Natürlich bedarf es der Konsequenzen für die Opfer. Damit ist nicht nur eine angemessene finanzielle Entschädigung gemeint sowie die Unterstützung mittels Therapie, sondern von gleicher

Wichtigkeit ist die Wiederherstellung der Würde der Person und ihres Subjektstatus, soweit dies nach derartigen Taten überhaupt möglich ist.

– Es bedarf der Konsequenzen für überführte Täter – strafrechtlich und kirchenrechtlich wie auch psychotherapeutisch.

– Die begonnenen Aufklärungs- und Präventionsmaßnahmen sind fortzuführen. Zugleich gilt es, die Grenzen der Prävention anzuerkennen und sie nicht zum alleinigen Heilmittel zu erklären. Sie unterliegen einer Idealisierungsgefahr und zugleich dem Widerstand gegen Veränderung im System.

– Wo die Aufrichtung des Anderen ernst gemeint und wirklich angezielt ist, bedarf es einer Reform von Struktur und Recht sowie der Revision von Idealbildungen, wie sie beispielsweise in der Sexualmoral und im Klerikerideal zutage treten.

– In Hinblick auf die pastorale Arbeit ist eine gemeinsame Ausbildung aller pastoralen Dienste zu konzipieren, die auf die gleichen Rechte und gleichen Pflichten von Frauen und Männern in allen Rollen, Funktionen und Ämtern hinausläuft: inklusive Teilhabe statt Exklusion.

Es ist keine Frage: Die Kirche, die Theologie und nicht zuletzt das gesamte Volk Gottes, sie alle stehen auf dem Befreiungsweg aus den Milieus der Vernichtung hin zu lebensförderlichen Räumen der Aufrichtung des Anderen gerade erst am Anfang.

Drop your tools!

Pastoraltheologische Vertiefung kirchlicher Präventionsbemühungen

Michael Schüßler

Die Themen Übergriffigkeit und sexualisierte Gewalt beschäftigen mich seit vielen Jahren, zunächst als Pädagogik- und Religionslehrer in der Ausbildung von Erzieher(inne)n. Dort habe ich praxisbezogen falsche Stereotype ver- und viel über Ursachen, Machtdynamiken und Präventionsarbeit gelernt.[1] Seit 2015 kann ich einiges davon als Praktischer Theologe im Rahmen akademischer Theologie einbringen und weiterdenken.

Die sozialwissenschaftliche Literatur definiert sexualisierte Gewalt als einen Missbrauch von Macht und Überlegenheit: „Die Täter/Täterinnen nutzen ihre Macht- und Autoritätsposition aus, um eigene Bedürfnisse auf Kosten des Kindes [oder des bzw. der Schutzbefohlenen, M. S.] zu befriedigen."[2]

Gerade in Institutionen wie Schulen oder den Orten der verfassten Kirche spielt dabei das soziale und kulturelle Umfeld eine große Rolle. Im oscarprämierten Filmdrama „Spotlight" von 2015 sagt der Bostoner Opfer-Anwalt Mitchell Garabedian zu einem der Investigativ-Journalisten: „Glauben Sie mir, wenn es, wie man sagt, ein ganzes Dorf braucht, um ein Kind großzuziehen, dann braucht es genauso ein Dorf, um es zu missbrauchen." Was ist bisher über diese Seite des katholischen Dorfes bekannt? Und was kann getan werden, damit Risikofaktoren minimiert und Schutzfaktoren gestärkt werden? „There is no glory in prevention" lautet eine vom Virologen

---

[1] Zur Vertiefung im Bereich der sozialpädagogischen Praxis vgl. *U. Enders*, Grenzen achten. Schutz vor sexuellem Missbrauch in Institutionen, Köln 2012, sowie wissenschaftlicher orientiert vgl. *C. Oppermann/V. Winter/C. Harder u. a.* (Hrsg.), Lehrbuch Schutzkonzepte in pädagogischen Organisationen, Weinheim – Basel 2018.

[2] *A. Jud*, Sexueller Kindesmissbrauch – Begriffe, Definitionen und Häufigkeit, in: J. M. Fegert/U. Hoffmann/E. König u. a. (Hrsg.), Sexueller Missbrauch von Kindern und Jugendlichen. Ein Handbuch zur Prävention und Intervention für Fachkräfte im medizinischen, psychotherapeutischen und pädagogischen Bereich, Berlin – Heidelberg 2015, 41–49, 42.

Christian Drosten während der Corona-Pandemie popularisierte Einsicht der Präventionsforschung. Der Erfolg bleibt unsichtbar, die Katastrophe findet nicht statt, während folgenreiche Präventionsmaßnahmen nach und nach als übertrieben und unnötig erscheinen. Aus der Forschung zu Hochrisiko-Orten weiß man aber, wie aufwändig und voraussetzungsreich es in komplexen Zusammenhängen ist, dafür zu sorgen, dass eben keine Katastrophe und weniger Gewalt passiert.

Zusammengefasst lautet der aktuelle Zwischenstand kirchlicher Aufarbeitung: Kirche wird durch die unausweichliche Sichtbarkeit schmerzhafter Fehler mit sich selbst bekannt gemacht.[3] Der Beitrag geht von dort aus der Frage nach, was im Sinne wirksamer Prävention aus theologischen Gründen zu (ver)lernen wäre.

1. Katholische Kirche, mit sich selbst bekannt gemacht

Ein wichtiger Fortschritt bei der gegenwärtigen Analyse und Aufarbeitungsphase der Missbrauchsgeschehnisse liegt in einer systemischen Perspektive. Ein Vergleich der beiden von der DBK in Auftrag gegebenen Studien macht das deutlich. 2012 erschien eine erste Studie über sexuelle Übergriffe durch Geistliche in Deutschland. Die Analyse forensischer Gutachten von 2000 bis 2010 ist als Leygraf-Studie bekannt. Dort heißt es noch:

„Die Verantwortung für sexuelle Missbrauchshandlungen ist bei den Tätern zu suchen und kann nicht auf die Institution ‚katholische Kirche‘ übertragen werden, wie es in der derzeitigen medialen Berichterstattung häufig der Fall ist."[4]

---

[3] Das paraphrasiert einen Titel von Dirk Baecker zur Kultur von Organisationen. Vgl. hierzu *D. Baecker*, Durch diesen schönen Fehler mit sich selbst bekannt gemacht: Das Experiment der Organisation, in: Lettre International 24 (1994) 22–26.

[4] *N. Leygraf/A. König/H.-L. Kröber u. a.*, Sexuelle Übergriffe durch katholische Geistliche in Deutschland. Eine Analyse forensischer Gutachten 2000–2010, Essen – Dortmund – Berlin u. a. 2012, 9. Online verfügbar unter https://www.dbk. de/fileadmin/redaktion/diverse_downloads/Dossiers_2012/2012_Sex-Uebergriffe-durch-katholische-Geistliche_Leygraf-Studie.pdf (zuletzt abgerufen am 06.08.2020).

Die fachliche Perspektive und Zugangsweise der Leygraf-Studie waren rein personenzentriert und individualdiagnostisch. Beides zielte auf die Auswertung „psychiatrische[r] und/oder psychologische[r] Gutachten"[5] der Täter ab. Strukturelle kirchliche Faktoren und kulturspezifische Risikobereiche waren methodisch nicht im Blick. Solche Eingrenzungen von Feld und Forschungsfrage sind wissenschaftlich legitim, um sich nicht in den Phänomenen zu verlieren. Daraus aber den Schluss zu ziehen, dass institutionelle Faktoren keine Rolle spielen, ist unplausibel, weil von vornherein methodisch ausgeblendet. Die MHG-Studie von 2018 kommt zum gegenteiligen Ergebnis. Gewählt wurde hier ein „multimodale[r] methodische[r] Ansatz, der auf vielfältigen und möglichst großen Stichproben und Datenquellen gründet"[6]. Ausgewertet wurden u. a. Strukturdaten der Diözesen, kriminologische Strafakten, Interviews mit Betroffenen wie beschuldigten Klerikern und bisherige Präventionsmaßnahmen.

> „Die Untersuchungsergebnisse machen deutlich, dass es sich beim Missbrauch Minderjähriger durch Kleriker der katholischen Kirche nicht nur um das Fehlverhalten Einzelner handelt, sondern dass das Augenmerk auch auf die für die katholische Kirche spezifischen Risiko- und Strukturmerkmale zu richten ist, die sexuellen Missbrauch Minderjähriger begünstigen oder dessen Prävention erschweren."[7]

Die MHG-Studie zeigt, dass die „Rotten Apple Theory" nicht zutrifft. Es geht nicht um das pathologische Verhalten Einzelner, zu denen die Kirche als institutioneller Raum auf Distanz gehen könnte.[8]

---

[5] Ebd., 15 u. 16.
[6] *H. Dreßing/H. J. Salize/D. Dölling u. a.*, Forschungsprojekt „Sexueller Missbrauch an Minderjährigen durch katholische Priester, Diakone und männliche Ordensangehörige im Bereich der Deutschen Bischofskonferenz", Mannheim – Heidelberg – Gießen, 24. September 2018, 4 (kurz: MHG-Studie).
[7] Ebd., 15.
[8] „Das Personen-Modell, das davon ausgeht, dass Menschen Fehler begehen und damit alleinverantwortlich sind, ist ein zu kurz greifendes Erklärungsmodell. Bei der Analyse von Machtmissbrauch in Institutionen geht es inzwischen mehr um eine schwierige Gemengelage in Systemen. Auszugehen ist von Zusammenhängen zwischen dem Faktor Mensch und den Strukturen in den Organisationen selbst", so Mechthild Wolff in: *M. Wolff*, Organisationsanalysen als Ausgangspunkt der Entwicklung eines besseren KlientInnenschutzes, in: G. Crone/H.

Für manche in Kirche und Theologie ist es immer noch schwer zu ertragen, wenn von Strukturen und einem systemischen Charakter des Missbrauchs in der Kirche die Rede ist. Das sei zu einfach, zu pauschal und verzwecke die Opfer für sachfremde Ziele umstrittener Kirchenreformen. Mehrere Abwehrstrategien fließen dabei ineinander. Der Verweis auf Einzelfälle ist mit der MHG-Studie nicht mehr zu halten. Auch der Verweis auf andere Orte, an denen ebenfalls Missbrauch passiert, verliert an Überzeugungskraft. An der Odenwaldschule und anderen Institutionen findet man vergleichbare Zusammenhänge von Machtgefälle und Intransparenz. Das Gewicht der Gewalt an kirchlichen Orten wird dadurch keineswegs leichter, die Verantwortung, im je eigenen Bereich Risikostrukturen zu verändern, nicht weniger. Auch der dualistische Ausweg einer Abspaltung steht der Kirche nicht mehr offen. Beide Päpste sind im Umfeld der ersten vatikanischen Kinderschutzkonferenz daran gescheitert: Weder ist es einfach das „Böse", das die Kirche befallen hat (vgl. die Äußerungen des amtierenden Papstes Franziskus[9]), noch ist es die Abkehr der 68er-Generation von einer vermeintlich guten Ordnung des Moralischen (vgl. die Veröffentlichung des emeritierten Papstes Benedikt XVI.)[10]. Der Zusammenhang ist in tragischer Weise umgekehrt –

Liebhardt (Hrsg.), Institutioneller Schutz vor sexuellem Missbrauch. Achtsam und verantwortlich handeln in Einrichtungen der Caritas, Weinheim – Basel 2015, 39–49, 42.

[9] In seiner Abschlussrede bei der vatikanischen Kinderschutzkonferenz 2019 sagte Franziskus: „Die gottgeweihte Person, die von Gott auserwählt wurde, um die Seelen zum Heil zu führen, lässt sich von ihrer menschlichen Schwäche oder ihrer Krankheit versklaven und wird so zu einem Werkzeug Satans. In den Missbräuchen sehen wir die Hand des Bösen, das nicht einmal die Unschuld der Kinder verschont." Die amtliche deutsche Übersetzung der Ansprache findet sich online unter https://www.vaticannews.va/de/papst/news/2019-02/kinderschutzkonferenz-rede-papst-franziskus-missbrauch-vatiab.html (zuletzt abgerufen am 06.08.2020).

[10] In einem im Klerusblatt 2019 veröffentlichten Text skizziert Benedikt XVI./Joseph Ratzinger dieses Bild: „Die Sache beginnt mit der vom Staat verordneten und getragenen Einführung der Kinder und der Jugend in das Wesen der Sexualität. [...] Zu den Freiheiten, die die Revolution von 1968 erkämpfen wollte, gehörte auch diese völlige sexuelle Freiheit, die keine Normen mehr zuließ. Die Gewaltbereitschaft, die diese Jahre kennzeichnete, ist mit diesem seelischen Zusammenbruch eng verbunden." Der Aufsatz findet sich ebenso online unter

um der göttlich-klerikalen Ordnung willen wurde sexualisierte Gewalt geduldet und vertuscht. Man wird also die konzeptionelle Identität des Katholischen selbst befragen müssen. Vor diesem notwendigen Schritt schützt nur noch die bisher vielleicht letzte Strategie, nämlich sich an die Spitze der Bewegung zu stellen. In den Diözesen entwickelt sich teilweise ein Selbstbild, Vorreiter und Vorbild in Aufarbeitung und Prävention geworden zu sein, indem flächendeckend polizeiliche Führungszeugnisse eingeholt werden, Kommissionen und Präventionsbeauftragte eingesetzt wurden und anderes mehr. Das sind oft erste wirkliche Fortschritte, aber es bleiben Ambivalenzen. Zum einen war bisher vieles weiter unter kirchlicher Kontrolle, etwa wie welche Akten sichtbar werden oder wie Kommissionen und Runde Tische besetzt werden. Die neue Erklärung über „Kriterien und Standards für eine unabhängige Aufarbeitung"[11] mit dem Unabhängigen Beauftragten der Bundesregierung vom April 2020 lässt hier zumindest auf Veränderung hoffen. Zum anderen entsteht die Frage, ob die rein rechtlichen und humanwissenschaftlichen Präventionsmaßnahmen nicht zugleich die religiösen Kernbereiche vor Veränderung schützen.

„Wenn sich die Reaktionen der katholischen Kirche auf solche Maßnahmen beschränken, sind solche grundsätzlich positiven Ansätze sogar geeignet, klerikale Machtstrukturen zu erhalten, da sie nur auf Symptome einer Fehlentwicklung abzielen und damit die Auseinandersetzung mit dem grundsätzlichen Problem klerikaler Macht verhindern."[12]

---

https://www.vaticannews.va/de/papst/news/2019-04/papst-benedikt-xvi-wortlaut-aufsatz-missbrauch-theologie.html (zuletzt abgerufen am 06.08.2020).

[11] S. *Unabhängiger Beauftragter für Fragen des sexuellen Kindesmissbrauchs/Deutsche Bischofskonferenz*, Gemeinsame Erklärung über verbindliche Kriterien und Standards für eine unabhängige Aufarbeitung von sexuellem Missbrauch in der katholischen Kirche in Deutschland des Unabhängigen Beauftragten für Fragen des sexuellen Kindesmissbrauchs und der Deutschen Bischofskonferenz, 28.04.2020. Online verfügbar unter https://www.dbk.de/fileadmin/redaktion/diverse_downloads/presse_2020/2020-074a-Gemeinsame-Erklaerung-UBSKM-Dt.-Bischofskonferenz.pdf (zuletzt abgerufen am 06.08.2020).

[12] *H. Dreßing/H. J. Salize/D. Dölling u. a.*, Forschungsprojekt „Sexueller Missbrauch an Minderjährigen durch katholische Priester, Diakone und männliche Ordensangehörige im Bereich der Deutschen Bischofskonferenz" (s. Anm. 6), 18.

Fremdprophetisch machen gerade nichtkirchliche Expert(inn)en wie Jörg Fegert auf den notwendigen Theologiebedarf an dieser Stelle aufmerksam:

> „Sensibilität für die Missbrauchsthematik endet nicht damit, dass man in Präventionstätigkeiten, Schutzkonzepte, Kommissionen und Beauftragte investiert, sondern alle Ebenen müssen verantwortlich angegangen werden. Es ist ein Glaubensthema und ein Leitungsthema."[13]

Wie die MHG-Studie gezeigt hat, ist wirksame Präventionsarbeit ohne die kritische Befragung der spezifisch katholischen Faktoren nicht möglich. Die beginnende (selbst)kritische Wende in die pastoralen und dogmatischen Kernbereiche hinein dokumentiert sich in ersten Studientagen[14], Fachtagungen[15] und Publikationen[16]. Auch theologisches Denken ist nicht unschuldig am Missbrauch in der Kirche. Die akademische Theologie ist Teil des katholischen Dorfes, das Missbrauch ermöglicht, zu wenig aufgedeckt und verhindert hat. „Sie ist es […] in Gestalt ihrer theologischen Konzepte, ihrer Denkmodelle und Sprachregelungen, mit denen auch jene Bischöfe, Priester, Diakone und Ordensleute ausgebildet wurden, die zu Tätern wurden."[17] Die notwendige Konsequenz wäre, genau hinzuschauen: Welche konzeptionellen, theologischen Diskurse haben gerade nicht präventiv gewirkt, sondern viktimisierend oder beschweigend?[18]

---

[13] *J. M. Fegert*, Empathie statt Klerikalismus. Chancen und Grenzen externer Unterstützung bei der Auseinandersetzung mit sexuellem Missbrauch, in: Stimmen der Zeit 144 (2019) 189–204, 203.

[14] Vgl. den Studientag der Katholisch-Theologischen Fakultät Tübingen am 06. Juni 2019 zum Thema: Sexualisierte Gewalt in der Kirche. Zur Verantwortung theologischer Konzepte und deren notwendiger Veränderung.

[15] Vgl. die Würzburger Fachtagung im Februar 2019 „Nicht ausweichen".

[16] Vgl. beispielsweise *M. Striet/R. Werden* (Hrsg.), Unheilige Theologie! Analysen angesichts sexueller Gewalt gegen Minderjährige durch Priester (Katholizismus im Umbruch 9), Freiburg i. Br. 2019 und *M. Remenyi/Th. Schärtl* (Hrsg.), Nicht ausweichen. Theologie angesichts der Missbrauchskrise, Regensburg 2019.

[17] *M. Remenyi/Th. Schärtl* (Hrsg.), Nicht ausweichen. Theologie angesichts der Missbrauchskrise, Regensburg 2019, 11.

[18] Vgl. *M. Hallay-Witte/B. Janssen* (Hrsg.), Schweigebruch. Vom sexuellen Missbrauch zur institutionellen Prävention, Freiburg i. Br. 2016. Den Diskurstyp des „Beschweigens" bzw. eines beredten Schweigens, das eher Stereotype verfestigt als Wirklichkeiten sichtbar macht, entnehme ich einer Studie über deutsche Koloni-

Die akademische Theologie kann und will dem nicht ausweichen. Dabei muss aber die grundlegende Orientierung klar sein. Und die beginnt mit einer zunächst irritierenden Wirklichkeit: Missbrauch ist empirisch gesehen ein transideologisches Phänomen. Täter gibt es links wie rechts, in progressiven und konservativen Milieus. Die notwendige Veränderung muss von der verwundeten Wirklichkeit, vom Schmerz der Betroffenen ausgehen, nicht von der Ideologie. Es geht deshalb primär um die fachliche Unterscheidung, welche Denk- und Kulturmuster präventiv wirken und welche umgekehrt Missbrauch, Übergriffigkeit und Gewalt womöglich befördern. Aus diesem Grund kommt man dann jedoch *in der Sache sexueller Gewalt* innerhalb der katholischen Kirche nicht um die Verbindung von Sexualität und Macht herum, kommt man um übersteigert sakralisierte Amtsverständnisse nicht herum und kommt man auch nicht um den klerikalistischen Corpsgeist herum, in den auch viele Gläubige als Komplementärrolle gemeindlich einsozialisiert sind.

2. „Drop your tools!" Von Hochrisiko-Orten lernen, was zu verlernen wäre

Die folgenden Überlegungen gehen davon aus, dass an pastoralen Orten der Kirche existenzielle Fragen zur Sprache kommen und Verletzbarkeiten sichtbar werden (können). In Bildung und Seelsorge geht es um die Kontingenzen des Lebens, um biografische Existenzereignisse und transzendenzoffene Lebensorientierung. Mit Mechthild Wolff fallen die Orte von Kirche und Caritas deshalb in die Kategorie von Organisationen, die höchste Verlässlichkeit bieten müssen. Solche „high reliability organizations (HROs)"[19] haben mit komplexen Situationen zu tun, in denen man schnell auf Krisen reagieren und oft unerwartete Ereignisse managen muss. Zugleich sind sie erhöht fehleranfällig. Weil es um Menschen in ihrer Verletzlichkeit geht, kann emotionaler, geistlicher und körperlicher Machtmissbrauch jederzeit passieren und schwere und langfristige Schä-

---

alverbrechen: *R. Habermas*, Skandal in Togo. Ein Kapitel deutscher Kolonialherrschaft, Frankfurt a. M. 2016, 15–17.255–260.
[19] *K. E. Weick/K. M. Sutcliffe*, Das Unerwartete managen. Wie Unternehmen aus Extremsituationen lernen, Stuttgart ²2010.

den verursachen.[20] Die Frage ist nur: Wie ist die Organisation auf diese Anfälligkeit vorbereitet, wie wird das Risiko bearbeitet und minimiert?

Einer der hier einflussreichsten Beiträge geht auf den Organisationsforscher Karl E. Weick zurück. Er berichtet von einem Feuer bei Glenwood Springs, Colorado, am 6. Juli 1994. Die Leute von der Feuerbekämpfung waren schnell von einer riesigen Feuerwand eingeschlossen und in Todesgefahr. Zwölf kamen in den Flammen ums Leben, 35 rannten auf einen Hügel und konnten sich retten. Eine spätere Untersuchung ergab: Die verunglückten Feuerwehrmänner hatten alle noch ihr schweres Gerät bei sich: die Motorsägen, Rucksäcke, Atemgeräte. „Dropping their tools or packs would have significantly increased the firefighters' chance of escape."[21] Was hat sie gehindert, den Ballast abzuwerfen? Warum gingen sie fälschlicherweise davon aus, sie hätten mit Rucksack und Kettensäge mehr Überlebenschancen? Feuerwehrleuten wird routinemäßig beigebracht, niemals ihre Ausrüstung abzulegen. Doch wenn sie vom Feuer in den Wäldern eingeschlossen sind, dann hilft nur eine ungewöhnliche Anweisung: „Drop your tools" – Lass das liegen, von dem du geglaubt hast, es würde dich retten. Denn es gibt Situationen, in denen schweres Gerät den Tod bedeutet.

Weick nennt diese wahre „story of organization and death"[22] eine Allegorie. Eine Allegorie, aus der andere Organisationen lernen können, wie sie das Risiko von schwerwiegenden Fehlern möglichst gering halten. Es geht um den Zusammenhang von Professionskulturen, Normativitäten und Routinen mit konkreten Katastrophen. Dabei sind die von Weick diskutierten Möglichkeiten aufschlussreich, weshalb ein rettendes Abwerfen der Werkzeuge für die Einzelnen nicht in Frage kam. Ich lasse dabei den Horizont mitlaufen, welche Fragen sich daraus im allegorischen Sinn für eine vertiefte und wirksame Präventionsarbeit in der Kirche stellen.

1. Kontrolle behalten wollen: Im Normalfall garantiert die technische Ausrüstung das Überleben. Sie ermöglicht, die Kontrolle über das

---

[20] Vgl. M. *Wolff*, Organisationsanalysen (s. Anm. 8), 41.

[21] K. E. *Weick*, Drop your tools. An Allegory for Organizational Studies, in: Administrative Science Quarterly 41 (1996) 301–313, 305.

[22] Ebd., 301.

Feuer zu behalten, indem man etwa Bäume fällt. Doch in Colorado hat die rettende Ausrüstung zum Tod geführt. Man wollte die Kontrolle nicht aufgeben. Die Leute waren deshalb nicht schnell und flexibel genug, um den Flammen auf die Anhöhe zu entkommen. *Im Bereich christlicher Theologie und Kirche hat Michel Foucault das Ineinander von Sorge und Kontrolle als christliche Pastoralmacht analysiert. Die Kontrolle über das Leben von Menschen behalten zu wollen, um sie zum Heil zu führen, gehört zum ambivalenten, pastoralen Kernbestand.*

2. *Keine Fähigkeit zum Gestaltswitch:* Die Feuerwehrmänner halten an ihren Gerätschaften fest, weil sie nicht wissen, wie man sie abwirft. Weick meint, das klinge erst einmal absurd. Er zitiert dann aber einen Überlebenden: „I then realized I still had my saw over my shoulder! I irrationally started looking for a place to put it down where it wouldn't get burned."[23] Die Säge wird für wichtiger erachtet als das Überleben, weil ein Überleben ohne Säge nicht vorgesehen ist. *Die Fälle sexuellen Missbrauchs stellen existenzielle Fragen an die Routinen in Dogma und Pastoral. Wenn kirchliche „Tools" wichtiger sind als das Aufdecken und Verhindern weiterer Gewalt, weil man sich zwar ein Leben mit Leiderfahrungen anderer, aber nicht ohne die aktuell festgeschriebenen Kirchen- und Amtsstrukturen vorstellen kann, dann wird es gefährlich.*

3. *Fehlende Alternativen:* Die Leute behalten das vertraute Gerät, weil alles andere fremd und unsicher wirkt. Das Vertraute verspricht mehr Rettungschancen als eine unsichere Strategie in Notsituationen. *Liegt manche Beharrungskraft auch darin, dass man sich Kirche überhaupt nicht anders vorstellen kann und will? Die Angst vor Veränderung des Vertrauten scheint größer als die vor den Folgen des „Weiter-so".*

4. *Ohnmacht eingestehen:* Wenn Brandbekämpfer(innen) ihr Gerät aufgeben und fliehen, dann wird das als Kapitulation vor dem Feuer verstanden. Wer sein Gerät weiter behält, signalisiert Handlungsfähigkeit im heroischen Kampf gegen das Feuer.

---

[23] Ebd., 306.

Wo geht es auch in der Aufarbeitung des Missbrauchs primär um heroische Handlungsfähigkeit? Welche Chancen eröffnen sich, wenn Souveränität abgegeben und Ohnmacht zugelassen würde?

5. Zweifel an Verbesserung: Die Leute haben ihr Gepäck so lange getragen, weil sie keinen echten Vorteil erwarteten, wenn sie es abwerfen. So geht es Stück für Stück, bis es zu spät ist. Weick schreibt: „Small changes seem like trivial changes, so nothing changes."[24] *Welche kleinen und größeren Veränderungen führen zu mehr Prävention und wirksamen Schutzkonzepten? Auch kleine Veränderungen von Routinen können wichtig sein.*

6. Identität: Die technische Ausrüstung gehört zentral zur Identität von brandbekämpfenden Feuerwehrleuten. Die Kettensäge und die Sauerstoffflasche wegzuwerfen bedroht die existenzielle Identität. Das war im Programm eines Feuerwehrmannes nicht vorgesehen: „Without my tool, who am I? A coward? A fool?"[25] Weick schreibt, in Extremsituationen ist es genauso rettend, den eigenen Stolz wegzuwerfen wie die eigenen „Tools". *Wo müssen Theologie und Kirche einen falschen Stolz ablegen, um zu Orten des Lebens zu werden, nicht des Risikos?*

Mit der Soziologin Maren Lehmann verändern die Überlegungen von Weick die Frage nach Konsequenzen aus den Missbrauchsfällen. Es geht weniger darum, was noch zusätzlich zu tun und zu lernen wäre. Die Herausforderung für Kirche und Theologie lautet: „Wie ist Verlernen möglich?"[26] Welche Konzepte muss die Kirche heute fallen lassen – wo muss es heißen: „Drop that theological tool", damit Leben gerettet werden kann? Denn „Lernen ist unmöglich, wenn es bloß additiv-einreihend-hinzustellend geschehen soll. Wenn Gelerntes nicht aufgegeben werden kann, dann bewegt sich nichts."[27]

---

[24] Ebd., 307.
[25] Ebd., 308.
[26] Maren Lehmann geht der Frage nach: „Wie ist Verlernen möglich?" S. hierzu insbesondere M. *Lehmann*, Theorie in Skizzen, Berlin 2010, 117–143. Dort werden auch alle zehn Möglichkeiten von Weick aufgeführt, die ich hier auf sechs reduziert habe, vgl. 132–135.
[27] Ebd., 117.

Nun hat sich das katholische Lehramt in eine Situation manövriert, in der es sich genau das verboten und dieses Verbot zur eigenen Identität erklärt hat (KKK 890).[28] Für Kirchen- und Dogmenentwicklung gilt weiter zu oft, dass notwendiger Fortschritt und Neuentdeckungen in Dogma und Pastoral als Bestandteil ewiger Kontinuität, „dass [...] Entscheidungshandeln als traditionales Handeln"[29] getarnt werden muss. Dabei spielt auch das Vergessen eine Rolle, was Michael Seewald als katholischen „Obliviszierungsmodus" bezeichnet (vom lateinischen *oblivisci* = vergessen). Damit ist gemeint, „Korrekturen in der Lehre durch bewusstes Vergessen herbeizuführen"[30]. Es geht darum, etwas Anderes zu tun und die faktische Veränderung dabei möglichst latent zu halten. Beim Missbrauch aber funktioniert die Latenz nicht wirklich, weil der Veränderungsbedarf öffentlich sichtbar wie existenziell dramatisch ist und dabei zugleich die Leitungsebene selbst betrifft. Ohne ehrliche Selbstkorrektur wird es daher nicht gehen. Weicks Allegorie verschärft die Dringlichkeit, Prävention in die theologischen Grundlagen kirchlichen Handelns hinein weiterzutreiben – als Verlernen jener Konzepte, die sich als Risikofaktoren erwiesen haben.

3. Drop that tool: Pastoralmacht des Klerikalismus verlernen (Michel Foucault)

Wer die Anweisung „Drop your tools" von den Missbrauchskatastrophen auf eine präventiv wirkende Organisationskultur in der katholischen Kirche hin weiterdenkt, landet früher oder später bei Foucaults Pastoralmacht. Diese zunächst pastoraltheologisch rezipierte, genealogische Analyse[31] von Machtpraktiken in Kirche und

---

[28] Vgl. *M. Seewald*, Reform. Dieselbe Kirche anders denken, Freiburg i. Br. 2019, 73.

[29] Ebd., 66.

[30] Ebd., 87f.

[31] Vgl. *H. Steinkamp*, Die sanfte Macht der Hirten. Die Bedeutung Michel Foucaults für die Praktische Theologie, Mainz 1999. Im Kontext der Missbrauchsdebatte vgl. *R. Bucher*, Machtkörper und Körpermacht. Die Lage der Kirche und Gottes Niederlage, in: Concilium 40 (2004) 354–363, *M. Schüßler*, Institutionelle Umkehr? Theologische Anfragen angesichts sexualisierter Gewalt in der Kirche, in: Caritasverband der Diözese Rottenburg-Stuttgart, Institutioneller Umgang mit Schuld. Anregungen zur Aufarbeitung von sexuellem Missbrauch in katholischen Organisa-

Gesellschaft weitet sich mittlerweile auch in systematisch-theologische Diskurse aus. Für Gunda Werner liegen in Foucaults Pastoral- und Disziplinarmacht „die hermeneutischen Schlüssel, die diese Dynamik der lückenlosen moralischen Kontrolle als grundlegende Signatur für die Denkbarkeit von Geschehen und Vertuschung sexualisierter Gewalt analytisch aufdecken könnten."[32]. In der zentralen Formulierung von Foucault heißt es:

„Die christliche Pastoral [...] hat die einzigartige und der antiken Kultur wohl gänzlich fremde Idee entwickelt, daß jedes Individuum unabhängig von seinem Alter, von seiner Stellung sein ganzes Leben hindurch und bis ins Detail seiner Aktionen hinein regiert werden müsse und sich regieren lassen müsse: dass es sich zum Heil lenken lassen müsse und zwar von jemandem, mit dem es in einem umfassenden und zugleich peniblen Gehorsamsverhältnis verbunden sei."[33]

Der Hirte muss auf die gesamte Herde schauen und zugleich auf jedes einzelne Schaf: *omnes et singulatim*. Zwar ist die Macht des Hirten grundlegend wohltätig gemeint. „Die pastorale Macht ist eine Macht der Sorge."[34] Sie zielt auf das ernst gemeinte Heil der Herde. Doch deren Modus ist nicht Freiheit und Vertrauen, sondern freiwilliger Gehorsam und selbstverständliche Kontrolle. Das ist nicht nur repressiv, sondern zielt direkt auf den Gefühls- und Existenz-

---

tionen (Impulse Nr. 18), Stuttgart 2017, 12–17 sowie *Ders.*, Von der Pastoralmacht zum Mut zur Wahrheit (Parrhesia), in: Caritasverband der Diözese Rottenburg-Stuttgart, Institutioneller Umgang mit Schuld. Anregungen zur Aufarbeitung von sexuellem Missbrauch in katholischen Organisationen (Impulse Nr. 18), Stuttgart 2017, 18–20. Online verfügbar unter https://www.caritas-rottenburg-stuttgart.de/was-uns-wichtig-ist/schutz-vor-sexuellem-missbrauch/aktuelles-schutz-vor-sexuellem-missbrauch/impulse-heft-nr.18-institutioneller-umgang-mit-schuld-erschienen-4cad73bd-6f7f-4996-a1c8-04e38575e4e (zuletzt abgerufen am 09.08.2020).
[32] G. *Werner*, Bildung und Kontrolle. Historische Rückführung des Narrativs eines ‚gesunden' Sündenbewusstseins in exemplarischen lehramtlichen Verlautbarungen nach dem Zweiten Vatikanischen Konzil, in: M. Striet/R. Werden (Hrsg.), Unheilige Theologie! Analysen angesichts sexueller Gewalt gegen Minderjährige durch Priester (Katholizismus im Umbruch 9), Freiburg i. Br. 2019, 140–174, 174.
[33] M. *Foucault*, Was ist Kritik? Berlin 1992, 9.
[34] M. *Foucault*, Geschichte der Gouvernementalität. Sicherheit, Territorium, Bevölkerung, Bd. 1, Frankfurt a. M. 2006, 189.

haushalt und vermittelt das, was man wollen soll – kurz: Internalisierte soziale Kontrolle ist Teil personaler (Glaubens-)Identität. Strukturell hängt Pastoralmacht an der Unterscheidung von Hirt und Herde, katholisch genauer an der religiösen Ständedifferenz von Klerus und Lai(inn)en. Papst Franziskus wie auch akademische Analysen[35] benennen zwar „Klerikalismus" als wesentliches Problem im katholischen Bereich. Es wird meist gesagt, dass damit die „systemischen Ursachen"[36] analysiert werden sollen. Doch schaut man genauer hin, ist das nicht immer der Fall. Klerikalismus wird meist als moralisches Problem eines „falschen" Verständnisses vom katholischen Priesteramt verstanden. Der Klerus müsse vom Klerikalismus geheilt werden. Genau damit aber wird das Problem personalisiert und ethisiert, während die theologisch problematische Tiefenstruktur semantisch beschwiegen bleibt. So geißelt Franziskus zwar den Klerikalismus als überhebliche Haltung, welche die Taufgnade im gesamten Volk Gottes nicht ernst nimmt und „eine Spaltung im Leib der Kirche" erzeugt.[37] Zugleich bekräftigt er aber zuletzt in „Querida Amazonia" die genderhierarchische, ständische Exklusivität im Amtsverständnis. Der zölibatäre Mann werde „im heiligen Sakrament der Weihe [...] Christus, dem Priester, gleichgestaltet" (QA 87). Deshalb ist nur er „allein befähigt, der Eucharistie vorzustehen", denn darin „besteht seine große Amtsgewalt, die nur im Weihesakrament empfangen werden kann" (QA 88).

Für die Prävention gegen sexuellen Missbrauch in der Kirche ist es entscheidend, Klerikalismus nicht nur als Haltung von Priestern (und komplementären Lai[inn]en) zu verstehen. Denn das ließe die ständische Basisdifferenz von Klerus und Laie völlig unverändert, welche diese Haltung durch eine exklusive, herausgehobene Rolle samt ontologisch wesensverändernder Weihe zwangsläufig nahelegt. Ähnlich wie Rainer Bucher[38] gehe ich davon aus, dass Klerikalis-

[35] Vgl. M. *Remenyi/Th. Schärtl* (Hrsg.), Nicht ausweichen (s. Anm. 17), 10.
[36] Ebd.
[37] *Franziskus*, Schreiben von Papst Franziskus an das Volk Gottes, 20.08.2018. Online verfügbar unter http://w2.vatican.va/content/francesco/de/letters/2018/documents/papa-francesco_20180820_lettera-popolo-didio.html (zuletzt abgerufen am 09.08.2020).
[38] Vgl. R. *Bucher*, Priester des Volkes Gottes. Gefährdungen, Grundlagen, Perspektiven, Würzburg 2010, 23–51.

mus kein Standesproblem bezeichnet, sondern ein Feld kirchlicher Machtpraktiken, in das potenziell alle Bereiche einer ständisch strukturierten Kirche verwickelt sind.[39] Klerikalismus formiert sich durch Praktiken der Pastoralmacht im Rahmen eines kleruszentriert-ständischen Kirchenbildes. Es handelt sich um ein verdecktes Spiel von Abhängigkeiten und Dominanzchancen, in das viele unterschiedliche Akteur(inn)e(n) verwickelt sein können. Das bedeutet: Nicht überall, wo Kleriker sind, ist auch offener Klerikalismus zu finden. Und nicht überall, wo Lai(inn)en sind, ist das Problem von Klerikalismus gebannt. Die ständische Leitdifferenz von Klerus und Laie erzeugt aber unausweichlich eine „klerikale Dividende"[40]. Auch wenig klerikal auftretende Priester müssen sich zu ihren innerkirchlichen Privilegien irgendwie verhalten, weil sie von ihnen (auch unwillentlich) profitieren.

Zu beachten wäre also der Klerikalismus der Priester, der Co-Klerikalismus der Lai(inn)en und eine Ekklesiologie, die zur ständigen Reproduktion dieser klerikalen Struktur zwingt, ohne sie so benennen und analysieren zu können, weil sie diese Strukturen entweder als *„societas perfecta"* sakralisiert oder sie angeblich als vom II. Vatikanum und den Gemeindetheologien bereits reformiert und überholt sieht.

4. Drop that tool: Priesterliche Totalitätskonzepte verlernen

Bei dem gesamten Komplex des „Klerikalismus" ist ein wesentliches toxisches Tool die Konzeption priesterlicher Totalitätsvorstellungen. Wenn man Betroffenenberichte liest, dann sind es oft personale Eins-zu-Eins-Situationen, die für Missbrauch ausgenutzt werden: Beichtgespräche, Beratungs- und Seelsorgesituationen. Grundsätz-

---

[39] Vgl. dazu ausführlicher *M. Schüßler*, Klerikalismus im Volk Gottes. Beobachtungen zur gegenwärtigen Formation einer vormodernen Praktik, in: R. Bucher/J. Pock (Hrsg.), Klerus und Pastoral (Werkstatt Theologie. Praxisorientierte Studien und Diskurse 14), Münster 2010, 5–19.

[40] Man kann sich die „klerikale Dividende" analog zur „patriarchalen Dividende" von Männern im Patriarchat vorstellen. Ein Großteil der Männer lebte lange mit und von selbstverständlich vorgefundenen Privilegien, die jedoch von vielen nie (machohaft) erkämpft werden mussten. Vgl. dazu *R. Cornell*, Der gemachte Mann. Konstruktion und Krise von Männlichkeiten, Wiesbaden [3]2006, 100f.

lich kann man davon ausgehen, „dass in solchen Beziehungen, in denen Abhängigkeitsverhältnisse die Folge professioneller Dienstleistungen sein können, ein hohes Risiko des Machtmissbrauchs besteht"[41].

Ich setze bei diesen Seelsorgesituationen an und folge zu deren kritischer Analyse den Überlegungen der Soziologin Maren Lehmann[42], die zu drei Schritten verdichtet werden.

1. Pfarr- und Seelsorgeberufe sind wie alle personenzentrierten Dienstleistungen anfällig für Machtmissbrauch. Menschen kommen sich in wenig kontrollierten Räumen der Begegnung sehr nahe. Zugleich sind die Rollen von einem Autoritätsgefälle zugunsten des Pfarrers, des oder der Seelsorgenden geprägt.

Seelsorgekontexte können professionstheoretisch als Komplementärrollenkonstellation bezeichnet werden. Wie auch bei Ärzt(inn)en oder Therapeut(inn)en erzeugt ein zugeschriebenes Kompetenzgefälle tendenziell eine Asymmetrie von Leistungs- und Publikumsrollen.[43] Vom Seelsorger oder der Seelsorgerin, vom Jugendleiter oder der Jugendleiterin wird erwartet, dass er oder sie ein offenes Ohr hat, dass man persönliche Probleme besprechen kann, dass einem mit einer existenziellen wie geistlichen Expertise weitergeholfen wird. Seelsorger(innen) werden deshalb allein aufgrund ihrer Rolle immer wieder „mit Erwartungen überfrachtet [...], die nicht in sachliche Berufsbeziehungen gehören, sondern in höchstpersönliche Beziehungen wie Liebesbeziehungen, Elternschaft oder Freundschaften."[44] Ein gutes Professionsethos kann das ausgleichen und notwendige Distanzen aufrechterhalten. Deshalb ist das Thema Nähe-Distanz hier so entscheidend.

---

[41] *M. Wolff*, Organisationsanalysen (s. Anm. 8), 41.

[42] Vgl. *M. Lehmann*, Schuld und Umkehr, soziologisch – mit einem besonderen Blick auf Organisationen, in: Caritasverband der Diözese Rottenburg-Stuttgart, Institutioneller Umgang mit Schuld. Anregungen zur Aufarbeitung von sexuellem Missbrauch in katholischen Organisationen (Impulse Nr. 18), Stuttgart 2017, 23–31.

[43] Vgl. zu Form und Verflüssigung dieser professionsbezogenen Rollen den bis heute viel beachteten Beitrag *J. Gerhards*, Der Aufstand des Publikums. Eine systemtheoretische Interpretation des Kulturwandels in Deutschland zwischen 1960 und 1989, in: Zeitschrift für Soziologie 30 (2001) 163–184.

[44] *M. Lehmann*, Schuld und Umkehr (s. Anm. 42), 27.

2. (Sexuelle) Grenzverletzungen in professionellen Beziehungen passieren dann, wenn die professionelle Distanz aufgegeben wird und man in eine andere, intimere Beziehungsform rutscht. Man nutzt dann die Rolle, um eben diese Rolle in ein persönliches Begehren hinein überschreiten zu können.

In jedem Leben gibt es irgendwann die Sehnsucht nach Beziehungen jenseits der Berufsrolle, nach Nähe und Alltäglichkeit ohne fachliche Erwartungen. Der Priesterberuf ist da besonders heikel. Denn er ist in amtlicher Selbstdefinition eben gar kein Beruf, sondern eine immerwährende Berufung. Man hat mit dem Bischof nicht einfach ein Arbeitsverhältnis, sondern man hat ihm lebenslangen Gehorsam versprochen. Und die Priesterweihe ist nicht einfach eine Amtseinführung, sondern wird als umfassende Lebensform verstanden. Durch das Konzept der Totalverfügbarkeit, als Christusnachfolge religiös unhinterfragbar, fehlen quasi konstitutiv andere Orte des Privaten, des Unbelasteten, des Nicht-in-Anspruch-genommen-Seins. Die Einzelnen müssen sich das mühsam gegen lange propagierte, katechetisch einsozialisierte Erwartungen erkämpfen. Gelingt das nicht ausreichend gut, steigt das Risiko. „Die einzige Ausweichrichtung vor Inanspruchnahmen der Rolle, eine Art Ventil, ist dann das komplementäre Gegenüber", also der Ministrant, die Pfarrjugendliche oder die Ordensschwester. „Schuldig, heißt das, werden nicht die, die aus ihren Rollen fallen, sondern die ihre Rollen übertreten – in Richtung des komplementären Gegenübers."[45]

Die MHG-Studie weist in eine ähnliche Richtung. „Priester mit klerikalem Amtsverständnis tendieren deshalb dazu, Laien in der Interaktion zu dominieren und asymmetrische Abhängigkeitsstrukturen zwischen sich und Laien zu schaffen."[46] Die exklusive Amtsstruktur mit ihren gut gemeinten Totalitätsansprüchen wird so zum eigentlichen Risikofaktor.

„Vermutlich kann man die Prognose wagen, dass Missbrauchsfälle solange immer wieder wahrscheinlich werden, wie [...] Inhaber klassischer Professionen nicht Chancen auf Umgebungen

---

[45] Ebd.

[46] H. Dreßing/H. J. Salize/D. Dölling u. a., Forschungsprojekt „Sexueller Missbrauch an Minderjährigen durch katholische Priester, Diakone und männliche Ordensangehörige im Bereich der Deutschen Bischofskonferenz" (s. Anm. 6), 307.

haben, in denen sie ihrerseits nichts sind, nichts als Schnittpunkt sozialer Kreise. […] Vergisst oder vermeidet man das, verlernt man es sofort; es ist sehr schwer auf Bedeutung, Rang, Autorität zu verzichten, sie hat Suchtpotenzial – und sie ist schon in geringsten Dosen giftig."[47]

3. Das Pathos der Ganzhingabe und das Überschreiben des Pfarrberufs durch eine das ganze Leben umfassende Berufung verwischen quasi konstitutiv diese professionellen Grenzen.

Die gegenwärtige Form der Priesterrolle, könnte man sagen, ist eine gefährliche Falle, denn sie entzieht den Personen strukturell die Ressourcen, die vor solchen übergriffigen Auswegen schützen. Zölibat, berufliche und existenziell-private Abhängigkeit von Kirche und Bischof, totale Lebenshingabe – das sind keine unschuldigen Konzepte gesteigerter Humanität. Das sind Kippbilder mit toxischer Rückseite. In der MHG-Studie gaben ca. zwei Drittel der Beschuldigten als Motivation für den Priesterberuf an,

„soziale Anerkennung in der Gemeinde zu finden oder einen sozialen Status zu erreichen, der vor sozialen Vergleichen schützt wie auch von der (vermeintlichen) Notwendigkeit entbindet, das Fehlen von intimen heterosexuellen Beziehungen gegenüber anderen zu begründen oder zu rechtfertigen."[48]

Für die Ausbildung des pastoralen Personals liegt dann nahe, dass nicht mehr die historische Formung in den homogenen Gruppen eines Priesterseminars das Leitbild auch für andere Berufsgruppen abgeben dürfte, sondern dass umgekehrt die Priesterausbildung von der Vielfalt des Lebens und der Seelsorgewirklichkeiten her enttotalisiert werden müsste.

---

[47] *M. Lehmann*, Schuld und Umkehr (s. Anm. 42), 27.
[48] *H. Dreßing/H. J. Salize/D. Dölling u. a.*, Forschungsprojekt „Sexueller Missbrauch an Minderjährigen durch katholische Priester, Diakone und männliche Ordensangehörige im Bereich der Deutschen Bischofskonferenz" (s. Anm. 6), 109.

5. Drop that tool: Sexualfixierung und Geschlechteressentialismus verlernen

Die katholische Kirche und ihre Moraltheologie haben mit dem Missbrauchsskandal vorläufig jegliches Recht einer normativen Rede über die gelebte Sexualität anderer Menschen verloren. Zu konstatieren ist nichts weniger als der endgültige Zusammenbruch des katholischen Sexualitätsdispositivs, also der normativen Vorgaben und Erwartungen im Bereich Sexualmoral und Geschlechterverhältnis. Hier ist im doppelten Wortsinn nichts mehr zu retten[49]: Die als Rettung gemeinten Normen der Kirche sind nicht mehr zu retten, weil die meisten Gläubigen auf diese Art der Rettung oft mit guten Glaubensgründen lieber verzichten.

Die Kirche hat Sexualität und Moral schon ganz früh metaphorisch zur „Sexualmoral" verheiratet.[50] Wie die Askese der Mönche wird auch das Eheleben in den ersten Jahrhunderten „zum Anlass unzähliger Regeln und einer ausgefeilten Kasuistik, die die Art und Weise betrifft, wie man hier seine Rechte und Pflichten erfüllt"[51]. Und das natürlich weiterhin mit dem Ziel, Menschen vor dem Bösen zu retten und auf den rechten Weg zum Heil zu lenken – Pastoralmacht eben. „Die Moral [...] braucht dann einen moralischen Schubladenschrank, der mithilfe guter Etikettierung sagt, wer was wann wie unter welchen Bedingungen mit wem darf."[52]

Wie dysfunktional das geworden ist, offenbart die rechtlich-moralische Bewertung sexualisierter Gewalt von Klerikern durch die Kirche. Weil der komplizierte Schubladenschrank nämlich letztlich nur Ehe oder Keuschheit als legitime Arten von Sexualität kennt, werden Vergewaltigung oder sexueller Missbrauch zusammen mit Homosexualität oder sexuelle Handlungen mit Tieren in der Rubrik „Ehe-

---

[49] Vgl. dazu ausführlicher M. *Schüßler*, Nichts mehr zu retten: Über den Zusammenbruch des katholischen Sexualitätsdispositivs, in: F. Ulfat/A. Ghandour (Hrsg.), Sexualität, Gender und Religion in gegenwärtigen Diskursen – Theologie, Gesellschaft und Bildung, Heidelberg – Berlin 2020 (im Erscheinen).

[50] Vgl. R. *Ammicht Quinn*, Sexualität und Moral – A Marriage Made In Heaven, in: Dies. (Hrsg.), „Guter Sex": Moral, Moderne und die katholische Kirche, Paderborn 2013, 196–210.

[51] M. *Foucault*, Die Geständnisse des Fleisches (Sexualität und Wahrheit 4), Berlin 2019, 478.

[52] R. *Ammicht Quinn*, Sexualität und Moral (s. Anm. 50), 202.

bzw. Zölibatsbruch" auf gleicher Stufe abgehandelt (Can. 1395).
Während die staatliche und öffentliche Rechtsauffassung die Unversehrtheit der Person ins Zentrum stellt, schützt die Kirche ihren moralischen Schubladenschrank und die Standesehre der Priester.[53] So
etwas wie ein sexuelles Selbstbestimmungsrecht war bis in die jüngste
Zeit keine relevante Kategorie universalkirchlicher Verlautbarungen.[54]
Stephan Goertz schreibt: „Wie will die katholische Kirche glaubwür-
dig im Sinne des Schutzes vor Missbrauch agieren, wenn sie das Phänomen selbst noch immer ethisch nicht adäquat erfasst?"[55]
     Es fehlt ein konsequenter Menschenrechtsstandpunkt – das wird
deutlich. Das gilt nicht zuletzt bei der Bewertung von Homosexualität. Im katholischen Kontext muss man es immer wieder klar sagen:
Homosexualität ist kein Grund und auch kein Risikofaktor für die
Ausübung sexueller Gewalt. Das Problem beginnt mit der Tabuisierung. Es handelt sich um ein von der Kirche selbst erzeugtes Problem, etwa in der Priesterausbildung. Da gibt es die Anziehungskraft
eines rein männlich geprägten Milieus für Männer, die gerne unter
Männern sind. Das ist in Recht und Lehre zugleich normativ verbunden mit der Abwertung und dem Verbot von gelebter Homosexualität. In einer homosexuell attraktiven Umgebung ist Sexualität
verboten und wird Homosexualität insgesamt normativ abgelehnt.
Das ergibt eine Double-Bind-Struktur, in welcher der Risikofaktor
nicht im homosexuellen Begehren liegt, sondern in dessen kirchlicher Abwertung und Tabuisierung.

6. Drop that tool: Pflichtzölibat verlernen

In Bezug auf den Pflichtzölibat muss man davon ausgehen, dass es
nicht nur der einzelne Priester ist, der an gerechtfertigt hohen normativen Anforderungen zu scheitern droht. Umgekehrt wird die ak-

---

[53] So M. *Pulte*, zitiert in: W. *Rees*, Was ist und was sein soll – Zur Ahndung sexuellen Missbrauchs minderjähriger Personen im Recht der römisch-katholischen
Kirche, in: Theologische Quartalschrift 199 (2019) 183–207, 201f.
[54] Vgl. S. *Goertz*, Sexueller Missbrauch und katholische Sexualmoral. Mutmaßliche Zusammenhänge, in: M. Striet/R. Werden (Hrsg.), Unheilige Theologie!
Analysen angesichts sexueller Gewalt gegen Minderjährige durch Priester (Katholizismus im Umbruch 9), Freiburg i. Br. 2019, 106–139, 135.
[55] Ebd., 129.

tuelle Struktur dieser vermeintlich heroischen Anforderungen immer zweifelhafter, weil sie sich destruktiv auf einzelne Personen auswirkt. Das heißt: Nicht der Zölibat ist das Problem, wenn er als freiwillige Hingabe gelebt wird. Die normative Struktur des Pflichtzölibates für das kirchliche Amt jedoch wird zum Risikofaktor. Bleibt man bei einer analytisch-beschreibenden Darstellung, ergibt sich im Blick auf Prävention folgender Zusammenhang: Wer sich auf den kirchlichen Pflichtzölibat einlässt, erhält im Tausch (Opfer) für den Verzicht auf gelebte Sexualität eine kirchlich herausgehobene Rolle, nicht zuletzt in Form sakramentaler und jurisdiktioneller Amtsgewalt. „Priesterleben – Opferleben" ist eine heute ironisch gebrochene Wendung für diesen Tausch, bei der auch der Opfergedanke in der exklusiv priesterlich geleiteten Eucharistie mitschwingt. Die amtliche Lehre bindet den Zugang zu dieser sakramentalen Vollmacht und kirchlichen Jurisdiktionsmacht aber zugleich an sexuelle und geschlechtsbezogene Kriterien, nämlich an das verpflichtende Absehen vom eigenen Begehren im Pflichtzölibat und an den genderexklusiven Satz: „Die heilige Weihe empfängt gültig nur ein getaufter Mann" (Can 1024).

Sexueller Missbrauch ist nun ebenfalls durch einen konstitutiven Zusammenhang von Sexualität und Macht definiert, nur anders gelagert. Eine Person benutzt ihre machtvolle Überlegenheit, um das eigene sexuelle Begehren zu befriedigen. In beiden Fällen sind Sexualität und eine überlegene Machtposition eng miteinander verbunden. Diese Hirten opfern dann nicht ihre Sexualität für das Wohl der Herde, sondern sie opfern Einzelne aus der Herde für ihr eigenes Begehren.[56] Die Risikostruktur liegt also nicht im Zölibat als Lebensform an sich, sondern im Konzept „Pflichtzölibat", in der kausalen Kopplung von Sexualitätsverzicht und Macht in Form kirchlicher Amtsgewalt.

Die spirituell-theologische Aussage, dass der Zölibat doch ein „Geschenk" sei, ist gnadentheologisch prinzipiell richtig. Für kirchliche Amtsträger ist der Satz aber empirisch-theologisch zugleich falsch, denn im konkreten Zusammenhang ist der Zölibat schlicht eine kirchenrechtliche Vorschrift, also das Gegenteil eines freiwilligen Geschenks.

---

[56] Das modifiziert einen Satz von R. *Bucher*, Machtkörper und Körpermacht. Die Lage der Kirche und Gottes Niederlage, in: Concilium 40 (2004) 354–363, 358.

Mit solchen wirklichkeitsverzerrenden und deshalb falschen Umdeutungen und Sakralisierungen beginnt bereits der Missbrauch. Wer lernt, die qua Professionsrolle entstehende faktische Macht als per definitionem immer rein altruistischen Dienst an den Gläubigen misszuverstehen, läuft auch Gefahr, in den Beziehungen zu Schutzbefohlenen faktische Machtgefälle auszublenden und als egalitäres Vertrauen oder gar wahre Liebe überzuinterpretieren.[57] Psychosozial ist das hochproblematisch. Laut MHG-Studie berücksichtigt die Deutung des Pflichtzölibats als Geschenk „nicht ausreichend biologische und psychosoziale Bedürfnisse nach Bindung."[58]

Aber sogar wer, wie hier Godehard Brüntrup, dafür plädiert, „katholische Pluralität von Berufungen zum Priestertum zuzulassen und zu pflegen"[59], kommt im Verständnis des Zölibats offenbar nur schwer über die pflichtzölibatäre Grundstruktur eines zu leistenden Opfers hinaus, wenn er schreibt: „Zölibatär kann man nur erfüllt leben, wenn es die tiefste Sehnsucht meines Herzens ist, dieses Opfer der sexuellen Enthaltsamkeit auf dem Weg der Nachfolge zu bringen."[60] Deshalb braucht es neben der Öffnung der Zulassungsbedingungen auch eine postheroische Amtstheologie, die christliche Nachfolge und pastorale Professionalität ermöglicht, statt toxische Rollenkorsetts zu reproduzieren.[61]

---

[57] So treffend M. *Lehmann*, Schuld und Umkehr (s. Anm. 42), 30: „Eben dies – die Zuwendung eines [...] entmündigten *und dann* auf sich allein gestellten Menschen im Kontext einer formalisierten Ordnung, die zwar man selbst, die aber niemals dieser verlassen kann und in deren Umgebung man selbst immer schon etwas, dieser aber einstweilen noch nichts darstellt, als Vertrauen aufzufassen – ist der Anfang allen Missbrauchs."

[58] H. *Dreßing/H. J. Salize/D. Dölling u. a.*, Forschungsprojekt „Sexueller Missbrauch an Minderjährigen durch katholische Priester, Diakone und männliche Ordensangehörige im Bereich der Deutschen Bischofskonferenz" (s. Anm. 6), 13.

[59] G. *Brüntrup*, Zölibat als Risikofaktor für sexuellen Missbrauch?, in: M. Remenyi/Th. Schärtl (Hrsg.), Nicht ausweichen. Theologie angesichts der Missbrauchskrise, Regensburg 2019, 109–121, 121.

[60] Ebd., 120.

[61] Die Australische Royal Commission 2017 empfiehlt ausdrücklich die Abschaffung des Pflichtzölibats. Vgl. *Royal Commission into Institutional Responses to Child Sexual Abuse*, Final Report Recommendations, Recommendation 16.18. Online verfügbar unter https://www.childabuseroyalcommission.gov.au/sites/default/files/final_report_-_recommendations.pdf (zuletzt abgerufen am 11.08.2020).

7. Drop that tool: Co-Klerikalismus und Kultur des Wegschauens verlernen

Um die folgende Perspektive richtig einzuordnen, sind zwei Dinge gleichzeitig im Auge zu behalten. Wenn ein Priester übergriffig wird, dann liegt die Verantwortung bei demjenigen, der den Übergriff begeht. Zugleich ist aber im Blick auf Prävention auch richtig: „Kommt es in Institutionen zu Machtmissbrauch, handelt es sich nie um ein singuläres Geschehen, das sich ausschließlich zwischen zwei Personen abspielt. Es gibt keine Unbeteiligten in Organisationen, in denen Fehler passieren."[62] Wie also sieht das im Film Spotlight eingangs angesprochene Dorf aus, das anhaltende Missbrauchsdynamiken mit ermöglicht? Aus der Präventionsforschung weiß man, wie wichtig die Reaktionsweisen des nahen Umfeldes von Betroffenen sind. Es gibt eine große Hürde, dass Betroffene selbst überhaupt ihre Scham überwinden, ihre Gewalterfahrung als solche zu beschreiben und sich Hilfe zu holen. Und es gibt die anschließende Hürde, dass Dritte den Betroffenen tatsächlich glauben und dabei persönlich emotionale und institutionelle Konflikte riskieren.[63] Doris Reisinger (Wagner) schreibt nach ihrer Recherche zu sexuellem Missbrauch an Ordensfrauen: „Es ist ja nicht so, dass die Fälle den zuständigen kirchlichen Verantwortlichen [...] nicht bewusst wären. Es scheint nur einfach nichts dagegen unternommen zu werden."[64] Die Frage nach dem Dorf ist also die Frage, inwieweit eine Kultur des Wegschauens und Beschweigens im kirchlichen Alltag verbreitet war und ist. Auch aufmerksamen Journalist(inn)en fällt langsam auf, es werde vor allem „auf Kleriker geblickt, weniger auf die Ge-

---

[62] M. Wolff, Organisationsanalysen (s. Anm. 8), 42.

[63] „Betroffene von sexuellem Missbrauch berichten häufig, dass sie mehrere Versuche unternehmen mussten, um Gehör und Hilfe zu bekommen", so J. Niehues/T. Besier/U. Hoffmann u. a., Übungen zum kollegialen Austausch und Reflexion des professionellen Umgangs mit Fällen von sexuellem Missbrauch, in: J. M. Fegert/U. Hoffmann/E. König u. a. (Hrsg.), Sexueller Missbrauch von Kindern und Jugendlichen. Ein Handbuch zur Prävention und Intervention für Fachkräfte im medizinischen, psychotherapeutischen und pädagogischen Bereich, Berlin – Heidelberg 2015, 456.

[64] D. Reisinger, #NunsToo. Sexueller Missbrauch an Ordensfrauen. Fakten und Fragen, in: Stimmen der Zeit 143 (2018) Nr. 6, 374–384, 376.

meinden, die den Missbrauch gedeckt haben. Gibt es da nicht auch einen Aufarbeitungsbedarf [...]?"[65] Eine Wahrnehmung hat mich hier in den vergangenen Jahren zunehmend irritiert:[66] Wenn es um die Zukunft der katholischen Kirche geht, um die vielen Kirchenentwicklungsprozesse, dann schauen viele wehmütig auf die Nachkonzilszeit, auf die gemeindetheologischen Aufbrüche der 1970er und 80er Jahre, als die Kirchen, die Arbeitskreise und Jugendfreizeiten noch voll und regional dominant waren.

Wer jetzt aber den Ort wechselt und die Lage aus der Perspektive der Betroffenen von sexualisierter Gewalt betrachtet, sieht ein völlig anderes Bild. Wenn man die vielen verjährten Fälle, die vernichteten Akten und die kirchliche Vertuschungs- und Versetzungspolitik von Täter(inne)n in Betracht zieht, dann erscheint die gleiche Zeit als Hochphase von sexuellem Missbrauch in kirchlichen Organisationen. Offenbar hat eine für die Engagierten (noch) toll funktionierende Kirche gerade nicht präventiv gewirkt, hat die gemeindlich engagierte Kirchengestalt an vielen Stellen diese Gewalt weder verhindern können noch sie besprechbar werden lassen. Das aktuell teilweise verklärte Sehnsuchtsbild einer lebendigen Gemeinde wirft Schatten, die in pastoralsoziologischer Analyse Kontur bekommen.

In der Zeit nach dem II. Vatikanischen Konzil wurde die harte Pastoralmacht der Pfarrer umcodiert in die weichere Aktivierungsmacht der Gemeindetheologie. Die Pfarrfamilie war lange das Idealbild gemeindlichen Lebens: Die Kirchengemeinde entwickelte sich zu einer religiös-sakramental begleiteten Verlängerung familiärer Vertrauens- und Nahbeziehungen. Allerdings war der Weg „vom ,Höllenfeuer' zur ,allumfassenden Liebe'"[67] nicht nur ein Emanzipationsprozess, sondern ein Transformationsprozess von Pastoralmacht.

---

[65] M. Drobinski/A. Zoch, „Nicht in die Sekte zurückziehen". Gespräch mit Bischof Georg Bätzing und Reinhard Marx, Süddeutsche Zeitung vom 29. Mai 2020.

[66] Vgl. zuerst M. Schüßler, It never ends: Prävention von sexueller Gewalt, 19.06.2017. Online verfügbar unter https://www.feinschwarz.net/praevention_von_sexueller_gewalt/ (zuletzt abgerufen am 11.08.2020).

[67] So Th. Großbölting, Der verlorene Himmel. Glaube in Deutschland seit 1945, Göttingen – Bristol 2013, 148.

Bei aller nachkonziliaren Dynamisierung kirchlichen Lebens in Bibelgruppen, Kirchengremien und liturgischer Beteiligung wurde die soziale Kontrolle durch den priesterlichen Leitungsstand keineswegs aufgegeben, sondern eher modernetypisch weiterentwickelt.[68] Das gilt für die strukturelle Zweitrangigkeit aller nichtpriesterlichen Berufsgruppen in der Kirche ebenso wie für die vielen Dialog- und Gesprächsprozesse auf Ortskirchenebene. Es entsteht das, was Norbert Lüdecke etwas polemisch als Partizipations-Avatare oder Beteiligungsattrappen bezeichnet[69]. Rainer Bucher schreibt analytischer:

„Die gemeindetheologische Modernisierung der Nachkonzilszeit wollte freigeben (‚mündiger Christ‘) und gleichzeitig wieder in der ‚Pfarrfamilie‘ eingemeinden. Sie wollte Priester und Laien in ein gleichstufiges Verhältnis bringen – bei undiskutierbarem Leitungsmonopol des priesterlichen Gemeindeleiters. Sie wollte eine Freiwilligengemeinschaft sein, die aber auf ein spezifisches Territorium bezogen sein sollte, sie wollte für alle da sein, war es aber für immer weniger."[70]

In der halbierten Modernisierung kirchlicher Orte steckt weiterhin der klerikalistische Basiscode. Der Pfarrer kümmert sich als mal strenger, mal fürsorglich werbender „Pater Familias" um die Herde seiner Pfarrfamilie. Und umgekehrt schützt eine Familie eben den Vater. Es ist alarmierend, wenn die MHG-Studie zu dem Ergebnis kommt, dass Präventionsarbeit in Kirchengemeinden auf Desinteresse und auch auf Widerstand stößt.

---

[68] „Die Gemeindetheologie [...] domestiziert [...] diese Emanzipationsbewegung [...], so dass die priesterliche Pastoralmacht nicht nur nicht gefährdet, sondern auf neuer, wohl am besten ‚familiaristisch‘ zu nennender Basis fortführbar wird." *R. Bucher*, 1935 – 1970 – 2009. Ursprünge, Aufstieg und Scheitern der „Gemeindetheologie" als Basiskonzept pastoraler Organisation der katholischen Kirche, in: L. Scherzberg (Hrsg.), Gemeinschaftskonzepte im 20. Jahrhundert zwischen Wissenschaft und Ideologie (Theologie.Geschichte, Beiheft 1), Münster 2010, 289–316, 313.

[69] Vgl. *N. Lüdecke*, Die Freiheit des „Herrn Woelki", in: feinschwarz.net vom 04.02.2020. Online verfügbar unter https://www.feinschwarz.net/die-freiheit-des-herrn-woelki/ (zuletzt abgerufen am 11.08.2020).

[70] *R. Bucher*, 1935 – 1970 – 2009. Ursprünge, Aufstieg und Scheitern der „Gemeindetheologie" (s. Anm. 68), 314f.

„Die Rückmeldungen zeigen, dass die Umsetzung der in der Theorie sehr gut klingenden Präventionskonzepte in der Praxis auf erhebliche Schwierigkeiten stößt. […] Besonders problematisch erscheint die geringe Akzeptanz in den Gemeinden (sog. territoriale Pastoral), was zu mangelhaften Schutzkonzepten gerade in den Verantwortungsbereichen führt, in denen Missbrauch durch Kleriker gehäuft stattfindet."[71]

Was mich beschäftigt, ist die Wahrnehmung, dass auch viele aktive Gemeindemitglieder eher bereit waren und sind, den Pfarrer und die Kirche zu verteidigen, als sich von den Betroffenen erschüttern zu lassen. Extremfälle machen hier offenbar Alltägliches sichtbar. Mir ist von einem Dorfpfarrer berichtet worden, dessen Haushälterin die Jungen nach der intimen Zeit der Übergriffe immer erst noch gebadet hat, bevor sie nach Hause zurückgeschickt wurden. So robust wie die Täterstrategien sind, so ist es auch die sie ermöglichende Kultur: ein immer nur in Andeutungen kommuniziertes Beschweigen des Verbotenen im Täterumfeld.

Von der systemischen Dynamik her erinnert hier vieles an Phänomene der Co-Abhängigkeit im engsten Beziehungsumfeld von Suchtkranken. Freunde, Freundinnen und Bekannte werden zum Bestandteil einer destruktiven Dynamik, indem sie eine Normalität aufrechterhalten, die es faktisch nicht gibt, und indem sie an die Geschichten der suchtkranken Person glauben und wegschauen, um die eigene Beziehungs- und Familienidentität nicht zu zerstören. Das ist nur allzu menschlich, aber eben hoch destruktiv für alle Beteiligten.

Analog dazu wäre im Umfeld von Priestern, die zu Tätern wurden, mit einer Art „Co-Klerikalismus" zu rechnen. In diese Richtung geht Doris Reisingers Beschreibung von Missbrauchssystemen:

„Eine Person, die über andere praktisch absolut verfügen kann, nutzt ihre Machtfülle aus, um sich an den von ihr Abhängigen sexuell zu vergehen, und lässt die wenigen Personen, die eigent-

---

[71] H. Dreßing/H. J. Salize/D. Dölling u. a., Forschungsprojekt „Sexueller Missbrauch an Minderjährigen durch katholische Priester, Diakone und männliche Ordensangehörige im Bereich der Deutschen Bischofskonferenz" (s. Anm. 6), 205.

lich eine Kontrollfunktion wahrnehmen könnten, auch noch bei diesem Missbrauch assistieren."[72]

Co-Klerikalismus meint dann, dass die Personen im Umfeld eines beschuldigten Priesters den Betroffenen auf keinen Fall glauben, alle schwachen Signale überhören, potenzielle Übergriffe dulden oder sich sogar einbauen lassen in ein Missbrauchssystem des Beschweigens. Dann aber würden gemeindliche Strukturen in diesen Fällen tatsächlich nur wenig anders funktionieren als Familiensysteme, in denen Missbrauch geschieht. Kirchliche Gründe für Geheimhaltung und Beschweigung glichen dann, so Jörg Fegert, „der Dynamik in Familien, wo der Ansehensverlust und die Auflösung der Familie befürchtet werden und wo deshalb allzu häufig betroffene Kinder keine Unterstützung finden"[73].

In der Konsequenz hieße das: Die Verflüssigung von allzu kompakten Gemeindestrukturen, die Entzauberung eines heroischen Priesterbildes (das es in konservativen wie in linkskatholischen Kreisen gibt), die Vervielfältigung von geistlichen und liturgischen Leitungsrollen stellen womöglich vielmehr eine Präventionschance denn ein Krisensymptom dar.

8. Ausblick: Falsche Sakralisierungen verlernen und neu beginnen

Das alles vor Augen, könnte man meinen, der Missbrauch zwingt zu einer totalen Entmythologisierung und Entsakralisierung aller kirchlich-katholischen Vollzüge. Müssten aus Präventionsgründen nicht die religiösen Sehnsüchte nach Heil und Rettung, die rituelle Verdichtung in Sakramenten, theologisch konzipierte Berufsrollen oder religiöse Vergemeinschaftungen überhaupt abgeschafft werden? Ich vermute, mit dieser dialektischen Gegenreaktion wäre wenig gewonnen. Es geht nicht um einen aufklärerisch-säkularistischen Bildersturm gegen alles Katholische oder Religiöse. Denn Prävention an religiös formatierten Orten kann nur gelingen, wenn Glaubenskontexte nicht ausgeblendet, sondern konstitutiv mit einbezogen werden. In einer postsäkularen und postkolonialen Gegenwart, in

---

[72] D. Reisinger, #NunsToo (s. Anm. 64), 375.
[73] J. M. Fegert, Empathie (s. Anm. 13), 196.

der medial und migrantisch globalisierte Kultur- und Religionsfor-
men weiterhin viele Biografien und öffentliche Debatten prägen,
wäre alles andere mehr als naiv. Und es wäre naiv im Blick auf das
befreiende und lebengebende Potenzial der katholisch tradierten
Glaubensformen selbst. Weil „für Organisationen immer zutrifft,
dass sie Risiko-, aber auch zugleich Schutzfunktionen aufweisen
können"[74], hat die Kirche die heilige Pflicht, nicht sich selbst durch
Zaghaftigkeit abzuschaffen, sondern bis in die dogmatischen Kernbereiche hinein ihre spezifisch glaubensbezogenen Risikostrukturen
zu verändern. „Drop that tool" heißt dann nicht, Ereignisse und
Verkörperungen des Heiligen aus der Welt zu streichen, sondern deren theologisch-lehramtliche Formatierung zu verbessern.
   Die katholische Kirche hat sich auf dem II. Vatikanum zu einem
Menschenrechtsstandpunkt durchgerungen, der das binnenkirchli-
che Selbstverständnis zu wenig und ihre kanonistische Verfassung
so gut wie überhaupt nicht prägt. Die Fälle von sexualisiertem und
geistlichem Machtmissbrauch machen deutlich, dass falsche Sakralisierungen der Kirchen- und Ämterstruktur zu verlernen sind und
dass eine im Glauben selbst begründete „Sakralität der Person"[75] zu
lernen und das nicht nur als Programmatik nach außen zu verkün-
den, sondern in einem hier skizzierten Kulturwandel von Lehre,
Recht und kirchlicher Praxis auch zu verankern ist.

[74] *M. Wolff*, Organisationsanalysen (s. Anm. 8), 42.
[75] Vgl. *H. Joas*, Die Sakralität der Person. Eine neue Genealogie der Menschen-
rechte, Berlin 2015.

Offenbarung? – Kritische Rekonstruktionen missbräuchlicher Pastoralmacht

Oliver Wintzek

1. Das hermetische System des Vertuschens – die Kirche als unanfechtbare Instanz einer Gottesgewissheit

Mit Superlativen sollte sparsam umgegangen werden – indes offenbaren die anhaltenden Hiobsbotschaften sexualisierten Machtmissbrauchs in der römisch-katholischen Kirche eine über die Maßen desaströse, alles andere als singuläre und schwerlich durch latent panische Präventionsprogramme einzuhegende Dauergefährdung. Jenseits inakzeptabler Relativierungen, sexuellen Missbrauch gäbe es – womöglich in größerem Umfang – auch in anderen Bereichen, jenseits einer Verkehrung der Sachverhalte, wonach es sich um das „9/11" der Kirche handle – als ginge es nicht zuvorderst um die Opfer und Betroffenen durch missbrauchte Kirchenmacht – und schließlich jenseits nichtssagender und irriger Erklärungsstereotype – Schuld seien der Teufel, die sexuelle Revolution von 1968 oder die Anbiederung der Kirche an den sogenannten Zeitgeist – will ich im Folgenden einer begründungsfähigen Ahnung nachgehen. Dabei werde ich das Augenmerk auf den Missbrauch in der gewissermaßen zweiten, aber wirkmächtigen Reihe richten: Es geht mir um die offenbarungstheologisch abgesicherte Logik eines hermetischen Systems des Vertuschens all dessen, was das Selbstverständnis der Kirche als unanfechtbare Instanz einer Gottesgewissheit angeht, die offensichtlich um jeden Preis geschützt werden muss. Begründungslogisch griffe man wohl zu kurz, hier nur einen typischen Mechanismus am Werke zu sehen, wie er einer jeden Institution um ihres Selbstschutzes willen eigen sei. Der entscheidend unterscheidende Punkt scheint mir darin zu liegen, dass der kirchliche Selbstschutz auf etwas abzielt, das „nicht von dieser Welt" sei: Es geht um eine Selbststilisierung der Kirche als exklusiv autorisierter Hüterin eines Traditionsgutes unbedingter Geltung – es geht um das, was gemeinhin als *Offenbarung* etikettiert wird.

2. Die Kundgabe eines göttlichen Anspruchs von außen – die Verzahnung von ekklesiologischem und offenbarungstheologischem Diskurs

In treffender Weise erschließt etwa Hansjürgen Verweyen Offenbarung als

„Kundgabe eines göttlichen Anspruchs als *von außen* an meine Vernunft herangetragen, nicht aus ihrer eigenen Intentionalität gezeugt oder produzierbar. Sie wird als Gabe eines Anderen verstanden, die diesen Charakter als Gabe unauslöschlich behält.“[1]

Damit mag die theologische Selbstverständlichkeit des mit Offenbarung zumindest in formaler Hinsicht Gemeinten getroffen sein. Jenseits tiefer gehender kritischer Anfragen, die diese Selbstverständlichkeit in gnoseologischer und auch inhaltlicher Bestimmtheit auf den Prüfstand konsistenter Denkbarkeit seitens des rezeptiven Vernunftsubjektes stellen, das dieser „Gabe“ ihre offenbarungsmäßige Normativität allererst zuschreiben muss, auf dass es dann wiederum als vernunfttranszendent gelten können soll, ist zunächst festzuhalten, dass bekanntlich die Offenbarungskonstitution des letzten Konzils die personale Qualität der Offenbarung als einer Selbsterschließung Gottes gegenüber dem bis dato vorherrschenden Verständnis einer informationstheoretischen Kundgabe betont hat. Gleichwohl ändert diese formale Umstellung an der grundsätzlichen Verhältnisbestimmung von Subjekt und Objekt der Offenbarung so gar nichts. So kommentiert etwa Helmut Hoping die einschlägigen Formulierungen aus *Dei Verbum* wie folgt:

„Anders als im 1. Vatikanischen Konzil wird die Offenbarung nicht mehr in einer abstrakten Weise als Mitteilung der ‚Dekrete des göttlichen Willens‘ verstanden. Vielmehr ist die Gesamtbeziehung zwischen dem sich offenbarenden Gott und den Menschen als eine Beziehung der Liebe und der Freundschaft gekennzeichnet.“[2]

---

[1] H. *Verweyen*, Gottes letztes Wort. Grundriss der Fundamentaltheologie, Regensburg [3]2000, 228.
[2] H. *Hoping*, Theologischer Kommentar zur Dogmatischen Konstitution über die göttliche Offenbarung Dei Verbum, in: P. Hünermann/B. J. Hilberath (Hrsg.), Herders Theologischer Kommentar zum Zweiten Vatikanischen Konzil, Bd. 3, Freiburg – Basel – Wien 2009, 740.

Der Modalitätsshift von der Autorität des sich offenbarenden Gottes zu einer latent lyrischen personalen Kommunikationsebene geschichtlicher Art ändert indes an dem Grundproblem eines *extra nos* der göttlichen Selbstkundgabe hinsichtlich einer wie auch immer befähigten Rezeptivität der menschlichen Vernunft in der Tat gar nichts. Saskia Wendel bringt diesen Sachverhalt auch unter Einbeziehung der inhaltlichen Qualität von „Offenbarung" treffsicher auf den Punkt: Die sich durchhaltende Distinktion zwischen Offenbarung und Vernunft

„folgt einem immer noch wirksamen subkutanen Rest-Extrinsezismus, denn das prinzipiell unendliche Ausgreifen der Vernunft wird dogmatisch abgebrochen, wenn ihr abgesprochen wird, über alle Gehalte des Glaubens autonom urteilen zu können, und wenn ihr […] Glaubensgehalte zwar als Reflexionsgegenstand, nicht aber als ein aus ihr selbst gegebener Gegenstand zugestanden werden."[3]

So laviert etwa auch Gerhard Ludwig Müller dementsprechend vage um den Kern des Problems herum:

„Der Glaube gründet in einer […] personalen Begegnung mit Gott in seinem Wort und Wirken. […] Die von uns her unzugängliche Unmittelbarkeit Gottes wird von ihm her zugänglich auf der Ebene der geschichtlichen Vermittlung. […] Was die Offenbarung nach Inhalt und Form ist, und welches die Bedingungen sind, unter denen sie angenommen und erkannt werden kann, ergibt sich erst aus einer Analyse der *Begegnung* mit ihr selbst im Kontext ihrer Überlieferungsstruktur."[4]

Als konkrete Begegnungsinstanz tritt nun just jene Größe auf, die sich um ihres übernatürlichen Selbstschutzes willen als verbürgt unanfechtbar verstehen muss: Die Kirche, von der Müller zu Protokoll gibt, hier sei der „Inhalt der Überlieferung […] identisch mit ihrem

---

[3] S. *Wendel*, Offenbarung – Deutungskategorie statt Glaubensgrund. Plädoyer für eine rationale Theologie, in: M. Dürnberger/A. Langenfeld/M. Lerch u. a. (Hrsg.), Stile der Theologie. Einheit und Vielfalt katholischer Systematik in der Gegenwart, Regensburg 2017, 249.

[4] G. L. *Müller*, Katholische Dogmatik. Für Studium und Praxis der Theologie, Freiburg – Basel – Wien 1995, 46.

Träger und ihrem Subjekt: [...] Gott spricht mich in Jesus Christus inmitten des Überlieferungsprozesses der Kirche unmittelbar an."[5] Zu Recht sieht hier Gregor Maria Hoff eine Kontinuität am Werk, der durch die modale Oberflächenkorrektur allein nicht beizukommen ist, denn nach wie vor ist der „Ort, an dem dieser Wille Gottes [...] auftritt, wo er sich also offenbart, [...] die Kirche. [...] Der ekklesiologische und der offenbarungstheologische Diskurs werden auf diese Weise verzahnt"[6] – und sind es bis in die Gegenwart. Dies hat mit entsprechenden theologischen Weichenstellungen zu tun, innerhalb derer sich die geforderte Unanfechtbarkeit übernatürlicher Gottesgewissheit und die Unanfechtbarkeit ekklesialer Gewissheitshabe gegenseitig bedingen und stützen.

3. Antimodernistische Altlasten – der katholische Deismus einer absoluten ekklesialen Ermächtigung

Diese neuralgische Schnittstelle von unbedingter Heilswahrheit, die bei aller kommunikationstheoretischen Modellierung als streng ungeschuldete Gottesgabe gilt, und exklusiver Bindung an eine auf das kirchliche Amt zugeschnittene Vermittlung stellt – so die These – einen wesentlichen Grund dafür dar, warum sich eine geradezu systemische Notwendigkeit des Vertuschens etablieren konnte oder gar systemimmanent ausbilden musste. Die etwa von Magnus Striet aufgeworfene Frage, ob nicht „theologische Denkfiguren im Raum der Kirche missbrauchsbegünstigend, weil systemstabilisierend gewirkt haben könnten"[7], fände hier ihre bestätigende Antwort. Ja: „Was um jeden Preis geschützt werden sollte, war das sakramentale Amt, über das aus historisch-politischen Gründen die Identitätskonstruktion des Katholischen betrieben wird."[8] Habitualisierte Theologie-

---

[5] Ebd., 47.

[6] G. M. Hoff, Offenbarungen Gottes? Eine theologische Problemgeschichte, Regensburg 2007, 180f.

[7] M. Striet, Sexueller Missbrauch im Raum der Katholischen Kirche. Versuch einer Ursachenforschung, in: Ders./R. Werden (Hrsg.), Unheilige Theologie! Analysen angesichts sexueller Gewalt gegen Minderjährige durch Priester (Katholizismus im Umbruch 9), Freiburg – Basel – Wien 2019, 18.

[8] Ebd., 23.

konstrukte haben eine Geschichte und tragen stets die Patina ihrer konflikthaften Genese an sich. Bei der diagnostizierten Offenbarungskonstellation ist eine kritische Rekonstruktion auf jene Epoche verwiesen, die sich der Moderne meinte verweigern zu müssen – das 19. Jahrhundert, das man als das „lange Jahrhundert" bezeichnen kann, da die entscheidenden Weichenstellungen bis in die kirchliche Gegenwart fortdauern.[9] Das Konfliktpotenzial, mit dem sich die obsiegende Römische Schule konfrontiert sah, forderte eine doppelte apologetische Stoßrichtung. Zum einen galt es, die Vernunftgemäßheit der Offenbarungsinhalte gegen jegliche Bestreitungen abzusichern. Zum anderen sollte ihre strikte Übervernünftigkeit betont werden, ohne dass dies dem zugrunde gelegten Paradigma höchster Gewissheit abträglich ist. Zuletzt musste die kirchliche Autorität als jene Garantieinstanz gelten, die sich nicht nur dem Gewissheitsideal kongenial begreifen lässt, sondern die übernatürliche Offenbarungswahrheiten in heilsrelevanter Hinsicht exklusiv verwaltete. In negativer wie in positiver Hinsicht sichtet Hoff den beschriebenen Sachverhalt wie folgt:

„Der hochkochende Antimodernismus verweigert sich der kopernikanischen Wende zum Subjekt; die Ansprüche der aufgeklärten Vernunft auf autonome Selbstbestimmung werden auf die Auslegungsautorität des kirchlichen Lehramts festgelegt."[10]

Und:

„Die kämpferische Attitüde erscheint als notwendiger Ausdruck einer kirchlichen Wissensform, die von der Offenbarung getragen ist und sie zugleich so verbürgt, dass über den katholischen Glauben hinaus Gott nicht wirklich, also heilsrelevant zur Sprache gebracht werden kann."[11]

Im 19. Jahrhundert etablierte sich mithin ein verzahntes Theologiesystem, in dem ein durchaus modernes Erkenntnismodell höchster Gewissheit mit einem Inhalt höchster Vernunftjenseitigkeit in der Vorstellung einer letztlich infalliblen Lehrinstanz koinzidierte. Es ist

---

[9] Vgl. *P. Neuner*, Der lange Schatten des I. Vatikanums. Wie das Konzil die Kirche noch heute blockiert, Freiburg – Basel – Wien 2019.
[10] *G. M. Hoff*, Offenbarungen Gottes? (s. Anm. 6), 179.
[11] Ebd., 181.

hier von einem „katholischen Deismus" zu sprechen, bei dem der Zugang zur Heilswahrheit ausschließlich über die ekklesiale Autorität erfolgt, die sich mit der Autorität Gottes de facto symbiotisiert – und damit gegen alle Kritiken immunisiert. So formuliert in systembildender Weise Giovanni Perrone:

> „Die lehrende und richtende Kirche ist [...] die [...] Glaubensregel für alle Gläubige: [...] ihre durch göttliche Autorität beglaubigte Lehre bildet den obersten Erkenntnis- und Beurteilungsgrund, das Höchste der von Gott geoffenbarten Wahrheit, vermöge dessen ein Jeder katholisch ist und bleibt."[12]

Die lehrende Kirche spricht sich selbst eine quasi-göttliche Autorität zu, die in herrscherlicher Attitüde über ein streng übernatürliches Heilsgut verfügt und ihre Pastoralmacht in exklusiver Weise zum Ausdruck bringen muss. Alternative theologische Modelle einer Vernunftautonomie sind damit auf die Plätze verwiesen und tauchen nur als Karikatur ihrer selbst auf. So insinuiert der biografisch schillernde, aber theologisch wirkmächtige Joseph Kleutgen:

> „Der denkende Geist soll von nun an den Inhalt des christlichen Bekenntnisses mit Freiheit prüfen, und dieser Prüfung zufolge entscheiden, inwieweit derselbe noch als Wahrheit anzuerkennen, oder inwieweit er, um der erleuchteten Wissenschaft zu entsprechen, umzuformen sei. Es leuchtet ein, dass jeder Christ mit dem Oberhaupte unserer Kirche diese Prüfung für ein verwegenes und gottloses Unterfangen erklären muss [...]. Denn eine Religion, die man für Gottes Werk hielte, verbessern, und eine Lehre, die man als das Wort Gottes verehrte, umformen wollen, wäre gar abgeschmackt. – Aber Gott hat der Menschheit nicht bloß die Wahrheit verkündigen lassen, sondern auch ein Lehramt eingesetzt, das dieselbe getreu bewahre und unfehlbar deute."[13]

Ekklesiale Selbstermächtigung hinsichtlich einer vernunftjenseitigen Gotteswahrheit und Abwehr vernunftgemäßer Beurteilung derselben gehen Hand in Hand. Argumente gegen einen ekklesiozentrischen Heilspartikularismus oder eine prinzipielle Infragestellung

---

[12] G. *Perrone*, Der Protestantismus und die Glaubensregel (Teil 1–3), Regensburg 1855/56, 19.

[13] J. *Kleutgen*, Die Theologie der Vorzeit, Bd. 3, Münster 1860, 883f.

der objektiven Offenbarungsveranstaltung zugunsten subjektbasierter Einsehbar- und Begründbarkeit können in diesem System nicht vorkommen.

Beide Anfragen wurden durchaus vorgebracht – wenn auch im Zuge zunehmender Unifizierung der Theologie, ungefährdet von jeglicher Zensur, nur von protestantischer Seite. So liest man etwa bei David Friedrich Strauß, dem gleichfalls eine innerkirchliche Wirkung verwehrt blieb:

> „Man setze also einen Augenblick, diese, als übernatürliche Veranstaltung, sei notwendig, [...] dergestalt, dass, wer nicht an sie glaubt, oder wem sie nicht zuteilwird, ewig verdammt ist. Dann müsste sie Gott, vermöge seiner Güte und Gerechtigkeit, allen Menschen [...] auf eine solche Weise anbieten lassen, dass sich jeder Einzelne [...] von ihrer Wahrheit überzeugen [...] könnte. Stattdessen, wie anders finden wir es in der Wirklichkeit!"[14]

Des Weiteren wendet sich Strauß gegen das offenbarungstheologische Modell übernatürlich-autoritativer Mitteilung als mit dem Selbstverständnis des Subjekts unvereinbar; er schreibt:

> „Nun lässt aber eine Offenbarung, d. h. eine unmittelbare Einwirkung des höchsten Wesens auf den menschlichen Geist, dem letzteren nichts als absolute Passivität übrig; denn das höchste Wesen ist absolut aktiv, das notwendige Korrelat aber [...] ist absolute Passivität. Mithin ist auch von dieser Seite der Begriff der Offenbarung ein unmöglicher."[15]

In dem Maße, in welchem der Maßstab subjektsbezogener Vernünftigkeit theologischerseits inkriminiert wurde, suchte – so Hoff – die römische Theologie in

> „der Auseinandersetzung mit den erkenntnistheoretischen Ansprüchen der Moderne [...] nach einem Ausweg, der eine entscheidende Voraussetzung übernahm: einen Erkenntnisbegriff, der unter der Hand das Konzept Glauben bestimmte. Im Paradig-

---

[14] D. F. *Strauß*, Die christliche Glaubenslehre in ihrer geschichtlichen Entwicklung und im Kampfe mit der modernen Wissenschaft, Bd. 1, Tübingen – Stuttgart 1841, 268f.
[15] Ebd., 276f.

ma erkenntnistheoretischer Sicherheit hatte das Folgen für das
Offenbarungsverständnis. Offenbarung bietet instruktionstheo-
retisch Informationen über Gott an, also ein unbezweifelbares
Glaubenswissen."[16]

Dies gilt es im Sinne dieser zirkulär verfahrenden Autoritätstheo-
logie ekklesialer Gottesermächtigung unbedingt zu wahren, mochte
dies auch zu Lasten einer konsistenten Denkbarkeit formaler wie inhaltlicher Art gehen, die übernatürlich kleingehalten wird.

4. Die heteronome Paralyse der Vernunft – exklusive Universalisierung lehramtlicher Macht

Dieses unbezweifelbare Glaubenswissen galt es in jenem langen
19. Jahrhundert in der Tat den Ansprüchen der natürlichen Vernunft gegenüber übernatürlich zu immunisieren. In akzeleriertem
Takt folgte unter Gregor XVI. und Pius IX. eine päpstliche Verurtei-
lung auf die nächste, die sich gegen den sogenannten Indifferentis-
mus und Rationalismus wandten, die je auf ihre Weise das kritische
Wächteramt der Vernunft seitens der theologischen Wissenschaft
gewahrt wissen wollten. Den Auftakt bildet *Mirari vos* von 1832:

„[...] aus dieser höchst abscheulichen Quelle des Indifferentis-
mus fließt jene widersinnige und irrige Auffassung [...], einem
jeden müsse die Freiheit des Gewissens zugesprochen und sicher-
gestellt werden [...], wobei manche noch mit größter Unverschämtheit behaupten, es fließe aus ihr ein Vorteil für die Religion. [...] Sie mögen sich daran erinnern, [...] dass es unmöglich
ist, Gott ohne Gott kennenzulernen, der die Menschen durch das
Wort [sc. Christus] lehrt, Gott zu wissen."[17]

Verworfen wird 1835 in *Dum acerbissimas* – bekanntlich posthum
gegen Georg Hermes gerichtet – die Ansicht, dass „die Vernunft die
Hauptnorm und das einzige Mittel sei, mit dessen Hilfe der Mensch

---

[16] G. M. *Hoff*, Offenbarungen Gottes? (s. Anm. 6), 105.

[17] H. *Denzinger*, Kompendium der Glaubensbekenntnisse und kirchlichen Lehr-
entscheidungen, übersetzt und hrsg. v. P. Hünermann, Freiburg i. Br. [42]2009,
2730–2372.

die Erkenntnis der übernatürlichen Wahrheiten erkennen könne […].“[18] Der Bereich der übernatürlichen Offenbarung muss – so erneut Hoff – „keimfrei zugänglich sein, weil sie in der historischen Vermittlung Irrtümer transportieren könnte, die den Wahrheitsgehalt beeinträchtigen würden.“[19] Gegen auch nur einen Anschein des Geschichtlich-Kontingenten der *Credenda* wird die Fiktion eines unwandelbar-gewissen *Credendum* forciert, was nicht an die Instanz der geschichtlichen Prozesse philosophischer Erkenntnis gewiesen sein darf. So formuliert *Eximiam tuam* von 1857:

„Und auch jenes ist aufs Schärfste zu missbilligen und zu verurteilen, dass […] der menschlichen Vernunft und der Philosophie, die in Dingen der Religion nicht herrschen dürfen, […] leichtfertig das Recht des Lehramtes zuerkannt und alles durcheinandergebracht wird, was ganz fest bleiben muss […] in Bezug auf die […] Unwandelbarkeit des Glaubens […], während die Philosophie […] weder sich immer gleichbleiben noch von […] Irrtümern frei […] [ist].“[20]

Bereits 1846 hatte *Qui pluribus* der lehrenden Kirche die alleinige Kompetenz hierzu zugewiesen:

„Und hieraus wird ganz deutlich, in welch großem Irrtum sich auch jene befinden, […] während doch Gott selbst eine lebende Autorität einsetzte, die den wahren […] Sinn seiner himmlischen Offenbarung lehren, festlegen und alle Streitfragen […] mit unfehlbarem Urteil entscheiden sollte […].“[21]

Einen gewissen Abschluss findet diese begründungslogische Systematik in *Gravissimas inter* von 1862; hier wird die Ansicht verworfen, wonach

„die Vernunft sogar in den verborgensten Geheimnissen der göttlichen Weisheit […], ja auch noch in den Geheimnissen seines freien Willens – sofern nur der Gegenstand der Offenbarung ge-

---

[18] Ebd., 2738.
[19] G. M. *Hoff*, Offenbarungen Gottes? (s. Anm. 6), 105.
[20] H. *Denzinger*, Kompendium (s. Anm. 17), 2829.
[21] Ebd., 2781.

geben ist – aus sich selbst, nicht mehr auf Grundlage der göttlichen Autorität [...] gelangen kann."[22]

Dass hier zirkulär argumentiert wird, liegt auf der Hand: Zuerst wird die Vernunftenthobenheit der Offenbarungswahrheiten mit ihrem absoluten Gewissheitsanspruch formuliert; diese kann sodann nicht Gegenstand der kritischen Vernunft sein und muss sich schließlich einer ebenso absoluten Autoritätsinstanz verdanken, die sich als immun gegenüber einem jeglichen Vernunfteinspruch verstehen muss. Folgerichtig dekretiert *Gravissimas inter*: Der „Philosophie wird es niemals erlaubt sein, [...] etwas zu sagen, was dem entgegengesetzt ist, was die göttliche Offenbarung und die Kirche lehren [...]."[23] Die Symbiose zwischen offenbarendem Gott und ekklesialer Potestas lässt dann auch nicht auf sich warten:

> „Deshalb hat die Kirche aufgrund der ihr vom göttlichen Urheber übertragenen Vollmacht [...] das Recht, [...] sämtliche [...] zu verurteilen, wenn es so die Unversehrtheit des Glaubens und das Heil der Seelen erfordern, und jedem Philosophen, der ein Sohn der Kirche sein will, [...] obliegt die Pflicht, niemals etwas gegen das zu sagen, was die Kirche lehrt [...]."[24]

Um dem universalen Vollmachtsanspruch des kirchlichen Lehramtes umfassend zu entsprechen, ist es nur konsequent, dass dieses – so Kleutgen als maßgeblicher Verfasser von *Tuas libenter* von 1863 – „von Gott eingesetzt wurde, um die Unversehrtheit der ganzen geoffenbarten Wahrheit zu bewahren."[25] Mit Auswirkungen bis in die Gegenwart wird eingefordert, diese Unversehrtheitshüte „auf das auszudehnen, was durch das ordentliche Lehramt der [...] Kirche als von Gott geoffenbart gelehrt und [...] als zum Glauben gehörend festgehalten wird."[26] Neben diese formal erweiterte Universalität lehramtlicher Kompetenz – der Erfindung des „ordentlichen Lehramtes" – tritt schließlich die immer schon mitbehauptete Kritikim-

---

[22] Ebd., 2852.
[23] Ebd., 2859.
[24] Ebd., 2861.
[25] Ebd., 2875.
[26] Ebd., 2879.

munisierung inhaltlicher Art. 1870 trumpft *Dei Filius* bekanntlich mit folgender offenbarungstheologischer Positionierung auf:

„Da der Mensch ganz von Gott [...] abhängt und die geschaffene Vernunft der ungeschaffenen Wahrheit völlig unterworfen ist, sind wir gehalten, dem offenbarenden Gott im Glauben vollen Gehorsam des Verstandes und des Willens zu leisten."[27]

Dieser ist deshalb einzufordern, weil das von Gott „Geoffenbarte wahr ist, nicht [etwa] wegen der vom natürlichen Licht der Vernunft durchschauten inneren Wahrheit der Dinge, sondern wegen der Autorität des offenbarenden Gottes selbst"[28], die sich in authentischer Weise exklusiv in der lehrenden Kirche vollzieht. In gleichlautender Weise wird man im Schlagschatten dieser Universalisierung lehramtlicher Macht wie folgt in Kenntnis gesetzt:

„Der in jeder Hinsicht unfehlbare Gott selbst hat sich herabgelassen, [...] die Kirche [...] mit einer gewissermaßen anteiligen Unfehlbarkeit zu beschenken, [...] die [...] stets von der [...] Salbung durch die Gnade des Heiligen Geistes abhängt, [...] aufgrund der Verkündigung derer, die mit der Nachfolge im Bischofsamt die sichere Gnadengabe der Wahrheit empfangen haben."[29]

Diese Zeilen entstammen *Mysterium Ecclesiae* von 1973 (!), womit die Annahme eines wahrhaft langen 19. Jahrhunderts alles andere als aus der Luft gegriffen ist.

5. Ein Paradigmenwechsel grundsätzlicher Art – die Umjustierung von einer autoritativen Begründungs- zu einer begründungsfähigen Deutungslogik

Das poetische Kolorit der Passage aus *Mysterium Ecclesiae* nimmt dem sich durchhaltenden Selbstverständnis des kirchlichen Lehramtes als einer göttlich bevollmächtigten Hüte- und Zuteilungsinstanz von Heilswahrheiten nichts an ihrer habitualisierten Prägekraft, die – so erneut die These – in geradezu folgerichtiger Weise um der Aufrechterhaltung ihres Selbstverständnisses willen jeden

---

27 Ebd., 3008.
28 Ebd.
29 Ebd., 4531.

Imagemakel von ihr fernhalten muss. Die oben erwähnte personali-
sierte Umstellung des Offenbarungsgeschehens dürfte womöglich
noch verstärkend gewirkt haben, gilt es nun doch, die bisherige Un-
einsichtigkeit der Gehalte, die sich allein der göttlichen Autorität
verdanken, in den Prozess kommunikativer Begegnung zu transfor-
mieren, der nicht weniger exklusiv, dafür aber noch weniger kon-
trollierbar ist – und damit die Selbststilisierung auratischer Art
amtstheologisch noch verstärkt haben dürfte.

Bereits 1957 schlug Albert Lang in seiner standardmäßigen Fundamentaltheologie Töne an, die von jener Umstellung zeugten, die
in zwar eher gefälligerer Sprache den jedoch identischen Sachverhalt
formulieren:

> „Wesentlich und notwendig mit der übernatürlichen Offen-
> barung gegeben ist eine ganz neue Wechselbeziehung, ein ganz
> neues Verhältnis zwischen Gott und dem Menschen [...], die ein-
> zigartige Huld einer unmittelbaren Ich-Du-Begegnung mit Gott.
> [...] Doch darf die Offenbarung nicht in einen reinen Personalis-
> mus aufgelöst werden; sie hat notwendig religiöse Wahrheiten
> zum Inhalt. [...] Durch die Offenbarung wird die Erkenntnis
> des Menschen gewaltig bereichert; er bekommt Anteil an dem
> Wissen und der Wahrheit Gottes."[30]

Was indes dieses Wissen und diese Wahrheit Gottes genauerhin be-
deute, wie sie gar erkannt und in ihrer geschichtlich-kontingenten
Gegebenheitsweise plausibilisiert werden könnte, sucht man ver-
gebens. Vielmehr wird erneut auf ihre kognitive Superiorität und
Infallibilität abgehoben und sie als eine Kenntnis göttlich-transzen-
denter Provenienz und Qualität behauptet: Durch ihren Offen-
barungsursprung wird die „Wahrheit [...] auf eine übernatürliche
Ebene gehoben und an die Stelle der Unsicherheit [...] wird die absolute Gewissheit [...] gesetzt. Gewissheit ist aber in allen wichtigen Le-
bensfragen das größte Geschenk"[31] – ein Geschenk indes, das sich in
exklusiver Weise der Pastoralmacht der Kirche verdankt:

> „Sein [sc. Christi] Wort erhält durch die Organe, die er bestellt
> hat und die er mit seiner [!] Autorität und mit seiner [!] Garantie

---

[30] A. *Lang*, Fundamentaltheologie, Bd. 1, München 1957, 41.
[31] Ebd., 41f.

ausgerüstet hat, fortdauernde Gegenwart [...]. [D]ie Mitteilungen, deren uns Gott würdigt, [...] fordern gläubige Hinnahme. Das liegt in der einzigartigen Autorität Gottes [...] begründet."[32] In systemisch-verwandter Weise liest man dementsprechend bei Müller in seinem Standardwerk zur Dogmatik:

„Schenke ich dieser [...] ununterbrochen und ungeschmälert in der Kirche bis heute verkündeten Botschaft Glauben, so darf ich auch annehmen, dass die Überlieferung [...] mich nicht in einer subjektiven Erinnerung [...] belässt. Der Inhalt der Überlieferung ist vielmehr identisch (!) mit ihrem Träger und ihrem Subjekt: [...] Gott selbst spricht mich in Jesus Christus inmitten des Überlieferungsprozesses der Kirche unmittelbar an."[33]

Das Motiv subjektenthobener Objektivität feiert fröhliche Urstände, die prozesshafte Tradierung wird zwar zugestanden, doch wird ihr mittels einer behaupteten Unmittelbarkeit nach wie vor just jene Spitze abgebrochen, gegen die das lange 19. Jahrhundert zu Felde zog. Erneut mit Hoff: „Die Geschichtlichkeit der Vernunft wird durch die Einsicht in eine immerwährende Wahrheit kontrastiert"[34], weswegen der „katholische Kampf [...] auf einem geschichtstheologischen Missverständnis [beruhe]"[35], der unter der „Last einer *unzweifelhaften* Erkenntnis Gottes und seiner Offenbarungswahrheiten zu einer [...] ekklesiozentrischen Verschärfung [führt]"[36] – bis heute.

Theologische Systembildungen sind geworden, sie sind Reflex auf Herausforderungen ihrer jeweiligen Zeit; die Weichenstellungen des 19. Jahrhunderts prägen das ekklesiale und zuvorderst das amtstheologische Selbstverständnis nachhaltig. Problemüberhänge eines nur oberflächlich modifizierten Offenbarungspositivismus *auctoritate divina* begünstigten und begünstigen eine Selbststilisierung der Kirche als bevollmächtigte Heilsinstanz, die um dieses Selbstbildes willen zu systemischem Vertuschen geradezu prädestiniert war, ist und sein könnte, wenn nicht eine offenbarungstheologische Umjustie-

---

[32] Ebd., 43.
[33] G. L. *Müller*, Katholische Dogmatik (s. Anm. 4), 47.
[34] G. M. *Hoff*, Offenbarungen Gottes? (s. Anm. 6), 179.
[35] Ebd., 105.
[36] Ebd., 188.

rung grundsätzlicher Art erfolgt: Der sich begründungslogisch sub-
kutan auswirkende Rest-Extrinsezismus ist zu verabschieden – und
in eins damit ein kirchliches Selbstbild, das sich eine Autorität zu-
misst, die als unanfechtbar gelten soll und in gewisser Hinsicht gelten muss. Gleichwohl bleibt eine hier anzumahnende

> „Fähigkeit zur historischen Kritik und zur Selbstrelativierung [...]
> immer der Gegenversuchung ausgesetzt, von einem archime-
> dischen Punkt der eigenen Glaubenslogik ausgehend die gesamte
> Wirklichkeit zu deuten und sich zur Verfügung zu stellen."[37]

Diese übergriffige Ermächtigung benennt jenes Problem, das sich in
dem hier rekonstruierten Offenbarungsverständnis meldet:

> „das Problem von Macht und Ohnmacht. Es wird in die Auto-
> ritätsfrage der Offenbarungstheologie überführt [...]. Angesichts
> der realen Ohnmacht der eigenen Position wird ihre wirkliche
> Macht [...] ausgelagert und zugleich für die Gegenwart in der
> Unbefragbarkeit [...] bewahrt. In den geschichtlichen Erosions-
> prozessen von Glaubensüberzeugungen [...] zieht man sich auf
> einen Ort in der Geschichte zurück, der das Ewige in [...] unan-
> fechtbarer Ordnung verbürgt."[38]

Eine Umjustierung umfassender Art wäre also das Gebot der Stunde, die um die reale „Ohnmacht" der Vernunft angesichts des Absoluten weiß und diese nicht als göttlich verbürgte „Macht" im Sinne
eines Etikettenschwindels behauptet. Mit Wendel halte ich fest, dass

> „keineswegs der Offenbarungsbegriff gänzlich entsorgt werden
> [soll], sondern es soll ihm innerhalb einer rationalen Theologie
> eine andere Funktion und Bedeutung gegeben werden. Offen-
> barung wird nicht länger als Begründnungsinstanz für die ‚Be-
> standsicherung' von Glaubensüberzeugungen gebraucht [...]."[39]

Vielmehr – auch hier schließe ich mich Wendel an – wäre Offenbarung

---

[37] Ebd., 108 (im Original kursiv).
[38] Ebd., 103f.
[39] S. *Wendel*, Offenbarung (s. Anm. 3), 255.

„eine durch die Vernunft im Vollzug ihrer Deutungspraxen selbst
bereitgestellte Bezeichnung für sich selbst und ihr Vermögen
[...]. Im Zuge dieser Deutung kann sie [...] ihre Gehalte aus
sich selbst heraus, ohne zusätzliche göttliche Intervention und
Motivation, und sei diese noch so ‚intrinsezistisch' abgeschwächt
formuliert, zu entwickeln, zu rechtfertigen, zu denken und zu er-
handeln. Offenbarung ist also Teil jenes ‚als ob' glaubender Sinn-
und Lebensdeutung, dessen Basis das Postulat der Existenz Gottes ist, und darin ist sie unverzichtbar. Als Begründungsinstanz
jedoch ist auf sie durchaus zu verzichten"[40]

– zumal wenn sie den Gehalt des offenbaren Gottes in ein systemisches Handeln überführt, das Gott zuwider ist.

Als Deutungskategorie wäre Offenbarung sehenden Auges zu begreifen als eine menschlich generierte Zuschreibung einer Normativität, die sich nicht als objektiv ekklesial-lehramtlicher Besitz einer
selbstimmunisierend-zirkulären und rein formal behauptenden Pastoralmacht verstünde. Ihre Normativität würde vielmehr gründen
auf ihrer inhaltlich einzusehenden und argumentativ zu explizieren-
den intersubjektiv-ekklesialen Zuschreibung, die sich ihrer menschlichen Genese nicht nur bewusst ist, sondern diese auf der Haben-
Seite für die inhaltliche Bestimmung des erhofften Gottes namhaft
machten könnte: Die Kundgabe eines frei-geschichtsbezogenen Gottes könnte sich nur mittels einer frei-geschichtlichen Genese dieser
postulierten Gottesbeanspruchung vollziehen. Die *ecclesia docens*
hätte sich in diesem Sinne zuvorderst als *ecclesia discens* zu begreifen – allein dies kennzeichnete sie schon bekanntlich für John Henry
Newman als *ecclesia docta*. Angesichts der alles andere als ausgestan-
denen und auch als theologische (!) Herausforderung übernomme-
nen Metastasen missbräuchlicher Pastoralmacht hätte ein grundlegend kritisches Lernen in Sachen „Offenbarung" in systemischer
Hinsicht unbedingte Priorität.

---

[40] Ebd., 259.

Mächtiges Recht – rechte Macht?

Das Kirchenrecht zwischen Missbrauch und Kontrolle kirchlicher Macht

Judith Hahn

Der Zusammenhang zwischen Recht und Macht – inklusive destruktiver Formen missbräuchlicher Macht – liegt weitgehend auf der Hand. In Bezug auf die römisch-katholische Kirche kann man Beziehungen zwischen Recht, Macht, Ohnmacht und Missbrauch in allerhand Schlagzeilen des vergangenen Jahres entdecken. Es benannte zum Beispiel der Missbrauchsbeauftragte der Deutschen Bischofskonferenz die zu große Macht von Priestern als eine systemische Ursache von Missbrauch und regte an, dem durch eine Reform des Kirchenrechts entgegenzusteuern.[1] Es verteidigte der Untersekretär des Päpstlichen Rates für die Gesetzestexte das geltende Kirchenrecht als sinnvolles und hilfreiches Instrument gegen den Missbrauch: Nicht das Recht selbst sei das Problem, sondern dass viele Bischöfe es nicht anwendeten.[2] Und der Kanonist Adrian Loretan wies darauf hin, dass die Aufarbeitung von sexualisierter Gewalt und Machtmissbrauch in der Kirche nicht glücken werde, ohne dass sich die Kirche erneut und verstärkt mit ihrem Verhältnis zu den Grund- und Menschenrechten und nicht zuletzt den Kinderrechten auseinandersetze.[3]

---

[1] Vgl. KNA-Meldung, Bischof Ackermann kritisiert „Machtmissbrauch" in der Kirche, 20.02.2019. Online verfügbar unter www.vaticannews.va/de/kirche/news/2019-02/bischof-ackermann-machtmissbrauch-kirche-vatiab.html (zuletzt abgerufen am 29.05.2020).

[2] Vgl. *S. von Kempis*, Interview mit Markus Graulich: Kinderschutzgipfel: „Auch über Kirchenrecht reden", 20.02.2019. Online verfügbar unter www.vaticannews.va/de/vatikan/news/2019-02/vatiab-kinderschutzgipfel-kirchenrecht-markus-graulich-interview.html (zuletzt abgerufen am 29.05.2020).

[3] Vgl. *A. Loretan*, Einklagbare Grundrechte, in: Herder Korrespondenz 73 (2019) Nr. 2, 28–31.

Diese drei und viele ähnliche Meldungen bedürfen vorliegend keiner näheren Kommentierung; sie dienen als Ausweis, dass Macht und Recht auch in der Kirche miteinander gekoppelt sind. Hinter diesen Amalgamen von Macht und Recht zeichnet sich freilich mit Blick auf eine wissenschaftliche Bewertung des systemischen Problems die Frage ab, was diesen Zusammenhang bedingt und Macht und Recht so offensichtlich verzahnt, dass sie – auch in der Kirche – nicht ohneeinander auskommen. Ihre Verknüpfung lässt sich kaum vollständig aufdecken. Möglich ist aber, eine Systematik zu entwickeln, mit der man das Zueinander von Macht und Recht begreifen kann. Vor diesem Hintergrund lassen sich strukturelle Perspektiven aufzeigen, die das Verhältnis von Kirche, Recht und Macht geordnet zu erfassen helfen. Dies trägt dem Anliegen des vorliegenden Bandes Rechnung, weniger auf Einzelphänomene von Ohnmacht, Macht und Missbrauch zu schauen als vielmehr zu analysieren, welche Strukturen der Macht, der Ohnmacht und dem Missbrauch in der Kirche zugrunde liegen. Das Verhältnis des Rechts zur Macht und die Erzeugung von Macht aus Recht sind solche systemischen Faktoren, die bei bestimmten Schieflagen einen Nährboden bilden, der missbräuchliche Strukturen zugleich fördern und verdecken kann.

Die vorliegenden Überlegungen zur Macht des Kirchenrechts und zur Frage rechter Macht in der Kirche folgen drei grundlegenden Schritten. In einem ersten Schritt ist generell über den Zusammenhang von Macht und Recht zu sprechen: Was ist Macht, was ist Recht und wie kommt es, dass Recht mit Macht in einer so innigen Verbindung steht (1.)? Ein zweiter Schritt fokussiert die Verbindung von Macht und Recht in Bezug auf das Recht *der Kirche*. Zwei Perspektiven helfen, um dieses Feld systematisch zu bearbeiten, nämlich zum einen den Blick auf die *Macht des Kirchenrechts* zu richten, zum anderen das *kirchliche Recht der Macht* näher zu betrachten. Die Rede von der *Macht des Rechts* und im Konkreten des Kirchenrechts deutet auf die soziale Bedeutung des Rechts als Machtphänomen der besonderen Art (2.). Recht ist außerordentlich einflussreich – in der Gesellschaft, in Sozialbeziehungen, in der Kirche. Der Verweis auf das kirchliche *Recht der Macht* hebt hingegen hervor, dass Recht Machtverhältnisse erzeugt, insoweit es Machtzuweisung betreibt (3.). Alle Rechtsordnungen kennen diese beiden Dynamiken, die Rechtsmacht und das Machtrecht.[4] Das Kirchenrecht bildet insoweit keinen Sonderfall.[5] Dass dessen Macht und sein Umgang mit Macht jedoch aktuell so augenfällig in der Kritik stehen, verweist auf machttheoretische Problemlagen (4.). Der Beitrag schließt mit zwei Bemerkungen, was es im Licht dieser Analyse beim theologischen Nachdenken über Recht, Macht und Missbrauch zu berücksichtigen gilt (5.).

1. Macht, Recht und ihr Zusammenhang

Über Macht und Recht und ihren Zusammenhang im Generellen zu sprechen, setzt drei Klärungen voraus. Es bedarf der Festlegung, was Macht meint, der Überlegung, was Recht ist, schließlich der Erläuterung, wie eine Verbindung von Macht und Recht zustande kommt. Diesen Zusammenhang zu verstehen, wird dadurch erschwert, dass Macht ein hochumstrittener Begriff ist, wie die sozialwissenschaftlichen Diskurse zeigen.[6] Der Soziologe Steven Lukes spricht von einem „essentially contested concept".[7] Diese Vorstellung, es gebe „wesensmäßig umkämpfte Begriffe", stammt vom Philosophen und Politikwissenschaftler Walter Bryce Gallie, der damit anzeigte, es existierten Begriffe, über die Menschen sich aufgrund der Natur des Begriffs nie einig würden. Macht ist so ein Phänomen. Wer dem Machtverständnis in den diversen sozial- und humanwissenschaftlichen Ansätzen nachgeht, kann entdecken, dass die Vorstellungen davon, was Macht ist, stark voneinander abweichen. Von Max Webers

---

[4] Zur Bedeutung beider Perspektiven für das staatliche Recht vgl. u. a. *G. Zenkert*, Die Macht des Rechts – das Recht der Macht, in: V. Gerhardt/R. Mehring/H. Ottmann u. a. (Hrsg.), Politisches Denken. Jahrbuch 2011, Berlin 2011, 11–24.

[5] Dass der Zusammenhang von Kirchenrecht und Macht freilich nur selten thematisiert und auch von Kanonistinnen und Kanonisten häufig übersehen wird, hielt der Verfasserin einmal – völlig berechtigt – der Pastoraltheologe Rainer Bucher vor: vgl. *R. Bucher*, Noch ziemlich rücksichtsvoll, in: Lebendige Seelsorge 69 (2018) Nr. 3: Pastoral und Kirchenrecht, 168f. Der vorliegende Beitrag ist daher auch ein Versuch, diesen blinden Fleck der Macht im Kirchenrecht zur Sprache zu bringen.

[6] So u. a. *N. Luhmann*, Macht, Stuttgart 1975, 1f.

[7] Vgl. *S. Lukes*, Power. A Radical View, Basingstoke [2]2005, 110–124, unter Bezugnahme auf *W. B. Gallie*, Essentially Contested Concepts, in: Proceedings of the Aristotelian Society 56 (1956) 167–198.

Definition „Macht bedeutet jede Chance, innerhalb einer sozialen Beziehung den eigenen Willen auch gegen Widerstreben durchzusetzen, gleichviel, worauf diese Chance beruht"[8], bis hin zu Hannah Arendts positivem Blick auf die Macht als Möglichkeit freier Individuen, sich zusammenzuschließen, um politisch zu wirken,[9] ist im Spektrum der Definitionen von Macht vieles denkbar und gedacht worden.

Über Macht zu reden, erfordert daher eine Entscheidung. Man muss sich auf einen bestimmten Machtbegriff einlassen. Der vorliegende Beitrag stützt sich auf ein Verständnis von Macht, wie es der Soziologe Niklas Luhmann entfaltete. Diese Wahl ist begründet, bietet sich Luhmanns Machtverständnis doch für Überlegungen über den Zusammenhang von Macht und Recht in besonderer Weise an, insoweit er nicht nur einen aufeinander bezogenen Macht- und Rechtsbegriff nutzte, sondern überdies eine belastbare Verknüpfung zwischen beiden herstellte. Luhmann definierte, „daß Macht eine Chance ist, die Wahrscheinlichkeit des Zustandekommens unwahrscheinlicher Selektionszusammenhänge zu steigern."[10] Die Formulierung spielt erkennbar auf Max Webers Zugang zur Macht an, der Macht ja auch als Chance bestimmte, nämlich als die Chance, dem eigenen Willen trotz Widerstand zur Umsetzung zu verhelfen. Anders als Weber hält sich Luhmann aber nicht mit dem gegen die Machtausübung gerichteten Widerstreben der Machtunterworfenen auf, sondern blickt auf die Selektionsleistung der Macht. Aus den für eine Handlung zur Verfügung stehenden Möglichkeiten die zu verfolgen, die nicht naheliege, zeuge von Macht.[11] Es sei einfach und naheliegend, die Optionen zu verwirklichen, die sich ohnehin aufdrängen. Die Chancen anzustreben und umzusetzen, die schwieriger zu verwirklichen seien, gegen deren Umsetzung sich möglicherweise sogar Widerstand formiere, sei ungleich schwieriger. Wer hier erfolgreich sei, meint Luhmann, erweise sich als mächtig.

Die Verwirklichung dieser Optionen, so führt er weiter aus, werde nicht selten von den Machtunterworfenen mitgetragen, insoweit

---

[8] M. Weber, Wirtschaft und Gesellschaft. Grundriß der verstehenden Soziologie, besorgt v. J. Winckelmann, Tübingen [5]1972, 27.
[9] Vgl. H. Arendt, Macht und Gewalt, München 1970.
[10] N. Luhmann, Macht (s. Anm. 6), 12.
[11] Vgl. ebd., 22f.

auch die von der Macht Adressierten Selektionsleistungen erbräch-
ten, indem sie unerwünschte Möglichkeiten auszuschließen such-
ten – wie beispielsweise bei mangelnder Kooperation drohende
Sanktionen zu vermeiden trachteten. Luhmann notiert: „Das Vermeiden von (möglichen und möglich bleibenden) Sanktionen ist
für die Funktion von Macht unabdingbar."[12] Machtausübung bedeutet deshalb nicht oder nur in seltenen Fällen tatsächlich eine Sanktionierung anderer. Wohl aber ist die Macht auf die *Möglichkeit* der
Sanktion verwiesen. Sie arbeitet selten mit der Sanktion selbst, wohl
aber mit der *Inaussichtstellung* von Sanktionen, auch wenn diese in
der Regel nicht zum Einsatz kommen. Die Drohung reicht aus. Sie
muss zumeist auch gar nicht ausgesprochen werden. Über diese dis-
krete Leistung der Macht, fast geräuschlos sogar unwahrscheinliche
Möglichkeiten wahr werden zu lassen, führt Luhmann aus: Macht
„stellt mögliche Wirkungsketten sicher unabhängig vom Willen des
machtunterworfenen Handelnden – ob er will oder nicht."[13] Diese
Unabhängigkeit der Machtausübung vom Willen der Machtunterworfenen hat bei Luhmann eine geringere Gewaltneigung als beispielsweise bei Weber. Luhmann betont: „Die Kausalität der Macht
besteht in der Neutralisierung des Willens, nicht unbedingt in der
Brechung des Willens des Unterworfenen. Sie betrifft diesen auch
und gerade dann, wenn er gleichsinnig handeln wollte und dann erfährt: er muß ohnehin."[14]

Auch zum *Recht* trägt Luhmanns Theorie Erhellendes bei. Unter
Recht versteht Luhmann eine „Struktur [...], die auf kongruenter
Generalisierung   normativer   Verhaltenserwartungen   beruht"[15].
Während viele Definitionen bei der Verhaltens*steuerung* durch
Recht ansetzen, gewichtet Luhmann die Steuerungsfunktion von
Recht und das letztendliche Verhalten von Individuen als nachran-
gig. Er meint über das Recht: „Seine primäre Funktion liegt nicht
in der Bewirkung bestimmten Verhaltens, sondern in der Stärkung
bestimmter Erwartungen"[16]. Recht sei eine Normativität, bei der
„erwartet werden kann, daß normatives Erwarten normativ erwar-

---

[12] Ebd., 23.
[13] Ebd., 11.
[14] Ebd., 11f.
[15] *N. Luhmann*, Rechtssoziologie, Wiesbaden [4]2008, 105.
[16] *N. Luhmann*, Positivität des Rechts als Voraussetzung einer modernen Gesell-

tet wird"[17]. Unter Recht versteht er folglich Erwartungen an andere und Erwartungen der Erwartenden an sich selbst, von denen diese nicht nur selbstverständlich davon ausgehen, dass andere sie haben, sondern von diesen anderen auch erwarten, dass sie sie haben. Diese Erwartungsstruktur ist gleichwohl unzureichend, um Recht eindeutig zu identifizieren, denn sie trifft auf alle Normen zu. Alle Normen – auch die aus Moral, Religion, Kunst, Politik, Etikette, Gewohnheit oder Brauchtum – lassen sich als Erwartungen reformulieren. Von diesen anderen Normen, so Luhmann, hebe sich Recht als die Kommunikationen ab, die sich über die Codierung *Recht/Unrecht* identifizieren lassen. Wann immer normative Erwartungen mit dem Code recht/unrecht agierten, sei es naheliegend, sie dem Rechtssystem zuzuordnen.[18]

Binäre Codes nutzt Luhmann auch, um den *Zusammenhang von Macht und Recht* herauszuarbeiten. Macht sei primär codiert als Macht/Ohnmacht, nutze aber ebenso eine Zweitcodierung. Diese erfolge „in unserer Tradition durch den binären Schematismus von Recht und Unrecht"[19]. Luhmann spricht auch von einer „Doppelnatur des Macht-Codes, bestehend aus Stärke/Schwäche und Recht/Unrecht"[20]. Hierdurch macht er kenntlich, dass er bei Macht in modernen westlichen Gesellschaften hinter der Machtausübung durch direkte Einwirkung auf andere eine systemisch verfestigte zweite Ebene am Werk sieht: die Ausübung von Macht *durch Recht*. Luhmann bemerkt: „Das Alltagsleben einer Gesellschaft ist in sehr viel stärkerem Maße durch Rekurs auf normalisierte Macht, namentlich auf Rechtsmacht, bestimmt, als durch brutalen und eigensüchtigen Machtgebrauch."[21] Als die „normale", also die übliche und anerkannte Form, in der Menschen alltäglich der Macht begegneten, sei

schaft, in: Jahrbuch für Rechtssoziologie und Rechtstheorie 1 (1970) 175–202, hier: 179f.

[17] *N. Luhmann*, Das Recht der Gesellschaft, Frankfurt a. M. 1993, 144.

[18] Zur Kritik an der Eindeutigkeitsbehauptung dieser Codierung s. Christoph Möllers' Einwand, soziale Normen seien unvermeidlich hybride und ließen sich daher trotz ihrer Codierung nicht oder nicht immer eindeutig einem bestimmten System zuordnen: vgl. *C. Möllers*, Die Möglichkeit der Normen. Über eine Praxis jenseits von Moralität und Kausalität, Berlin 2015, 440–443.

[19] *N. Luhmann*, Macht (s. Anm. 6), 34.

[20] Ebd., 65.

[21] Ebd., 17.

die Rechtsmacht eine Kraft, die das gesellschaftliche Miteinander in starkem Maße steuere.[22] Diese Rechtsmacht stelle einen hohen „Technisierungsgrad der Macht"[23] dar, so Luhmann. Recht nämlich biete der Macht die Möglichkeit „ihre[r] relativ kontextfreien Verwendbarkeit."[24] Luhmann skizziert Recht in diesem Sinne als ein beliehenes Machtgefälle, insoweit es Machtverhältnisse herstelle, die sich aus der direkten Konfrontation nicht ergäben:

> „Man kann sich [...] in Situationen, in denen keiner der Beteiligten kraft eigener Machtquellen eindeutig Macht über den anderen hat, doch auf ein eindeutiges Machtgefälle beziehen, das auf einem der Situation fernstehenden Machthaber beruht und durch das Recht vermittelt wird. Wer in der Situation Recht hat, hat dann auch die Macht, Macht zu mobilisieren."[25]

Luhmann nennt Recht daher „einen Klingeldraht zum Machthaber"[26]. Indem sie sich auf die Macht des Rechts berufen könnten, verfügten die Mitglieder von Rechtsgemeinschaften über einen direkten Draht zur Macht, insoweit sie bei Bedarf in Alltagskommunikationen unter Verweis auf das Recht und die Drohung mit rechtlichen Konsequenzen Rechtsmacht abrufen könnten.

2. Kirchenrechtsmacht

Ausgehend von diesen macht- und rechtstheoretischen Vorüberlegungen ist im Folgenden eine erste Perspektive des Zusammenhangs von Macht und Recht zu entwickeln – die *Macht des Rechts*. Die auffällige Wirkmächtigkeit des Rechts zeugt von seinem gesellschaftlichen Einfluss als soziales Phänomen von enormer Macht. Recht prägt die Realität. Es ist in menschlichen Sozialbeziehungen

---

[22] Nicht wenige Gegenwartsstimmen kritisieren dies als Pathologie der Verrechtlichung des Sozialen. Zu aktuellen Kritiken aus dem deutschsprachigen Raum vgl. u. a. *C. Menke*, Kritik der Rechte, Berlin 2015; *D. Loick*, Juridismus. Konturen einer kritischen Theorie des Rechts, Berlin 2017.
[23] *N. Luhmann*, Macht (s. Anm. 6), 48.
[24] Ebd.
[25] Ebd., 48f.
[26] Ebd., 49.

omnipräsent, wenn auch häufig verdeckt oder versteckt. Nicht immer ist den Handelnden bewusst, dass sie in ihrem Alltagsleben vielfach vom Recht gesteuert werden; doch unabhängig von ihrer Wahrnehmung ist das Recht ein einflussreicher Sozialfaktor. Der zur gesellschaftlichen Relevanz von Recht forschende Rechtstheoretiker Brian Tamanaha notierte jüngst in diesem Sinne:

> „Rent an apartment, take out a mortgage, hook up gas and electricity, acquire a credit card, obtain a loan, open a bank account, sign with a phone carrier, download a computer program, enter an employment relationship, purchase goods, attend a sporting event or concert – for these and innumerable other daily transactions, while price can be haggled and quality and quantity decided, the legal arrangement is preset."[27]

Die Mächtigkeit des Rechts geht allerdings noch um einiges tiefer. Denn Recht wirkt nicht nur auf Rechtssubjekte ein und bestimmt ihr Handeln in umfänglicher Weise, sondern es wirkt selbst *subjektkonstitutiv*: Nicht selten erzeugt das Recht selbst überhaupt erst die Rechtssubjekte, deren Handeln es reguliert.[28] Dies erläuterte der Rechtsphilosoph Ronald Dworkin in seiner bekannten Studie *Law's Empire*, in der Dworkin die ausufernde Herrschaft des Rechts in der Moderne beschrieb, die in Politik, Ethik und andere gesellschaftliche Teilbereiche vordringe. Dworkin notiert:

> „We live in and by the law. It makes us what we are: citizens and employees and doctors and spouses and people who own things. It is sword, shield, and menace: we insist on our wage, or refuse to pay our rent, or are forced to forfeit penalties, or are closed up in jail, all in the name of what our abstract and ethereal sovereign, the law, has decreed [...]. We are subjects of law's empire"[29].

Auch Kirchenrecht ist in vergleichbarer Weise mächtig, auch wenn diese Behauptung manche Leserinnen und Leser zunächst zu überraschen vermag. Doch gilt: Wer sich im Raum der Kirche bewegt,

---

[27] B. *Tamanaha*, A Realistic Theory of Law, Cambridge 2017, 140.
[28] Zum Zusammenhang von Macht und Subjektivierung vgl. M. *Foucault*, Subjekt und Macht, in: Ders., Analytik der Macht, hrsg. v. D. Defert und F. Ewald, Frankfurt a. M. [5]2013, 240–263.
[29] R. *Dworkin*, Law's Empire, Oxford 1998, VII.

befindet sich unweigerlich in einem Rechtsraum. Kirchliche Strukturen ruhen auf Recht auf. Es entscheidet sich auf Grundlage des Rechts, wer Laiin, Laie oder Kleriker ist, welche Voraussetzungen bedingen, zu Letzterem zu werden, und wie dies geschieht. Es hängt am Recht, welche Vollmachten Amtsträgerinnen und -träger in der Kirche haben. Es bestimmt sich rechtlich, wer einen Anspruch auf den Empfang der Sakramente hat und wer nicht. Die meisten dieser Regulierungen entstammen freilich nicht ursprünglich dem Recht selbst, sondern beruhen auf der kirchlichen Doktrin. Doch mithilfe des Rechts erfahren sie Generalisierung, gerinnen zu Strukturen der Verbindlichkeit und werden Teil der kirchlichen Organisationsgestalt. Zur Formierung des Systemischen, um dessen Aufklärung sich dieser Band ja besonders bemüht, trägt diese Operationalisierung des Doktrinären in Rechtsstrukturen in besonderer Weise bei.

Die Macht des Kirchenrechts ist daher offenkundig – und doch ist sie nicht ungebrochen. Vor allem gegenwärtig wird vielfach deutlich, dass das Kirchenrecht in allerlei Feldern an Relevanz verliert.[30] Indem vor allem in den westlichen Kirchen sein Einfluss auf die soziale Realität und auf die Beziehungen zwischen den Kirchengliedern schwindet, verliert es an Wirkung. Als Instrument der Strukturbildung bleibt Kirchenrecht effektiv, seine Bedeutung für das Leben der Gläubigen nimmt jedoch tendenziell ab. Dies mögen einige Beispiele verdeutlichen: Rechtliche *Verbots- oder Gebotsnormen* werden häufig missachtet. Nur wenige Katholikinnen und Katholiken in den Industriestaaten fühlen sich beispielsweise verpflichtet, der jährlichen Beichtpflicht nachzukommen (vgl. c. 989 CIC/1983). Selbst die, die regelmäßig beichten, tun dies in der Regel nicht, weil das *Recht* dies gebietet. Nur selten haben Normübertretungen *Sanktionen* zur Folge. Erfahren kirchliche Autoritäten von Rechtsbrüchen, unternehmen sie regelmäßig nichts. Kaum ein Bischof käme auf die Idee, katholische Eltern, die ihre Kinder in einem anderen Bekenntnis taufen lassen, mit einem Strafverfahren zu überziehen, wie es das Kirchenrecht anordnet (vgl. c. 1366 CIC/1983). Auch rechtlich eröffnete *Möglichkeiten* werden abnehmend wahrgenommen. Ob kirchliche Eheschließungen oder Ehenichtigkeitsverfahren: Zumindest in den Ländern des Westens ist die Nachfrage nach kir-

---

[30] Vgl. auch *J. Hahn*, Grundlegung der Kirchenrechtssoziologie. Zur Realität des Rechts in der römisch-katholischen Kirche, Wiesbaden 2019, v. a. 189–224.

chenrechtlichen Institutionen und Rechtsschutzangeboten rückläufig. Rechtliche *Entscheidungsnormen* sind überwiegend Papierrecht. Mit Ausnahme der Missbrauchsverfahren kommen Strafverfahren selten vor, dasselbe gilt für zivile Klagen. Ehenichtigkeitsverfahren spielen eine Rolle, dies hierzulande aber weitgehend allein bei den Kirchengliedern, die im kirchlichen Dienst stehen und bei erneuter Heirat beschäftigungsrechtliche Konsequenzen befürchten. In dem Maße, in dem die Wiederheirat nach Scheidung arbeitsrechtlich nicht mehr sanktioniert wird, schwindet auch die Nachfrage nach kirchlichen Annullierungsverfahren. Der Einfluss des Kirchenrechts geht also merklich zurück. Aus welchen Gründen das Recht an Macht verliert, kann man ebenfalls bei Niklas Luhmann nachvollziehen. Dieser hielt zwei Phänomene für den rechtlichen Machtverlust verantwortlich: *Inflation und Deflation* von Macht. Eine *Inflation* von Macht erfolge durch „Entwertung der Motivationsmittel"[31], zum Beispiel durch „eine Kommunikationspraxis, die mit leeren oder nur ausnahmsweise gedeckten Drohungen arbeitet"[32]. Kirchliche Sanktionsdrohungen, die mehrheitlich ins Leere laufen, sind Zeichen für eine Inflation des Kirchenrechts. Das dicke Strafrecht des Codex, das kaum mehr zur Anwendung kommt, ist ein solches Phänomen von Inflation und damit von rechtlichem Machtverlust. Eine *Deflation* von Macht hingegen gehe einher mit dem „Nichtausnutzen der Chancen der Generalisierung mit dem Nachteil, daß Übertragungsmöglichkeiten ungenutzt bleiben"[33]. Deflationär ist Recht also, wenn es hinter seinen Möglichkeiten zurückbleibt.[34] Ein Kirchenrecht, das beispielsweise nur unzureichende Freiheitsrechte der Kirchenglieder garantiert, keinen

---

[31] *N. Luhmann*, Macht (s. Anm. 6), 89.

[32] Ebd.

[33] Ebd.

[34] Vgl. auch *J. Hahn*, Wieviel an Recht verträgt die Kirche? Eine theoretische und theologische Problemanzeige zur Reichweite des kirchlichen Regelungsanspruchs, in: C. Ohly/W. Rees/L. Gerosa (Hrsg.), Theologia Iuris Canonici. Festschrift für Ludger Müller zur Vollendung des 65. Lebensjahres (Kanonistische Studien und Texte 67), Berlin 2017, 81–97, v. a. 95f.; *Dies.*, Regelungsarmut – Notwendigkeit und Herausforderung kirchlichen Rechts, in: R. Althaus/J. Hahn/M. Pulte (Hrsg.), Im Dienst der Gerechtigkeit und Einheit. Festschrift für Heinrich J. F. Reinhardt zur Vollendung seines 75. Lebensjahres (Beihefte zum Münsterischen Kommentar 75), Essen 2017, 241–261.

durchgestalteten Verwaltungsrechtsweg kennt und in der Verfolgung
von Missbrauch auf halber Strecke stehen bleibt, weist deflationäre
Züge auf. Es entpuppt sich in den betroffenen Feldern als unterregu-
liert und damit als unfähig, die soziale Wirklichkeit der Rechts-
gemeinschaft Kirche nachhaltig zu prägen. Diese Probleme des Kirchenrechts schlagen sich in seiner Akzeptanz nieder. Es verliert die
Anerkennung vieler Kirchenglieder. Und mit der Anerkennung des
Rechts schwindet die Befolgungsbereitschaft. Die meisten Kirchenglieder in Deutschland begegnen dem Recht vielfach mit Ablehnung.
Auch dies ist eine Form der Machtausübung. Die Kirchenglieder zeigen ihre Macht, indem sie inflationäres Recht nicht beachten und
das deflationäre Nichtausnutzen rechtlicher Chancen beanstanden.

3. Kirchenmachtrecht

Ihre Missbilligung hat nicht wenig mit der zweiten Perspektive des
Zusammenhangs von Macht und Recht zu tun, die vorliegend als
Recht der Macht verhandelt wird. Mit dem konkreten kirchlichen
Recht der Macht, also den kirchenrechtlichen Normen, die die Verteilung von Macht in der Kirche vornehmen, hängt zusammen, dass
viele Gläubige das Kirchenrecht in abnehmender Weise als Regulativ
der Glaubensgemeinschaft zu akzeptieren bereit sind. Dies ist Konsequenz des Problems, dass die Zuweisung von Macht in der Kirche
einem zunehmend hinterfragten Kriterium folgt: der Zugehörigkeit
der Machthaber zum Klerikerstand. Die kirchliche Machtverteilung,
wie sie das Kirchenrecht organisiert, berücksichtigt bisher ausschließlich Kleriker. Macht wird entlang hierarchischer Schichtun-
gen verteilt – und das ist machttheoretisch durchaus nachvollziehbar, wie Niklas Luhmann erläutert, denn: „Hierarchie erspart
Messungen der Macht, erspart erst recht Kämpfe zur Klärung unklarer Verhältnisse."[35] Und dennoch kann man in der Kirche der Gegenwart genau solche „Kämpfe zur Klärung unklarer Verhältnisse"
beobachten.

Um dies besser zu verstehen, hilft es, zunächst vollmachtstheo-
retisch nachzuvollziehen, wie das Kirchenrecht Machtzuweisung or-

---

[35] *N. Luhmann*, Macht (s. Anm. 6), 52.

ganisiert. Über Macht im kirchenrechtlichen Sinn verfügt, wer *potestas* – Vollmacht oder Kirchengewalt – hat. Dieser Begriff umfasst zwei Formen von Vollmacht: Weihe- und Leitungsgewalt, die miteinander gekoppelt sind. Die durch die Priester- und Bischofsweihe verliehene Weihegewalt (*potestas ordinis*) – die Befähigung zur Setzung von liturgisch-sakramentalen Akten, die Geweihten vorbehalten sind, – bildet nach geltendem Kirchenrecht die Voraussetzung, um Ämter aufzufüllen, die über Leitungsgewalt (*potestas jurisdictionis* oder *regiminis*), also die Vollmacht zur Kirchenleitung, verfügen. „Zur Übernahme von Leitungsgewalt", so notiert der Gesetzgeber in c. 129 § 1 CIC/1983, „sind nach Maßgabe der Rechtsvorschriften diejenigen befähigt, die die heilige Weihe empfangen haben." Hieraus folge: „Allein Kleriker können Ämter erhalten, zu deren Ausübung Weihegewalt oder kirchliche Leitungsgewalt erforderlich ist" (c. 274 § 1 CIC/1983).

Die Laiinnen und Laien werden nicht ausgeblendet, aber differenziert behandelt. Sie werden vom geltenden Recht als befähigt gekennzeichnet, „bei der Ausübung dieser Gewalt nach Maßgabe des Rechtes mit[zu]wirken" (c. 129 § 2 CIC/1983). Was „mitwirken" (*„cooperari"*) bedeutet, ist gleichwohl unklar. Die Vorsilbe „mit-" weist die Handlungsmöglichkeiten der Laiinnen und Laien als Mittun an dem aus, was Kleriker tun. Welche Optionen dies jedoch einschließt, bleibt im Dunkeln. Es kursieren unterschiedliche Interpretationen der Norm. Während manch einer das Mittun der Laiinnen und Laien auf Zu- und Assistenzarbeiten zu klerikalem Handeln beschränkt wissen will, deuten andere *„cooperari"* als selbständige und eigenverantwortete Mitarbeit an kirchlichen Zielen. Obwohl es also zum Verständnis der Vollmacht von Laiinnen und Laien in der Kirche dringlich wäre, die Bedeutung ihrer rechtlich eröffneten Mitwirkungsmöglichkeiten zu klären, hat sich die höchste kirchliche Autorität bisher nicht dazu herabgelassen, den Umfang der Laienmacht näher zu bestimmen. Symptome dieser Unklarheit erleben wir aktuell in den Debatten rund um den Synodalen Weg, die seltsam unsicher um die Frage kreisen, welche Aufgaben der Führung und Leitung Laiinnen und Laien in der Kirche überhaupt übernehmen könnten. Dies hat nicht nur mit unterschiedlichen kirchenpolitischen Auffassungen der Diskutantinnen und Diskutanten zu tun, sondern hängt bereits vorab mit einer persönlichen Positionierung zum Kirchenrecht zusammen, das sich mit einem vagen Begriff wie

„*cooperari*" einer eindeutigen Aussage entzieht. Fast entschuldigend erläutert der Kanonist Hubert Socha im Münsterischen Kommentar, die Unklarheiten seien theologischem Nichtwissen über die innere Struktur der Kirchengewalt geschuldet. Gesetzgeberische Uneindeutigkeit sei daher notwendig, „um der theologisch nicht geklärten Frage, wie diese Vollmacht strukturiert ist, Rechnung zu tragen"[36]. Man kann das Schweigen des Gesetzgebers auch kritischer sehen. Denn so nebulös, wie sich das Kirchenrecht in der Frage verhält, welche Kompetenzen Laiinnen und Laien haben, so sehr profitieren kirchliche Entscheider von dieser Ungewissheit, gibt sie ihnen und ihrer Machtausübung doch maximalen Spielraum. Solange zweifelhaft ist, was Laiinnen und Laien vermögen, kann jeder kirchliche Machthaber selbst entscheiden, wie er die Norm auslegt. In einer Ortskirche, in der der Leitungsdienst der Laiinnen und Laien benötigt wird, verheißt „*cooperari*" Selbständigkeit und Eigenverantwortung. In einer Ortskirche, in der die Zahl der Kleriker ausreicht, ist außer Zu- und Assistenzarbeiten nichts drin. Macht, so zeigt dieses Beispiel, hat eine Schlagseite zur Willkür. Uneindeutiges Recht ermöglicht willkürliches Entscheiden.

Eine weitere Besonderheit des kirchlichen Rechts der Macht ist, dass es Macht nur in geringem Maße restringiert und kontrolliert. Das Kirchenrecht kennt beispielsweise keine Gewaltenteilung, wie sie staatlich-demokratische Ordnungen vorhalten. Dies hat zur Folge, dass legislative, judikative und exekutive Gewalt in den Händen derselben Hierarchen, bei Papst, Bischofskollegium und Diözesanbischof, liegen. Es gibt eine funktionale Scheidung kirchlicher Vollmachten in legislative, judikative und exekutive Aufgaben (vgl. c. 391 § 1 CIC/1983). Diese ist allerdings ausschließlich pragmatisch begründet (vgl. c. 391 § 2 CIC/1983) und hat nicht die in modernen staatlichen Ordnungen übliche gewaltenteilige Trennschärfe. Die bei Papst, Bischofskollegium und Diözesanbischof (vgl. cc. 331, 336, 381 CIC/1983) angelagerte Macht ist daher nicht demokratisch differenziert, sondern absolutistisch kumuliert. Die Kirche orientiert sich bis heute an Herrschaftsmodellen der Frühmoderne, wie die Kanonisten Nobert Lüdecke und Georg Bier zutreffend beschreiben: „Das kirchliche Recht wird phänomenologisch und strukturell analog

---

[36] H. *Socha*, Kommentar zu c. 129, in: K. Lüdicke (Hrsg.), Münsterischer Kommentar zum Codex Iuris Canonici, 54. Erg.-Lief., Essen 2017, 7 Rdnr. 5.

zum Recht im Staat verstanden, gleichwohl nicht dem des modernen
demokratischen Rechtsstaates, sondern dem des neuzeitlichen absolutistischen Obrigkeitsstaates"[37]. Das absolutistische Ordnungsgefü-
ge der Kirche kulminiert im „nur moralisch gebundenen Monar-
chen an seiner Spitze, der das Gemeinwohl verwirklicht"[38] und
hierbei vom bestimmenden Einfluss Dritter weitgehend frei ist.
Ein Diözesanbischof verfügt in seiner Diözese über

„alle ordentliche, eigenberechtigte und unmittelbare Gewalt, die
zur Ausübung seines Hirtendienstes erforderlich ist; ausgenom-
men ist, was von Rechts wegen oder aufgrund einer Anordnung
des Papstes der höchsten oder einer anderen kirchlichen Autorität vorbehalten ist" (c. 381 § 1 CIC/1983).

Hiermit ist große Machtfülle angezeigt, die allerdings begrenzt wird.
Sie ist funktional auf die zur Ausübung des bischöflichen Dienstes
notwendige Macht beschränkt und konkurrenziell beschnitten, insoweit die bischöfliche Macht an den im universalen Kirchenrecht zugunsten anderer Autoritäten getroffenen Kompetenzentscheidungen
ihre Grenze findet.

Anders gelagert ist der Fall des Papstes. Ihm wird „höchste, volle,
unmittelbare und universale ordentliche Gewalt" zugeschrieben, die
er „immer frei ausüben kann" (c. 331 CIC/1983). Dass dies auf eine
weitgehend einschränkungsfreie Macht hinweist, zeigt sich im kirchlichen Prozessrecht, das das päpstliche Handeln einer gerichtlichen
Überprüfung entzieht (vgl. c. 1404 CIC/1983). Daher stellt sich
beim Papst die Frage, ob und inwieweit ihn Kirchenrecht überhaupt
bindet. Begrenzt ist er in seiner Amtsführung vom göttlichen Recht,
betonen viele Kanonistinnen und Kanonisten. Doch: Was das göttliche Recht besagt, bestimmt der Papst selbst. Lüdecke und Bier betonen: „Was vom Amt des Papstes her gefordert ist, entscheidet der
Papst in Verantwortung vor Gott."[39] Dies umfasse die Entscheidung
darüber, ob und wodurch das päpstliche Handeln beschränkt sei.
Zwar mag der Papst moralisch gehalten sein, Kirchenrecht zu beachten. Tut er es aber nicht, muss er keine Sanktionen befürchten. Es

---

[37] *N. Lüdecke/G. Bier*, Das römisch-katholische Kirchenrecht. Eine Einführung,
unter Mitarbeit von B. S. Anuth, Stuttgart 2013, 26.
[38] Ebd.
[39] Ebd., 118.

gibt keine rechtliche Instanz, die ihn daran hindern könnte, sich
über geltendes Recht hinwegzusetzen.

4. Illegitimitätsverdacht

Das kirchliche Recht der Macht leistet somit nur eine schwache
Machtkontrolle. Dass die kirchlichen Autoritäten in geringem Maß
mit den Mitteln moderner rechtsstaatlicher Machtbegrenzung konfrontiert sind, mag sie zunächst mächtiger erscheinen lassen als sä-
kulare Machthaber. Doch zugleich wird ihre Macht dem Verdacht
von Illegitimität ausgesetzt. Denn das kirchliche Recht der Macht erzeugt in seiner Offenheit für willkürliche Machtausübung und absolutistische Machtkumulation bei modernen und demokratisch so-
zialisierten Kirchengliedern Anfragen. Machtsoziologisch liegt das
nahe, wie man bei Luhmann nachvollziehen kann. Denn in unserer
Kultur nehme man „eine normative, rechtliche und moralische Bindung des Machthabers an seine Macht"[40] an. Wer Macht in Form
von Rechtsmacht ausübe, dürfe sich unter Legitimitätsgesichtspunk-
ten nicht willkürlich verhalten, sondern müsse sich auf „Konsistenz-
zwänge"[41] einlassen. Es sei eine Eigenart von Macht in der westlichen
Moderne, dass „eine normative Form der Legitimation oder gar eine
juristische Durchformulierung der Macht den Machthaber verstärkt
dazu zwingt, konsistent zu sein."[42] Macht werde unter den Bedingungen der fortschreitenden Moderne somit um ihre „Elastizität in
der Handhabung" gebracht, insoweit es ihren Inhaberinnen und In-
habern nur selten „erlaubt wird, opportunistisch zu verfahren."[43]
Dies erklärt, warum das Recht – ganz unabhängig von seinem
Inhalt – vor allem durch seine eigene Macht zur Einhegung politi-
scher Macht, der so genannten „Herrschaft des Rechts" (im anglo-
amerikanischen Raum spricht man von der „rule of law"), Legitimität erzeugt. Recht weist Macht als legitime aus, indem es sie begrenzt
und kontrolliert. Macht erweist sich also in der Moderne dadurch
als anerkennungswürdig, dass sie durch Recht Begrenzung erfährt.

---

[40] N. *Luhmann*, Macht (s. Anm. 6), 47.
[41] Ebd.
[42] Ebd., 28.
[43] Ebd.

Ihre Legitimität schwindet hingegen in dem Maße, in dem Recht die Machthaber nicht bindet, sondern absolutistischer Willkür Raum gibt. Mangelnde Gewaltenteilung, geringe Machtkontrolle, durchbrochene Bindung kirchlicher Autoritäten an Recht und Gesetz durchlöchern die Herrschaft des Rechts und tragen hierdurch zu einer Delegitimierung des Kirchenrechts bei.

Es verwundert daher kaum, dass kirchliche Machthaber auffällig zurückhaltend sind, Macht und Recht überhaupt aufeinander zu beziehen. Die Machtfrage wird insgesamt eher mäßig artikuliert. Weder in lehrmäßigen noch in rechtlichen Texten spielt sie eine erkennbare Rolle. Und wenn Macht doch zum Thema gemacht wird, wird sie nicht selten hinter anderen Begriffen verborgen, zum Beispiel in die Terminologie des *Dienstes* gehüllt. So betont beispielsweise auch Franziskus in der Ansprache zum Abschluss der 3. Generalversammlung der außerordentlichen Bischofssynode 2014, dass es eine primäre Aufgabe des Papstes sei, „alle daran zu erinnern, dass die Macht der Kirche der Dienst ist"[44]. Das ist theologisch nachvollziehbar – und hat doch einen Beigeschmack. Denn Franziskus' Bemerkung kann man als symptomatisch für Versuche bewerten, durch Theologisierung der Macht den Blick auf die Macht der Kirche und die Macht *in* der Kirche zu verstellen. Wer Macht hinwegtheologisiert, erschwert es den Kirchengliedern, Machtstrukturen zu identifizieren und Machtasymmetrien zu kritisieren.[45] Wer so argumentiert, leistet überdies einer fragwürdigen Logik Vorschub. Denn wenn Macht Dienst ist, dann leistet der, der mehr Macht hat, auch einen größeren Dienst an der Kirche. Diesen Zusammenhang kann man begründet hinterfragen.

---

[44] *Franziskus*, Ansprache zum Abschluss der III. Generalversammlung der außerordentlichen Bischofssynode, Synodenhalle, 18. Oktober 2014. Online verfügbar unter w2.vatican.va/content/francesco/de/speeches/2014/october/documents/papa-francesco_20141018_conclusione-sinodo-dei-vescovi.html (zuletzt abgerufen am 29.05.2020).

[45] Diese Kritik findet sich aus kanonistischer Sicht besonders pointiert bei Werner Böckenförde, vgl. *W. Böckenförde*, Zur gegenwärtigen Lage in der römisch-katholischen Kirche. Kirchenrechtliche Anmerkungen, in: N. Lüdecke/G. Bier (Hrsg.), Freiheit und Gerechtigkeit in der Kirche. Gedenkschrift für Werner Böckenförde (Forschungen zur Kirchenrechtswissenschaft 37), Würzburg 2006, 143–158, v. a. 153f.

5. Zwei Anfragen

Das Vorgesagte im Sinn ergeben sich einige Anfragen. Zwei Beobachtungen sind abschließend zu teilen. Eine erste Bemerkung: Von
Steven Lukes stammt der wichtige Hinweis, dass man Macht in
zweifacher Weise zu verstehen habe, als „Macht zu" und „Macht
über". Vor allem Letztere, bemerkt Lukes, gerate häufig aus dem
Blick.[46] Beim Kirchenrecht scheint dies ebenso der Fall zu sein. Der
„Macht zu" schenkt man als Vollmacht, Kompetenz oder Ermächtigung im Dienst an der Kirche und ihren Mitgliedern Aufmerksamkeit. Hierüber wird jedoch gerne vergessen oder übergangen, dass
Macht immer zugleich „Macht über" andere ist. Sie begründet Herr-
schaftsverhältnisse über andere. Ob der, der mehr Macht hat, auch
mehr dient, sei dahingestellt. Unzweifelhaft aber ist, dass der, der
mehr Macht hat, andere in stärkerem Maße *dominiert*. Das sollte
man in keiner Theologie der Macht vergessen. Wenn die Theologie
nun endlich die Macht zu einem ihrer dringlichen Themen macht,
kann dieser Aspekt von Macht als Dominanz über andere und die
Neigung von Macht zur Gewalt nicht ausgeblendet bleiben. Wer
beim Sprechen über Macht immer wieder den Lobgesang des
„Dienstes" anstimmt, muss sich daher fragen lassen, warum er oder
sie nicht zu sehen bereit ist, dass Macht – bei aller Schönheit von
Vollmacht, Kompetenz und Ermächtigung – auch immer Herr-
schaftsverhältnisse zu begründen, festigen und tradieren sucht.

Auch ein weiterer wertvoller Impuls geht von Steven Lukes'
Machttheorie aus. Lukes betont, dass Macht stets mit *Verantwortlichkeit* zusammenhängt. Er schreibt: „The point [...] of locating
power is to fix responsibility for consequences held to flow from
the action, or inaction, of certain specifiable agents."[47] Für das Kirchenrecht konkretisierte der Pastoraltheologe Rainer Bucher diesen
Gedanken einmal in der Forderung, die Macht des Kirchenrechts
aufzudecken, denn dies schließe eine Identifizierung verantwort-
licher *Akteure* ein. Bucher notiert: „Die Machtfrage zu stellen heißt
also zu fragen: Wer ist für das Kirchenrecht verantwortlich?"[48]

---

[46] Vgl. *S. Lukes*, Power (s. Anm. 7), u. a. 163.
[47] Ebd., 58.
[48] *R. Bucher*, Noch ziemlich rücksichtsvoll (s. Anm. 5), 169.

Wenn etwas Wahres darin liegen soll, dass der, der mehr Macht hat, einen größeren Dienst leistet, müsste sich dies – nimmt man Steven Lukes' Machttheorie ernst – darin niederschlagen, dass der mit der größeren Macht auch ein Mehr an Verantwortung für die Kirche und ihre Gläubigen trägt. Doch auch dieser Zusammenhang wird bisher nicht ausreichend deutlich, wie Beispiele zeigen. Das Führungsversagen kirchlicher Machthaber im Umgang mit den Missbrauchsfällen zumindest hat in Deutschland noch kein Diözesanbischof zum Anlass genommen, um als Zeichen der Größe seiner Verantwortlichkeit von seiner Macht Abstand zu nehmen und sein Amt niederzulegen. Dieses Phänomen erfasst man wiederum vielleicht am besten in der Kategorie von *Ohnmacht*. Es zeigt eine Hilfslosigkeit oder den Kontrollverlust von Macht, die merkt, dass ihre Macht schwindet.

Kirche und Organisationsberatung
Pastoralpsychologische Überlegungen angesichts von Machtmissbrauch

Ulrich Feeser-Lichterfeld

Als Anfang des Jahres 2010 der Jesuit Klaus Mertes in seiner damaligen Rolle als Rektor des Berliner Canisius-Kollegs den ehemaligen Schülerinnen und Schülern dieses Gymnasiums einen Brief schrieb, von den offenbar gewordenen Fällen sexuellen Missbrauchs berichtete und mögliche weitere Betroffene darum bat, sich mitzuteilen[1], löste dies ein ungeahntes Echo in Kirche und Gesellschaft aus. Ein Jahrzehnt später hat sich die Blickrichtung auf die Fälle sexualisierter Gewalt und weiterer Formen des Machtmissbrauchs innerhalb der katholischen Kirche merklich verändert: Standen damals das für die meisten Zeitgenossinnen und Zeitgenossen noch unbekannte Tatgeschehen sowie die aus pädagogischer, psychologischer und medizinischer Sicht gebotenen Interventions- und Präventionsstrategien im Vordergrund und sah man anfangs nahezu ausschließlich auf die konkreten Opfer-Täter-Konstellationen, so wird seit Veröffentlichung der MHG-Studienergebnisse[2] im Herbst 2018 intensiv auch über die strukturellen und systemischen Ursachen für die inzwischen offenkundig gewordenen immensen Fallzahlen debattiert.

---

[1] Vgl. den Wortlaut dieses Briefes in der Dokumentation des „Tagespiegels" vom 29.01.2010: Online verfügbar unter https://www.tagesspiegel.de/berlin/dokumentiert-der-brief-des-canisius-rektors/1672092.html (zuletzt abgerufen am 30.07.2020).

[2] Mit dem Akronym „MHG-Studie" wird bekanntlich das an den Universitäten Mannheim, Heidelberg und Gießen verortete und in den Jahren 2014 bis 2018 durchgeführte Forschungsverbundprojekt zur Häufigkeit und Dynamik sexuellen Missbrauchs Minderjähriger im Verantwortungsbereich der Deutschen Bischofskonferenz bezeichnet, vgl. H. Dreßing/H. J. Salize/D. Dölling u. a., Forschungsprojekt „Sexueller Missbrauch an Minderjährigen durch katholische Priester, Diakone und männliche Ordensangehörige im Bereich der Deutschen Bischofskonferenz", Mannheim – Heidelberg – Gießen, 24. September 2018. Online verfügbar unter https://www.dbk.de/fileadmin/redaktion/diverse_downloads/dossiers_2018/MHG-Studie-gesamt.pdf (zuletzt abgerufen am 30.07.2020).

Diese Weitung der individuell-personalen Perspektive der Betroffenen von und Verantwortlichen für Machtmissbrauch auf strukturell-systemische Zusammenhänge motiviert den vorliegenden Beitrag, der Kirche als Organisation in den Blick nimmt. Dass diese Perspektivverschiebung hin zu strukturell-systemischen Aspekten niemals auf Kosten der Wahrnehmung und Würdigung der beteiligten Personen und hier vor allem der Opfer bzw. Betroffenen von Machtmissbrauch gehen darf, sei ausdrücklich bereits eingangs betont. Als Pastoralpsychologe ist mir das individuelle Erleben und Verhalten im Kontext der durch Machtmissbrauch pervertierten Pastoral von besonderer Bedeutung. Organisationsberatung, wie ich sie verstehe und im Sinne eines systemisch-lösungsorientierten Ansatzes praktiziere (1.), sensibilisiert für überindividuelle Zusammenhänge im Interesse der involvierten Menschen. Die auch bezogen auf Machtmissbrauch und Ohnmachtserfahrung komplexe Gemengelage von Individuum und Institution wird im Weiteren am Beispiel des Bonner Aloisiuskollegs verdeutlicht (2.), um daran anknüpfend das Verhältnis von Organisationsberatung und kirchlicher Organisationen im Allgemeinen sowie der Rolle von Organisationsberatung in der Bearbeitung und möglichst auch Bewältigung von Machtmissbrauch in Kirche zu reflektieren (3.). Der Gedankengang wäre kein pastoralpsychologischer, wenn er nicht Rechenschaft gäbe über das kritisch-kontrastive Zueinander von Organisationslogik bzw. organisationsberaterischem Know-how hier und theologischer Position und Option dort (4.). Was dies für den Umgang mit kirchlichem Machtmissbrauch heißen kann, wird abschließend resümiert (5.).

1. Organisationsberatung aus systemisch-lösungsorientierter Sicht

„Organisationsberatung" ist kein Begriff, der in der inzwischen intensiven theologischen Debatte um Macht, Ohnmacht und Missbrauch einen prominenten Platz hätte.[3] Die sehr verschiedenen For-

---

[3] Kurz vor Fertigstellung dieses Manuskriptes erschien die Dokumentation der Ringvorlesung „Macht und Ohnmacht in der Kirche" der Theologischen Fakultät in Paderborn; darin findet sich ein ausgesprochen lesenswerter Beitrag meines dortigen pastoralpsychologischen Kollegen Christoph Jacobs, der zwar keinen expliziten Bezug zur Aufgabe von Organisationsberatung herstellt, gleichwohl

mate und Prozesse, die unter diesem Stichwort firmieren, können und sollen hier nicht dargestellt werden. Wenn im Folgenden von Organisationsberatung gesprochen wird, dann ist damit ein breites Spektrum von Begleitungs- und Interventionsmöglichkeiten im Feld der Personal- und Organisationsentwicklung gemeint, die sich bei aller Unterschiedlichkeit in einer systemisch-lösungsorientierten Welt- und Organisationssicht treffen und daraus ihre Beratungshaltung und -praxis speisen.

Einige wenige Merkmale systemisch-lösungsorientierter Organisationsberatung seien von daher zumindest aufgelistet:[4] Wer sich als Organisationsberater(in) als „Systemiker(in)" bezeichnet, hat ein an Objektivität, Wahrheit und Linearität von Ursache und Wirkung orientiertes Welt- und Organisationsbild mehr oder weniger konsequent getauscht mit der Vorstellung von Wirklichkeitskonstruktionen, die ebenso viele Perspektiven wie Wahrheiten kennt, welche zueinander wiederum in komplexen, ja chaotischen Wechselwirkungen stehen können. Wo vor solchem systemisch-konstruktivistischen Hintergrund die Unterscheidung „richtig/falsch" keinen Sinn macht (außer zur Beschreibung einer der beobachteten Organisation inhärenten Logik), relativiert sich der Primat der Steuerung und Führung zugunsten von Kräften und Prozessen der Selbststeuerung und Selbstorganisation. Betont die traditionelle Organisationslehre das zielorientierte, absichtsvolle und zweckrationale Miteinander aller Organisationsmitglieder und ihr im klar strukturierten Rollengefüge sortiertes Zueinander von möglichst machtvollen Führungs-

aber organisationspsychologisch und organisationsentwicklerisch argumentiert: *C. Jacobs*, Geistliche Autorität. Von einer neuen Kultur kirchlicher Macht, in: S. Kopp (Hrsg.), Macht und Ohnmacht in der Kirche. Wege aus der Krise, Freiburg i. Br. 2020, 223–249.

[4] Vgl. zur umfassenden Information über die systemisch-lösungsorientierte Variante von Organisationsberatung z. B. *H. Ellebracht/G. Lenz/G. Osterhold* (Hrsg.), Systemische Organisations- und Unternehmensberatung. Praxishandbuch für Berater und Führungskräfte, Wiesbaden [4]2011; *C. van Kaldenkerken*, Wissen was wirkt. Modelle und Praxis pragmatisch-systemischer Supervision, Hamburg 2014, bes. 17–46; *H. J. Kersting/H. Neumann-Wirsig* (Hrsg.), Systemische Perspektiven in der Supervision und Organisationsentwicklung, Aachen 1996; *R. Königswieser/M. Hillebrand*, Einführung in die systemische Organisationsberatung, Heidelberg [5]2009, 19–38; *R. Wimmer/J. O. Meissner/P. Wolf* (Hrsg.), Praktische Organisationswissenschaft. Lehrbuch für Studium und Beruf, Heidelberg 2009.

kräften einerseits und im letzten ohnmächtigen Geführten andererseits, so spricht die systemische Organisationstheorie von Komplexität, Dynamik und Ambivalenz, innerhalb derer es prozesssensible, konfliktfähige und ambiguitätstolerante Klient(inn)en wie Berater(innen) braucht. Systemische Organisationsberatung verzichtet von daher auf Ratschläge im herkömmlichen Sinne des Besserwissens oder der Instruktion und setzt methodisch stattdessen auf ausgiebiges Beobachten und Zuhören, auf Fragen und Diskussionen sowie auf Versuche der Irritation von den im jeweiligen System etablierten Mustern. So kann im Modus der Beobachtung zweiter Ordnung das Lernen des Lernens einer Organisation erfasst und daraus Inspiration für Ideen einer „anderen" Organisation gewonnen werden.

Paaren sich in der Beschreibung des eigenen Ansatzes von Organisationsberatung die Adjektive „systemisch" und „lösungsorientiert", dann soll damit zumeist eine Absage an das gerne der Psychoanalyse zugeschriebene Modell einer ausgesprochen gründlichen und von daher notwendig langwierigen Rekonstruktion von Problem und Problemursachen signalisiert werden. Stattdessen rückt die Lösungsfokussierung in den Vordergrund, deren Leitsätze unnachahmlich prägnant von Steve de Shazer formuliert wurden, z. B. indem er sagt: „Wenn etwas nicht funktioniert, sollte man etwas anderes probieren" oder „Kein Problem besteht ohne Unterlass! [...] Suche die Ausnahmen vom Problem, denn sie bieten den Schlüssel zur Veränderung."[5]

2. Unheiliger Berg, oder: Das System AKO

Im Juli 2019 erschien im Bonner General-Anzeiger ein Artikel, in dem die Verfasserin, Ebba Hagenberg-Miliu, im Gespräch mit Patrick Bauer an dessen Missbrauch im Bonner Aloisiuskolleg und dem dortigen Internat erinnerte.[6] „Hier vor der Schule geht es mir nicht gut", wird der vor fast 40 Jahren Missbrauchte zitiert, und

[5] S. de Shazer/Y. M. Dolan, Mehr als ein Wunder. Lösungsfokussierte Kurztherapie heute, Heidelberg [6]2018, 22–26.
[6] E. Hagenberg-Miliu, Ako in Bonn: Betroffener schildert Missbrauch am Aloisiuskolleg, in: General-Anzeiger vom 23.07.2019. Online verfügbar unter https://www.

weiter: „Es ist, als ob mir ein Stein schwer im Magen liegt." „Hagenberg-Miliu bringt auf den Punkt, was in dieser vom Jesuitenorden getragenen Schule an „vielfache[m] sexuellen Missbrauch von Schutzbefohlenen und Kindern, erzwungene[m] Oralverkehr, Freiheitsberaubung und Körperverletzung" dokumentiert ist: „Kollegsleitung und Erzieher" hätten ihn, den damals 11-Jährigen,

> „und die anderen Unterstufenschüler zum morgendlichen Duschen in der Kollegsvilla Stella Rheni allein mit dem damaligen Internats- und nachmaligen Schulleiter Pater Ludger Stüper [gelassen], der dort stets schon selbst nackt mit geöffnetem Bademantel wartete. Bauer berichtet von entsetzlichen Kopfschlägen des Paters und von erzwungenem rektalen Fiebermessen nachts auf dem Flokati-Teppich im Privatzimmer des Mannes."

Es kann der Journalistin gar nicht hoch genug angerechnet werden, dass sie das Missbrauchsgeschehen im Aloisiuskolleg seit dem Frühjahr 2010 und damit kurz nach Bekanntwerden der Missbrauchsfälle am Berliner Canisius-Kolleg gründlich recherchiert hat und bis in unsere Tage hinein im Blick behält. Ihr im Jahr 2014 herausgegebener Sammelband mit dem Titel „Unheiliger Berg: Das Bonner Aloisiuskolleg der Jesuiten und die Aufarbeitung des Missbrauchsskandals" war es denn auch, der Bauer – inzwischen Gemeindereferent im Erzbistum Köln und heute dort als Gefängnisseelsorger sowie als Sprecher des von Kardinal Woelki im Jahr 2019 eingerichteten Betroffenenbeirats tätig – die verdrängte Schul- und Internatszeit wieder ins Bewusstsein gerufen hat. Die Chronologie der Ereignisse am AKO, dem Internat und der dortigen offenen Jugendarbeit kann hier nicht nachgezeichnet werden[7], lässt aber ein eindrückliches Bild davon entstehen, mit wie viel Beharrungsvermögen Verantwortliche und nicht direkt vom Missbrauch Betroffene das vermeintlich untadelige Bild „ihrer" Schule zu verteidigen versuchten. Erst durch die sich immer wieder zu Wort meldenden Betroffenen, mit Hilfe mehrerer Aufklärungskommissionen und nicht zuletzt dank der Presse-

general-anzeiger-bonn.de/bonn/bad-godesberg/betroffener-schildert-missbrauch-am-aloisiuskolleg_aid-44340391 (zuletzt abgerufen am 30.07.2020).
[7] Vgl. dazu detailliert E. *Hagenberg-Miliu*, Chronologie der Ereignisse, in: Dies. (Hrsg.), Unheiliger Berg. Das Bonner Aloisiuskolleg der Jesuiten und die Aufarbeitung des Missbrauchsskandals, Stuttgart 2014, 29–35.

berichterstattung konnten die im Aloisiuskolleg herrschenden „Inseln der Macht" – so die Formulierung im sog. Zinsmeister- und im Bintig-Aufklärungsbericht[8] – rekonstruiert werden. Im „System AKO" ging es, so Matthias Katsch (selbst vom Missbrauch am Canisius-Kolleg Betroffener und vielfältig engagierter Sprecher der Betroffenengruppe Eckiger Tisch[9]),

„gar nicht so sehr um Erotik und Sex. Es geht in diesem System vor allem um Dominanz, es geht um Macht. Der Täter sucht nicht einfach nur sexuelle Befriedigung. Vielmehr ergibt sich die Befriedigung für ihn aus dem Machtsystem, das er aufgebaut hat und dem er alle und jeden unterwirft."[10]

Für Katsch hat Pater Stüper dieses System am AKO als „pädophiles Himmelreich" gestaltet[11] – kann es, so muss gefragt werden, in einer der Reich-Gottes-Botschaft Jesu verpflichteten Pastoral und Kirche eine größere Perversion geben?

Die Aufarbeitung des Missbrauchsgeschehens am Aloisiuskolleg ist, das macht Patrick Bauer im genannten Zeitungsartikel deutlich, noch immer nicht abgeschlossen: Der Dialog zwischen Kolleg und

---

[8] Vgl. die beiden Aufklärungsberichte: *J. Zinsmeister/P. Ladenburger/I. Mitlacher*, Schwere Grenzverletzungen zum Nachteil von Kindern und Jugendlichen im Aloisiuskolleg Bonn-Bad Godesberg. Abschlussbericht zur Untersuchung im Auftrag der Deutschen Provinz der Jesuiten, Köln 2011. Online verfügbar unter https://www.aloisiuskolleg.de/sites/default/files/2011-02-15_abschlussbericht_ako_zinsmeister.pdf (zuletzt abgerufen am 30.07.2020). Sowie: *A. Bintig*, Grenzverletzungen im AKO Pro Scouting am Aloisiuskolleg Bonn-Bad Godesberg, Köln 2013. Online verfügbar unter https://www.aloisiuskolleg.de/sites/default/files/2013-03-01_bintig-bericht_final.pdf (zuletzt abgerufen am 30.07.2020). Kritisch dazu: *H. Schnitzler/C. Haep*, Im Dialog: Eckiger Tisch und Internatsleiter, in: E. Hagenberg-Miliu (Hrsg.), Unheiliger Berg. Das Bonner Aloisiuskolleg der Jesuiten und die Aufarbeitung des Missbrauchsskandals, Stuttgart 2014, 223–245, hier: 225f.

[9] Matthias Katsch hat seine Lebens- und Leidensgeschichte sowie sein Engagement gegen Verharmlosung und Vertuschung kirchlichen Missbrauchsgeschehens dokumentiert in: *M. Katsch*, Damit es aufhört. Vom befreienden Kampf der Opfer sexueller Gewalt in der Kirche, Berlin 2020.

[10] *M. Katsch*, Einführung aus Sicht der Betroffenen: Erst dann sind unsere Kinder sicherer, in: E. Hagenberg-Miliu (Hrsg.), Unheiliger Berg. Das Bonner Aloisiuskolleg der Jesuiten und die Aufarbeitung des Missbrauchsskandals, Stuttgart 2014, 13–20, hier: 17.

[11] Ebd.

Betroffenen sei seit 2017 ausgesetzt, die aktuelle Schülerschaft könne nach seinen Angaben mit den Zeugen des Machtmissbrauchs nicht wirklich sprechen, der damalige Tatort Stella Rheni werde heute von einem Event-Veranstalter für Feste angeboten und auf dem Schulgelände gäbe es kein Erinnerungsmahnmal. Vor allem aber, so Bauer, habe die Leitung des Jesuitenordens Pater Schneider als ehemaligen Internatsleiter und Rektor noch immer nicht zur Verantwortung gezogen. In der journalistisch gebotenen Unparteilichkeit bringt Frau Hagenberg-Miliu in ihrem Artikel auch widersprechende Stimmen der aktuell in Schule und Orden Verantwortlichen zu Gehör, um dann zu resümieren: „Offenbar hakt es also derzeit grundsätzlich bei der Kommunikation."[12]

Warum dieser so intensive Blick auf das Aloisiuskolleg? Der Jesuitenpater Godehard Brüntrup gab 2014 hierzu folgende Antwort:

> „Das, was hier über den ‚unheiligen Berg' geschrieben wird, hat weit über den geografischen Einzugsbereich dieses ansonsten eher unspektakulären Hügels am Rheinufer Bedeutung. Die Strukturen sexualisierter Gewalt in einem kirchlichen Umfeld werden hier exemplarisch vor Augen geführt, und zwar in einem erschreckend stabilen Muster, das sich über Jahrzehnte mit zeit- und personenabhängigen Abwandlungen mehrfach wiederholte. Nur ein an die Wurzeln des Übels gehender Prozess der inneren Erneuerung wird diese Struktur dauerhaft durchbrechen können. Der Stallgeruch sitzt in den Mauern, er kann nicht allein durch Durchzug und Lüften (Personalwechsel) beseitigt werden. Manche Mauern werden eingerissen werden müssen, neue Strukturen werden entstehen."[13]

Die Tiefe des Problems betont auch Christopher Haep, Altschüler des AKO und dort von 2006 bis 2016 Internatsleiter. Er sah in seinem Beitrag zu dem genannten Sammelband trotz einer Vielzahl von Reformen im Aloisiuskolleg auch 2014 noch „nachwirkende

---

[12] E. *Hagenberg-Miliu*, Ako in Bonn (s. Anm. 6).
[13] G. *Brüntrup*, Einführung aus Sicht eines Ordensvertreters: Veruntreute Macht, in: E. Hagenberg-Miliu (Hrsg.), Unheiliger Berg. Das Bonner Aloisiuskolleg der Jesuiten und die Aufarbeitung des Missbrauchsskandals, Stuttgart 2014, 21–28, hier: 23. Vgl. auch: *Ders./C. Herwartz/H. Kügler* (Hrsg.), Unheilige Macht. Der Jesuitenorden und die Missbrauchskrise, Stuttgart ²2013.

traumatische Erfahrungen und pathogene (und weiterhin traumatisierende) Strukturen"[14] und spricht von einer „von der Wurzel krankhaft infizierten Institution [...], in deren pathogene Strukturen und Dynamiken zu allem Übel Mitarbeiter, Eltern, Schüler, Altschüler, Jesuiten vielfach mit hineingezogen worden waren (und es teilweise bis heute sind)."[15] Zweierlei scheint mir an dieser Stelle wichtig festzuhalten: Angesichts von Machtmissbrauch über „Kirche und Organisationsberatung" nachzudenken und zu sprechen, macht in meinen Augen nur Sinn, wenn nicht abstrakt von „Kirche", „Organisation" und „Machtmissbrauch" die Rede ist, sondern konkrete kirchliche Organisationseinheiten wie das AKO und das in ihnen möglich gewordene Missbrauchsgeschehen zur Sprache kommen. Und zweitens: Gerade weil ich einen systemisch-lösungsorientierten Ansatz von Organisationsberatung vertrete, ist das AKO ein nachdrückliches und mahnendes Beispiel dafür, dass angesichts einer jahrzehntelangen Missbrauchsgeschichte und der Vielzahl der in dieser Geschichte direkt oder indirekt eine Rolle Spielenden und Verstrickten, dass also aufgrund der hohen systemischen Komplexität Lösungen welcher Art auch immer nicht einfach vorgelegt werden können und das Missbrauchsdrama damit beendet wäre – ganz sicher auch nicht mit Hilfe von Organisationsberatung!

---

[14] C. *Haep*, Wie kann eine präventive Neuausrichtung gelingen? Zum Stand und zu den Herausforderungen der Präventionsarbeit am AKO, in: E. Hagenberg-Miliu (Hrsg.), Unheiliger Berg. Das Bonner Aloisiuskolleg der Jesuiten und die Aufarbeitung des Missbrauchsskandals, Stuttgart 2014, 203–214, hier: 203.
[15] Ebd., 204. – Exploration von und Exposition zu konkreten Missbrauchsfällen sind auch für Stefan Kopp wichtige Voraussetzungen für eine theologische Aufarbeitung des Missbrauchsgeschehens: „Noch mehr als bisher könnte der wissenschaftliche Diskurs dazu dienen, anhand von konkreten Beispielen – nicht polemisch und ohne verdeckte kirchenpolitische Interessen, sondern differenziert und versachlicht – systemische Probleme der Kirche herauszuarbeiten und in kirchliche Reformprozesse einzubringen. [...] Ergänzend zu einem eher deduktiven Ansatz, der stark von allgemeinen Prinzipien und schematisch-normativen Modellen her denkt und sie in konkrete Situationen übersetzt, könnte ein eher induktiver Ansatz helfen, an konkreten Erfahrungen und Phänomenen *pars pro toto* Beobachtungen anzustellen und so einen Beitrag für die Weiterentwicklung allgemeiner Grundsätze zu leisten" (S. *Kopp*, Macht – Kirche – Missbrauch. Geistliche Autorität neu denken, in: Ders. [Hrsg.], Macht und Ohnmacht in der Kirche. Wege aus der Krise, Freiburg i. Br. 2020, 7–14: hier: 12).

3. Organisationsberatung – hilfreich bei der Bearbeitung und Beendigung kirchlichen Machtmissbrauchs?

Kann Organisationsberatung denn überhaupt eine relevante, will heißen: hilfreich-konstruktive Rolle in der Bearbeitung und Bewältigung, vielleicht sogar bei der erhofften Überwindung strukturell-systemischer Bedingungen von kirchlichem Machtmissbrauch spielen? Um diese zentrale Frage einigermaßen seriös beantworten zu können, braucht es verschiedene Reflexionsschleifen. Zumindest drei solcher Anläufe seien in der gebotenen Kürze im Folgenden versucht:

Im Raum steht zum einen die nicht neue Frage, ob Kirche überhaupt so etwas wie eine Organisation ist. Walter Fürst und Burkard Severin kommentierten vor 20 Jahren den damals spürbaren Hype von Organisationsberatung im kirchlichen Raum aus guten theologischen Gründen äußerst kritisch, hielten aber zugleich fest:

> „Selbst wenn man zurecht sagen kann, der Leib Christi *ist* keine Organisation, so bleibt doch unbestreitbar: Die Kirche (bzw. das Christentum) *bedarf* der Organisation und *hat* faktisch immer schon eine bestimmte, geschichtlich gewachsene Organisation, jedenfalls bediente sie sich vielfältig gesellschaftlich vorgegebener Organisationselemente und artikulierte sich in ihnen."[16]

Von daher ist für Fürst und Severin klar: „Die kirchliche Wirklichkeit ist (auch) organisational" – allerdings nicht im Sinne eines Apparats, sondern als „offene Systeme" und als „lernende Organisation"[17].

Angenommen, Kirche begreift sich (zumindest auch) als Organisation, dann steht zweitens zur Debatte, ob Kirche nicht nur der Theorie nach, sondern auch ganz real eine auf Beratung setzende „lernende" Organisation sein möchte und ob diese Organisationsberatung dann im zuvor skizzierten Sinne systemisch-lösungsorientiert sein kann bzw. darf. Hier kann nicht pauschalisiert werden, sondern es braucht den Blick auf die Vielzahl der inzwischen prakti-

---

[16] W. *Fürst/B. Severin*, Organisationsentwicklung – Überlebensstrategie für die Kirche? Eine neue Form der Unternehmensberatung fordert Bistumsleitungen, Gemeindepastoral und kirchliche Verbände heraus – Anmerkungen aus Sicht der Praktischen Theologie, in: Pastoralblatt 51 (1999) 259–273, hier: 262.

[17] Ebd., 264.

zierten kirchlichen Organisationsberatungsprozesse mit teils internen, teils externen Organisationsberater(inne)n. Bedauerlicherweise werden die projektierten, laufenden oder durchgeführten Beratungsprozesse selten wirklich transparent kommuniziert. In vielen Debatten um sexuellen Missbrauch oder andere Formen des Machtmissbrauchs im kirchlichen Raum wird zudem auf Missbrauchsfälle außerhalb von Kirche – in Familien, nicht-kirchlichen Schulen und Internaten, Sportvereinen, therapeutischen Einrichtungen etc. – verwiesen. Wie wäre es, wenn statt solcher allzu durchsichtigen Verantwortungsleugnung und -verschiebung kirchlicherseits tatsächlich einmal der Perspektivwechsel gewagt und „out of the box" gedacht würde? Wenn als Kirche dort buchstäblich zur Schule gegangen wird, wo Kirche nicht das Sagen hat, aber Vertrauensverhältnisse wie in Kirche alltags- und systemkonstitutiv und von daher mit vielen Chancen, aber allen Risiken belastet sind? Über den Tellerrand kirchlicher Praktiken hinauszuschauen, heißt selbstverständlich auch zu sagen, was außerhalb von Kirche nicht in Ordnung ist.

Drittens will der konkrete Modus der Organisationsberatung im Kontext von kirchlichem Machtmissbrauch gründlich reflektiert werden. Auch hier lediglich eine Andeutung: Meiner Erfahrung nach bedürfen Organisationsberatungsprozesse welcher Art auch immer grundsätzlich der Initiierung, Beauftragung und Sinnstiftung aus der Organisation heraus, wollen sie von den Organisationsmitgliedern, die solchen Prozessen gegenüber häufig ohnehin misstrauisch eingestellt sind, nicht als aufgezwungen interpretiert werden. Es gehört meines Erachtens zu den zentralen Aufgaben von Führungskräften, als Sinnstifter(innen) für solche Change-Prozesse zu werben. Wenn es aber um Machtmissbrauch geht, hat jede Führung mit der ihr inhärenten Macht strukturell einen schweren Stand. Von daher braucht es hier aus meiner Sicht eine konsequente Umkehrung der Verhältnisse: Ohnmächtige und zum Opfer von Machtmissbrauch gewordene Personen haben nicht nur im Boot von Organisationsentwicklungsprozessen zu sitzen (das tun sie in der systemischen Logik ohnehin), sondern gehören meines Erachtens an das Ruder bzw. Steuer einer „lernenden Organisation" – vorausgesetzt, sie sind vom Sinn des angestrebten Wandlungsprozesses überzeugt und deshalb bereit, mit in die Sinnstifterrolle zu gehen. Denn:

„Die Opfer des Missbrauchs sind für die Kirche keine *aliens*, gefährliche Fremde aus anderen Welten, gegen deren verwundete körperliche Präsenz allein klare Kanten katholischer Disziplin helfen. Sie sind vielmehr befremdlich andere, die die Kirche aber verführt hat, sich auf Kirche zu ihrem Schaden einzulassen, und deren körperliche Präsenz deshalb daran erinnert, wie weit Kirche selbst von dem entfernt ist, wozu sie eigentlich da ist – Menschen den Himmel aufzuschließen."[18]

In diesem Zusammenhang fällt der Blick auf den von der Deutschen Bischofskonferenz und dem Zentralkomitee der deutschen Katholiken initiierten „Synodalen Weg" – ein Prozess mit wahrlich organisations- bzw. kirchenentwicklerischen Potenzialen inklusive des Synodalforums „Macht und Gewaltenteilung in der Kirche – Gemeinsame Teilnahme und Teilhabe am Sendungsauftrag". In der Ende November 2019 in Kraft getretenen Satzung des Synodalen Weges[19] heißt es zu Beginn der Präambel:

„Die katholische Kirche in Deutschland macht sich auf einen Weg der Umkehr und der Erneuerung. Wir stellen uns der schweren Krise, die unsere Kirche, insbesondere durch den Missbrauchsskandal, tief erschüttert. Wir setzen auf das große Engagement aller, die in der Kirche aktiv mitarbeiten."

Damit wird in begrüßenswerter Klarheit nochmals herausgestellt, was der Auslöser für den Beratungsprozess war: die große Zahl der im letzten Jahrzehnt bekanntgewordenen Fälle sexueller und sexualisierter Gewalt im Raum der katholischen Kirche und die offenkundigen Hinweise auf strukturell-systemische Ursachen dieses Machtmissbrauchs. In seinem Brief an das pilgernde Volk Gottes in Deutschland vom 29. Juni 2019 greift Papst Franziskus in seiner Ermutigung zur pastoralen Bekehrung allerdings diesen Auslöser für den Synodalen Weg nicht auf. Auch in der Satzung des Synodalen

---

[18] *H.-J. Sander*, Beschämte Opfer, schamlose Vertuscher und unverschämte Täter. Strange Encounters mit der unheiligen Trinität des sexuellen Missbrauchs, in: Lebendige Seelsorge 70 (2019) 167–172, hier: 172.

[19] Online verfügbar unter https://www.synodalerweg.de/fileadmin/Synodalerweg/Dokumente_Reden_Beitraege/Satzung-des-Synodalen-Weges.pdf (zuletzt abgerufen am 31.07.2020).

Weges wird in Artikel 1 lediglich als zweite Aufgabe beschrieben, dass

„die Deutsche Bischofskonferenz regelmäßig über die Maßnahmen zur Aufarbeitung und Aufklärung des sexuellen Missbrauchs in der Kirche, die damit verbundenen Maßnahmen zu dessen Prävention und Verhinderung in der Zukunft sowie die Schritte zur Einführung einer zeitgemäßen Straf- und Verwaltungsgerichtsbarkeit im Bereich der Deutschen Bischofskonferenz"

berichten wird. Erste Aufgabe soll hingegen die gemeinsame Suche nach „Schritten zur Stärkung des christlichen Zeugnisses" in den vier Themen- und Handlungsfeldern „Macht und Gewaltenteilung in der Kirche – Gemeinsame Teilnahme und Teilhabe am Sendungsauftrag", „Priesterliche Existenz heute", „Frauen in Diensten und Ämtern in der Kirche", „Leben in gelingenden Beziehungen – Liebe leben in Sexualität und Partnerschaft" sein. Diese Thematiken, so wichtig sie sind, lassen wohl lediglich für kirchenkundige Menschen ihre indirekte Herkunft aus dem Kontext der Aufarbeitung der Missbrauchsfälle und der künftigen Präventionsarbeit erkennen. Stattdessen kann der Eindruck entstehen, kirchliches Interesse hätte sich sehr schnell wieder auf die üblichen Grabenkämpfe und Stellungskriege der institutionellen Selbstbeschäftigung zurückgezogen. Artikel 3 der Satzung schlüsselt dann die Zusammensetzung der Synodalversammlung auf, Artikel 4 beschreibt den Kreis der Beobachterinnen und Beobachter sowie Gäste der Synodalversammlung, Artikel 5 weist auf die Geistliche Begleitung des Synodalen Weges hin, Artikel 6 und 7 benennen, wer zum Synodalpräsidium bzw. erweiterten Synodalpräsidium gehören soll. Artikel 8 spricht davon, dass zu den thematischen Synodalforen neben Mitgliedern der Synodalversammlung auch weitere Beraterinnen und Berater hinzugewählt werden. Artikel 9 schließlich weist auf die Rolle und Funktion des Sekretariats des Synodalen Weges hin. Opfer bzw. Betroffene oder deren Vertreter(innen) werden in der Satzung nicht eigens genannt. Aber gerade ihre Stimmen und ihr Mitwirken – nicht nur als Zeugen oder Beiräte, sondern als Mitverantwortliche – bräuchte der angestrebte Umkehr- und Erneuerungsprozess.[20]

---

[20] Vgl. in diesem Sinne die kurz vor dem Start des „Synodalen Weges" am 1. Adventssonntag 2019 formulierte Intervention: *P. Bauer/U. Feeser-Lichterfeld*, Zwi-

„Aufklärung und Aufarbeitung beginnen, wenn die Opfer anfangen zu sprechen und zu berichten"[21], dieser Satz von Matthias Katsch lässt aufhorchen. Hier geht es nicht einfach um den Anfang in der Chronologie der Bewältigung eines Missbrauchsgeschehens, sondern um die notwendige Bedingung für grundlegende und nachhaltige Veränderungen in der Struktur der Täter beherbergenden, wenn nicht gar erst ermöglichenden Organisation. Mit dem „Anhören der Opfer und ihrer Leidensgeschichten", so Katsch, „setzt die Spirale der Aufarbeitung ein, die Institutionen verändern und wirksame Prävention ermöglichen kann."[22] Den Organisationsberater(inne)n fiele dann die bescheidene, angesichts der vielen Tabuisierungen und Vertuschungsversuche aber ausgesprochen wichtige Rolle und Funktion des Kommunikations- und Klärungshelfers zu, die sie mit der gebotenen Allparteilichkeit bzw. Neutralität und Neugier[23] sowie selbstredend mit größtmöglicher Achtsamkeit und Offenheit gegenüber den beteiligten von Missbrauch Betroffenen zu füllen hätten, um deren Instrumentalisierung und damit ein neuerliches Missbrauchsgeschehen zu vermeiden.[24]

4. Wider einer Ancilla-Rolle für Organisationsberatung oder Theologie

Als Verfasser der hier vorgelegten Überlegungen positioniere ich mich nicht (zumindest nicht primär) als Organisationsberater, sondern als Theologe, genauer als Praktischer Theologe mit pastoralpsychologischem Schwerpunkt. Pastoralpsychologie verstehe ich dabei mit Rainer Bucher als gute Gelegenheit, dass Theologie und Psychologie zu so etwas wie „Geschwister [werden] in der Ent-

---

schenruf zum Synodalen Weg: *Nicht ohne die* Opfer! 21.11.2019. Online verfügbar unter https://www.feinschwarz.net/zwischenruf-zum-synodalen-weg (zuletzt abgerufen am 31.07.2020); sowie *J. Loffeld*, „Dem Volk auf's Maul schauen!" (M. Luther). Heterogenität und Solidarität als wichtige Navigationskoordinaten für den synodalen Weg, in: Zeitschrift für Pastoraltheologie 39 (2019) 125–136, hier: 134.

[21] *M. Katsch*, Einführung (s. Anm. 10), 13.

[22] Ebd., 18.

[23] Das Zueinander dieser für systemische (auch Organisations-)Beratung gebotenen Haltungen beschreiben *A. von Schlippe/J. Schweitzer*, Lehrbuch der systemischen Therapie und Beratung, Göttingen [10]2007, 119–122.

[24] Vgl. *M. Katsch*, Einführung (s. Anm. 10), 27.

deckung der menschlichen Existenz, wie sie unter der Perspektive des Gottes Jesu sein könnte."[25] Deutlich wird hier, dass es für Theologie um mehr als das unkritische Adaptieren von organisationsberaterischem Know-how oder Tools gehen muss (zumal Organisationsberatung selbst nicht gegenüber Machtmissbrauch immun ist[26]) und dass umgekehrt auch eine theologische Monopolisierung der Machtdebatte ohne organisationswissenschaftliche oder organisationsberaterische Fremdprophetie nicht zielführend sein kann; stattdessen ist der wechselseitig-kritische Kontrast in der Wahrnehmung, Beschreibung und Bearbeitung von organisationalen Machtgefügen und deren Missbrauchspotenzialen gefragt.

Dass die „Parteien", also Theologie hier und Psychologie, Soziologie oder eben auch Organisationsberatung dort, dabei keineswegs geschlossen ihre jeweilige Position in den inter- bzw. intradisziplinären Dialog einbringen, zeigte jüngst anschaulich eine lehrreiche Kontroverse zweier Pastoraltheologen zum Stichwort „Macht": Matthias Sellmann fordert alle theologischen Disziplinen dazu auf, „endlich […] unverkrampft über Macht zu sprechen"[27], und nimmt dabei zugleich das eigene Fach, die Pastoraltheologie, besonders in die Pflicht. Sellmann nennt es eine „verräterische Verkürzung", wenn bei der Suche nach den Ursachen für Missbrauch innerhalb der katholischen Kirche „ausschließlich die Kleriker als Schuldige fokussiert werden." Zwar müsse unterschieden und juristisch festgestellt werden, „wer manifeste Täter sind und wer nicht", doch ist für Sellmann klar, „dass das tragende und eventuell mit-auslösende System dieser innerkirchlichen Taten von Vielen gebildet wird, also von deutlich mehr als den Tätern." Diesen Gedanken führt Sellmann weiter aus, wenn er sagt:

„Unterlassungen, Dispositionen und Co-Abhängigkeiten sind sehr oft systemische Faktoren von finalen Taten, ob in Kirche oder außerhalb von ihr. Es ergibt sich auch hier eine komplexe

---

[25] R. *Bucher*, Kontrast, nicht Konkurrenz! Zur kirchlichen Bedeutung der Pastoralpsychologie, in: Quart o. Jg. (2006) Nr. 2, 8–10, hier: 10.

[26] Vgl. A. *Schreyögg*/C. *Rauen*, Missbrauch – nun auch im coaching?, in: Organisationsberatung, Supervision, Coaching 9 (2002) 287–294.

[27] M. *Sellmann*, Sprecht über Macht! Für eine Theologie kirchlicher Organisation, in: Herder Korrespondenz 73 (2019) Nr. 8, 14–16, alle weiteren Zitate dieses Absatzes hier: 14.

Gemengelage, die mit monokausalen Zuschreibungen nicht adäquat abgebildet werden kann."

Sellmann folgert:

> „Es ist daher für alle Rollen-, Funktions- und Charismenträger im Kirchengefüge wichtig, vor der eigenen Tür zu kehren und nach dem eigenen Anteil am Ganzen zu suchen. Auch die Rolle der Theologie kommt so in den Blick und wird selbstkritisch reflektiert."

Nach Sellmann ist es deshalb gefordert, „eine umfassende Theologie kirchlicher Organisation zu entwickeln und die allfälligen Kirchenreformen von hierher zu systematisieren." Letztendlich brauche es, so Sellmann, „die Umwandlung in eine moderne Organisation der Kirche", um „sich wirksam zum Phänomen ihrer Macht zu verhalten."

Herbert Haslinger hält dagegen: Ja, „[s]precht über Macht – aber so, dass es Menschen hilft". Zwar seien „Kleriker nicht qua Kleriker-Sein schuldig", aber „die verschiedenen Formen des Machtmissbrauchs" hätten sehr wohl „sehr viel mit dem privilegierenden, aus der Schar der Gläubigen herausragenden Status zu tun, den Kleriker bis dato nach konventionellem Selbstverständnis für sich beanspruchen."[28] Darüber hinaus – und das ist für die eigenen Überlegungen von großer Bedeutung – kritisiert Haslinger scharf die Forderung Sellmanns, zur Umwandlung von Kirche in eine moderne und so auch gegen Machtmissbrauch weitgehend immune Organisation müssten die Konzepte der Organisationsberatung „nicht nur ‚halbiert' und ‚selektiv', sondern ‚komplett' übernommen" werden.[29] Diese Position ist aus Sicht Haslingers fatal, denn so bliebe unberücksichtigt, „dass kirchliche Machthaber ihre machtförmigen Akte gerade über Organisationsmechanismen (oder verdeckt davon) vollziehen und dass gerade die Verfasstheit der Kirche als Organisation auf Personen vielfach machtförmig wirkt"[30]. Von daher, so das Resümee dieser Replik, spricht Sellmann nach Ansicht von Haslinger

---

[28] *H. Haslinger*, Sprecht über Macht – aber so, dass es Menschen hilft. Eine Replik auf Matthias Sellmanns Vorschlag einer Theologie kirchlicher Organisation, in: Herder Korrespondenz 73 (2019) Nr. 9, 48–51, hier: 48.

[29] Ebd., 49.

[30] Ebd.

„so über Macht, dass diese Rede sich in die Organisation Kirche einpasst und den Interessen der Machthaber dieser Organisation entspricht. Diese Rede von Macht hilft den Machthabern in der Kirche, ihre Macht auszuüben; sie hilft nicht den Menschen in der Kirche, sich gegen Machtmissbrauch zu wehren."[31]

Schon bei der Lektüre dieser wenigen Zitate ist zu spüren, wie aufgeladen das Thema ist und wie naiv es wäre, von der Organisationsberatung eine allzu schnelle oder leichte Lösung der Macht- und Missbrauchsproblematik in der Kirche zu erwarten. Dies gilt umso mehr, als die Theorie und Praxis der Organisationsberatung selbst sich schwertun, der Komplexität der Machtthematik, dem „letzte[n] schmutzige[n] Geheimnis der Organisation"[32], Herr zu werden. Theologie im Ganzen und Pastoralpsychologie im Besonderen haben hier im Gespräch mit modernen Organisationstheorien und den verschiedenen Ansätzen von Organisationsberatung noch zahlreiche Machtfragen – insbesondere im Zusammenhang institutioneller Bedingungen und organisatorischer Strukturen, die den Missbrauch von Macht erleichtern und begünstigen – zu klären.[33] „In der Pastoralpsychologie", um nochmals Rainer Bucher zu zitieren,

„treffen theologische und psychologische Kompetenz am nämlichen Objekt, dem Menschen in seiner konkreten, oft leidbeschwerten Lebenssituation, aufeinander. Das kann zu Konkurrenz führen und wird dann destruktiv. Das kann auch zu wechselseitiger Kompetenzstützung führen und wirkt dann hilfreich, aber verändert wechselseitig wenig. Das kann aber auch

---

[31] Ebd., 51.
[32] So zitieren in *F. von Ameln/P. Heintel* (Hrsg.), Macht in Organisationen. Denkwerkzeuge für Führung, Beratung und Change Management, Stuttgart 2016, die Herausgeber in ihrem Vorwort (IX–XI, hier: IX) den 2014 verstorbenen Organisationsentwickler Warren Bennis.
[33] Als Beispiel mag an dieser Stelle der Hinweis auf *D. Ferring/H. Willems*, Macht und Missbrauch in Institutionen. Konzeption, Begriffsbestimmung und theoretische Perspektiven, in: H. Willems/D. Ferring (Hrsg.), Macht und Missbrauch in Institutionen. Interdisziplinäre Perspektiven auf institutionelle Kontexte und Strategien der Prävention, Wiesbaden 2014, 13–26, sowie auf *S. J. Schiemann/E. Jonas*, Streben nach Macht fern von Ethik: Die „dunkle Triade" bei Führungskräften und die Folgen für Organisationen, in: Organisationsberatung, Supervision, Coaching 27 (2020) 251–263, genügen.

zu einem kreativen Kontrast führen, der Neues sichtbar macht, und zwar in beidem: in unserem Glauben wie in unserer psychologischen Sicht des Menschen. Das wäre das Ziel."[34]

Dieses Ziel zu verfolgen, ist alternativlos, ist doch Machtmissbrauch ein „pastorales Querschnittsthema", das sich nicht im sexuellen Missbrauch erschöpft, sondern dort in extremer Weise ein prinzipielles Problem von Kirche aufweist.[35]

5. Mehr „Pastoralgemeinschaft" als „Religionsgemeinschaft", mehr „pastoral" als „Pastoral"

Ein Versuch (!) solch kreativer Kontrastierung sei gewagt: Wenn Kirche, Macht und Ohnmacht sowie Möglichkeiten und Grenzen von Organisationsberatung in der Aufarbeitung und Prävention von Machtmissbrauch in und durch Kirche reflektiert werden, dann kann meines Erachtens die von Hans-Joachim Sander stark gemachte Unterscheidung von Kirche als Religionsgemeinschaft und als Pastoralgemeinschaft weiterhelfen.[36] Solange Kirche sich vornehmlich als eine machtvolle Religionsgemeinschaft formiert und präsentiert, solange Kirche als Religionsgemeinschaft den Zeiten nachtrauert, in der sie als wahre Definitionsmacht der Welt galt, kann sie den vom letzten Konzil eingeschlagenen Weg hin zu einer Pastoralgemeinschaft nicht konsequent genug verfolgen. Wenn es stimmt, was Sander dieser pastoralgemeinschaftlichen Wende, ja Umkehr von Kirche zuschreibt, dann steht die kirchliche Gemeinschaft unter pastoralgemeinschaftlichem Vorzeichen „nicht im Rahmen der Macht über die Menschen, sondern dient der Repräsentanz jener Ohnmacht, mit der Menschen in den Welten von heute gekennzeichnet sind."[37] Für Sander sucht die Pastoralgemeinschaft Kirche dabei nicht die Ohnmacht der Ohnmacht wegen, sondern strebt

---

[34] *R. Bucher*, Kontrast, nicht Konkurrenz (s. Anm. 25), 9.
[35] *C. Bauer*, Macht in der Kirche. Für einen postklerikalen, synodalen Weg, in: Stimmen der Zeit 144 (2019) 531–543, hier: 532.
[36] Vgl. grundlegend *H.-J. Sander*, Nicht ausweichen. Die prekäre Lage der Kirche, Würzburg 2002.
[37] Ebd., 26.

nach jener Macht, „die Menschen aus der Gewalt von Ohnmachts-erfahrungen herausführen kann", und stellt sich der „Erfahrung Gottes, der sich als erlösende und befreiende Tätigkeit einer Macht aus der Ohnmacht offenbart."[38] Wer solche Sichtweise auf Kirche teilt, wird den höchst ambiva-lenten Formen von „Pastoralmacht" und „Pastorat"[39] gegenüber ausgesprochen (selbst-)kritisch sein und im Interesse von men-schen- wie organisationsdienlichen Machtverhältnissen auch nach Möglichkeiten der Organisationsberatung suchen, ohne diese für eine religionsgemeinschaftliche Restauration verzwecken zu wollen. Es geht dann vielmehr um eine Selbstrelativierung kirchlich-organi-sierter, großgeschriebener „Pastoral" zugunsten einer intensiven Auseinandersetzung mit der Qualität von Pastoral, also mit der kleingeschriebenen und prädikativ-adjektivisch verstandenen „pas-toral": Was von dem, so lautet dann die zentrale Frage, was wir mal mehr, mal weniger explizit in der Nachfolge Jesu stehend tun, kann dem Anspruch näherungsweise gerecht werden, zu helfen oder zu-mindest nicht zu verunmöglichen, ein Evangelium zu erfahren, das buchstäblich zur „guten Nachricht" wird?[40] Mit Verweis auf die Art und Weise, wie die Evangelien von Jesu Vollmacht sprechen, die er von Gott verliehen bekam und die von der angebrochenen Gottes-herrschaft kündete, stellt beispielsweise Norbert Mette ein alternati-ves Machtmodell vor[41]; er zitiert Hermann-Josef Venetz, der mit Blick auf die Bergpredigt sagte:

---

[38] Ebd., 27.
[39] Zu diesen Stichworten vgl. z. B. *U. Bröckling*, Gute Hirten führen sanft. Über Menschenregierungskünste, Berlin 2017; *U. Engel*, Pastoralmacht. Reflexionen mit Michel Foucault, in: Wort und Antwort 56 (2015) 163–169; *H. Steinkamp*, Die „Pastoralmacht" und das Subjekt, in: Ders., Lange Schatten der Pastoral-macht. Theologisch-kritische Rückfragen, Berlin 2015, 11–29.
[40] Vgl. *R. Feiter*, Das Evangelium wird zur „guten Nachricht", in: Ders./H. Müller (Hrsg.), Frei geben. Pastoraltheologische Impulse aus Frankreich, Ostfildern 2012, 139–151, sowie ausführlich zur Kriteriologie der Pastoralität, also des Pas-toralen der Pastoral: *Ders.*, Wann ist Praxis pastoral – und was lässt sich aus ihr für die Pastoral lernen?, in: U. Feeser-Lichterfeld/K. G. Sander (Hrsg.), Studium trifft Beruf. Praxisphasen und Praxisbezüge aus Sicht einer angewandten Theo-logie, Ostfildern 2019, 97–108.
[41] Vgl. *N. Mette*, Kirche und Macht, in: Pastoraltheologische Informationen 35 (2015) 215–233.

„Wo Jesus auftritt, können Menschen wieder atmen, können
Menschen wieder aufstehen, der Blinde kann wieder sehen, der
an die Wand Gedrückte wird in die Mitte gestellt, dem Ausgesto-
ßenen wird Gemeinschaft angeboten. Königsherrschaft Gottes
zielt auf das Leben des Menschen: auf das ganze Leben des Menschen und auf das Leben des ganzen Menschen."[42]

Dementsprechend gilt für Mette:

„Oberste Richtschnur für die Ausgestaltung der Macht in der Kir-
che ist, dass sie dem Beispiel Jesu folgend gemäß dem Willen
Gottes der Ermächtigung der anderen zu ihrem Menschsein in
Freiheit, Gerechtigkeit und Solidarität dient."[43]

Wenn wir uns – theologisch und existenziell aufrichtig – dieser Frage
nach dem Prädikat „pastoral" (kleingeschrieben!) stellen, dann
könnte die nicht zuletzt durch die offenkundig gewordenen Fälle
und Strukturen kirchlichen Machtmissbrauchs sich massiv ver-
schärfte Krise der (großen) Pastoral auch als lehrreiche Ohnmachtserfahrung gedeutet und im beschriebenen Verständnis systemischer
Organisationsberatung lösungsorientiert genutzt werden.[44]

[42] H.-J. Venetz, zitiert nach ebd., 229.
[43] N. Mette, Kirche und Macht (s. Anm. 41), 232.
[44] Unmittelbar vor Fertigstellung dieses Aufsatzmanuskriptes veröffentlichte die va-
tikanische Kleruskongregation am 20.07.2020 unter der Überschrift „Die pastorale
Umkehr der Pfarrgemeinde im Dienst an der missionarischen Sendung der Kirche"
(online verfügbar unter https://dbk.de/fileadmin/redaktion/diverse_downloads/
presse_2020/2020-07-20_Instruktion-Die-pastorale-Umkehr-der-Pfarrgemeinde.
pdf, zuletzt abgerufen am 31.07.2020) eine Instruktion, deren Inhalt und Rezeption
einmal mehr den „langen Weg in eine nachklerikale Kirche" (Rainer Bucher) vor
Augen führt, der sich wohl auch durch Organisationsberatung – wenn überhaupt –
nur unwesentlich verkürzen lässt.

Heilsame Liturgie?

Die Karfreitagsfürbitte im Kontext der Missbrauchskrise auf dem Prüfstand

Andreas Odenthal

1. Einleitung, Fragestellung und Gedankengang

Der Regisseur des umstrittenen Dokumentarfilms über Benedikt XVI. „Verteidiger des Glaubens", Christoph Röhl, hat bezüglich der Missbrauchskrise in der katholischen Kirche gesagt: „Mich berührt am meisten, dass die Kirche nicht die Größe hat, zu den Opfern zu gehen und ihnen zu sagen: Wir haben euch Unrecht getan." Die Vertrauenskrise habe, so der Regisseur weiter, nicht in erster Linie mit dem Missbrauch, sondern mit dessen Vertuschung zu tun.[1] Die eigentliche Erschütterung kam demnach deshalb, weil die Kirchenleitung nicht sogleich und eindeutig auf der Seite der Opfer stand, sondern sich um die Täter sorgte und damit um ihr eigenes Selbstbild, das ungeachtet der Realität rein erhalten werden sollte. Inzwischen haben die vielen Debatten zu einem Umdenken innerhalb der Kirche geführt.[2] Ein Beispiel hierfür steht im Zentrum der folgenden Untersuchungen, nämlich die besondere Fürbitte im Kontext der Missbrauchskrise, die im Jahre 2010 von den deutschen Bischöfen als Erweiterung der Großen Fürbitten am Karfreitag vorgeschlagen worden ist. Damit sind die Missbrauchskrise und der Umgang mit ihr auch Thema der Liturgiewissenschaft, die seit einiger Zeit damit zusammenhängende Fragen diskutiert.[3] Es geht

---

[1] Vgl. G. *Felder*, Der neue Dokumentarfilm von Christoph Röhl. Film „Verteidiger des Glaubens": Benedikt XVI. als Gescheiterter, 27.09.2019. Online verfügbar unter https://www.kirche-und-leben.de/artikel/film-verteidiger-des-glaubens-benedikt-xvi-als-gescheiterter/ (zuletzt abgerufen am 13.05.2020).

[2] Zu Folgen für das theologische Denken vgl. u. a. den Überblick bei *M. Remenyi*, Die Theologie und die Missbrauchskrise. Inhaltliche und strukturelle Problemfelder, in: Ders./Th. Schärtl (Hrsg.), Nicht ausweichen. Theologie angesichts der Missbrauchskrise, Regensburg 2019, 230–241.

[3] Vgl. etwa *A. Odenthal*, Liturgie und Liturgiewissenschaft im Kontext der Miss-

grundsätzlich darum wahrzunehmen, dass es beim sexuellen Missbrauch nicht nur um die Täter-Opfer-Dyade geht, sondern dass er ein „traumatisches Milieu" zur Voraussetzung hat.[4] Und genau an dieser Stelle spielt auch der Gottesdienst mit hinein. Die Fragen gehen dabei in mehrfache Richtungen: Zum einen wäre zu untersuchen, inwiefern die Liturgie Machtstrukturen untermauert, die missbräuchlich verwendet werden können. Hierher gehört etwa das Stichwort der Klerikalisierung, das im Hinblick auf die Liturgie inzwischen kontrovers diskutiert wird.[5] Zum anderen wäre zu prüfen, inwieweit der Gottesdienst selbst missbraucht und verwundet („traumatisiert") werden kann, nämlich immer dann, wenn er nicht mehr als Frei-Raum des Symbolischen erfahren werden kann. Es geht bei solchen Fragen keineswegs nur um die „Symptomebene", sondern umfassender um tieferliegende Strukturfragen von Machtverhältnissen und deren Ritualisierungen. Zugleich wird aber weiter auszuloten sein, wie denn Macht im Gottesdienst positiv umzusetzen sei, etwa in Form geistlicher Vollmacht, die als Leitungskompetenz die Charismen einer gottesdienstlichen Versammlung nutzt und freisetzt. Es geht in den anschließenden Ausführungen nicht um eventuelle liturgische *Ursachen* der Missbrauchskrise, sondern um eine rituelle *Umgangsweise* mit dem Thema Missbrauch, die vorgestellt und kritisch hinterfragt werden soll. Die Überlegungen gehen in folgenden Schritten vor. Zuerst werden einige grundlegende theoretische Weichenstellungen im Hinblick auf den Begriff und

brauchsdebatte. Zum Gottesdienst der Kirche in der Spannung von traumatischer und ritueller Erfahrung, in: Liturgisches Jahrbuch 69 (2019) 3–19. Auf diesen Artikel wird im Folgenden öfters zurückgegriffen.

[4] Zu Begriff und Sache vgl. etwa W. *Reuter*, Relationale Seelsorge. Psychoanalytische, kulturtheoretische und theologische Grundlegung (Praktische Theologie heute 123), Stuttgart 2012, 140–143. – Zu systemischen Dimensionen der Missbrauchskrise vgl. etwa auch R. *Werden*, Systemische Vertuschung. Zur Rede von Scham in den Stellungnahmen von Bischöfen im Kontext der Veröffentlichung der MHG-Studie, in: M. Striet/R. Werden (Hrsg.), Unheilige Theologie! Analysen angesichts sexueller Gewalt gegen Minderjährige durch Priester (Katholizismus im Umbruch 9), Freiburg i. Br. 2019, 41–77.

[5] Vgl. etwa die unterschiedlichen Positionen bei B. *Kranemann*, „Das Volk Gottes nichts ausstechen", in: Gottesdienst 52 (2018) 245–247; *Ders.*, Probleme hinter Weihrauchschwaden. Was die Liturgie mit der Kirchenkrise zu tun hat, in: Herder Korrespondenz 73 (2019) 13–16, sowie H. *Hoping*, Missbrauchte Liturgie, in: Herder Korrespondenz 73 (2019) 48–51.

die Sache des Traumas im Kontakt zum Modell „ritueller Erfahrung"
beschrieben (2. Kapitel). Sodann wird der liturgische Kontext der
Karfreitagsliturgie ausgeleuchtet (3. Kapitel), vor deren Hintergrund
dann die Karfreitagsfürbitte im Kontext der Missbrauchskrise selbst
zur Sprache kommt (4. Kapitel). Danach werden der Karfreitagsfürbitte exemplarisch Fürbitten aus den „Materialien zum Gebetstag
für Opfer sexuellen Missbrauchs" von 2019 gegenübergestellt, um
die Möglichkeiten heilsamen Betens auszuloten (5. Kapitel). Eine
Zusammenfassung (6. Kapitel) bündelt schließlich die Ergebnisse
und zieht einige Schlussfolgerungen.

2. Traumatisierte oder traumatisierende Liturgie oder Frei-Raum des Symbolischen?

Der Begriff des „Trauma", der Wunde, ist ursprünglich im Bereich
der Medizin beheimatet.[6] Die Psychoanalyse hat ihn auf den psychischen Apparat übertragen, der ebenso wie der Körper verwundet
werden kann.[7] Folgende „Kurzdefinition" soll nun zugrunde gelegt
werden: „Traumatische Erfahrung [...] zerstört oder überschreitet
Grenzen"[8]. Genau dies geschieht im Missbrauch, weil die Grenzen
des anderen Menschen, der sich in einer wie immer gearteten Ab-

---

[6] Es kann in diesem Kontext nicht um eine Relecture der komplexen Begriffs-
geschichte des Traumas im Duktus Freudscher Psychoanalyse gehen. Vgl. hier *J.
Laplanche/J.-B. Pontalis*, Das Vokabular der Psychoanalyse, Frankfurt a.
M.[11]1992, 513–518. *W. Bohleber*, Die Entwicklung der Traumatheorie in der Psychoanalyse, in: Psyche 54 (2000) 797–839. – Ein Beispiel für die Übernahme des
Traumabegriffes in einen pastoralpsychologischen Kontext bietet *M. Meyer-
Blanck*, Art. Trauma, in: Religion in Geschichte und Gegenwart 8 ([4]2005) 574f.
[7] Beides kann auch zusammengehen, denkt man an die körperliche wie psychische „Bedrohung" des Menschen im Kontext des Geburtsvorgangs. Zum Begriff im Kontext der Geburtsangst vgl. etwa *L. Janus*, Die Bedeutung des Konzepts
der Geburtsangst in der Geschichte der Psychoanalyse, in: Psyche 41 (1987)
832–845.
[8] *J. Küchenhoff*, Verlust des Selbst, Verlust des Anderen – die doppelte Zerstörung
von Nähe und Ferne im Trauma, in: Psyche 58 (2004) 811–835, hier 811. An dieser Stelle ist darauf hinzuweisen, dass das komplexe System von Küchenhoff hier
natürlich eine Verkürzung erfahren muss. Vgl. deshalb zu Begriff und Sache des
„traumatischen Milieus" ausführlicher *W. Reuter*, Relationale Seelsorge (s.
Anm. 4), 140–143.

hängigkeit befindet, missachtet werden. Joachim Küchenhoff wertet eine solche Grenzüberschreitung als eine „doppelte Zerstörung", die ein psychisches Trauma auslöst. Denn mit der Grenze werden sowohl Nähe als auch Ferne menschlicher Beziehungen zerstört. Das Trauma betrifft genau die Grenzziehung der Psyche zwischen Innen und Außen, die das Individuum von einem sozialen Kontext trennt, aber diesen umgekehrt erst ermöglicht. Gerade die Grenze zwischen Innen und Außen ist für das Selbstgefühl wie die Beziehungen der Menschen unverzichtbar. In diesem Kontext steht ein zweites Diktum, das nun auch liturgiewissenschaftlich relevant ist: „Symbolisierung aber ist auf die Getrenntheit von Subjekt und Objekt angewiesen"[9]. Damit ist das entscheidende Stichwort gefallen, nämlich das der Symbolisierung.[10] Gemeint ist in einem ursprünglichen Sinne die Fähigkeit des Menschen, inneren Wünschen und Vorstellungen eine äußere Gestalt zu verleihen. Diese Fähigkeit ist erst möglich, wenn eine Grenzziehung zwischen Subjekt und Objekt existiert. Dann vermag der Mensch sein Leben auszudrücken, seiner inneren psychischen Befindlichkeit eine äußere Gestalt zu verleihen und so in Kontakt zu anderen Menschen zu treten. Zugleich bietet eine solche Symbolisierung die Chance, aus einem subjektiven Erleben eine Erfahrung werden zu lassen, die einen kulturellen Ausdruck finden kann.[11] Genau solche Prozesse von Symbolisierung haben die Liturgie hervorgebracht: Sie hält die Erfahrungstradition der Geschichte Israels wie des Christentums fest und ritualisiert sie. Damit birgt sie viele subjektive Erfahrungen, die im Laufe der religiösen Erzähltraditionen verobjektiviert wurden und nachfolgenden Generationen zur Verfügung stehen, um mit ihnen ihre je neuen und eigenen

---

[9] *M. Hirsch*, Psychoanalytische Traumatologie – Das Trauma in der Familie. Psychoanalytische Theorie und Therapie schwerer Persönlichkeitsstörungen, Stuttgart 2004, 118.

[10] Vgl. hierzu unter dem Stichwort Symbolik *J. Laplanche/J.-B. Pontalis*, Vokabular (s. Anm. 6), 481–486. Zum Symbolbegriff bei Freud vgl. auch *A. Odenthal*, Liturgie als Ritual. Theologische und psychoanalytische Überlegungen zu einer praktisch-theologischen Theorie des Gottesdienstes als Symbolgeschehen (Praktische Theologie heute 60), Stuttgart 2002, 144–149.

[11] Vgl. hierzu *R. Schaeffler*, Philosophische Einübung in die Theologie 1: Zur Methode und zur theologischen Erkenntnislehre (Scientia & Religio 1/1), Freiburg i. Br. – München 2004, 198.

Erfahrungen zu verbinden (zu „symbolisieren"), was im Ritual Ausdruck finden kann.[12] Die Fähigkeit zu solcher Symbolbildung entwickelt sich in Beziehungen und korrespondiert mit der Fähigkeit zur Grenzziehung, zum Erleben des Getrenntseins vom Objekt.[13] Das Trauma zerstört mit den Grenzen zwischen Subjekt und Objekt auch die Symbolisierungsfähigkeit und zieht neben allen weiteren Verletzungen Sprachlosigkeit nach sich: Der traumatisierte Mensch verliert die Fähigkeit zur „Äußerung"[14]. Damit aber wird er des für das Leben so notwendigen dritten Wirklichkeitsbereiches beraubt, nämlich des Raumes der Kultur. Er vermag nicht mehr, aus der eigenen Situation in einen Raum der Freiheit herauszutreten, der als dritte Größe jede dyadische Beziehungsform aufbricht.

Diskutiert man den Begriff des Traumas, näherhin traumatischer und traumatisierender Erfahrungen im Kontext des Glaubens, seiner Praxis und speziell seiner Feier, geht es genau um die Grenze von innerer Erfahrung des Glaubens und äußerer Gestalt ebendieser Erfahrungen in den Ritualen. Die Frage ist dann, welche äußeren wie inneren Bedingungen dazu beitragen, dass eine notwendige Grenzziehung im Gottesdienst der Kirche misslingt und die Liturgie nicht mehr als Raum der Freiheit erfahren werden kann. Dies ist in einem doppelten Sinne zu verstehen, nämlich zunächst, ob und unter welchen Bedingungen die Liturgie selbst traumaförderlich sein kann.[15] Die Frage ist sodann, wann der Gottesdienst selbst „traumatisiert", verwundet ist, indem die Grenzziehung zwischen „Innen" und „Außen", Subjektivität und Objektivität zerstört, zumindest verwischt ist. Es geht dann um die bereits von Romano Guardini benannte

---

[12] So etwa R. *Guardini*, Vom Geist der Liturgie (1918), Mainz – Paderborn [20]1997, 16: „Im Zusammensein von Menschen verschiedenster Veranlagung [...] ist das Zufällige und Besondere bis zu einem gewissen Grad abgefallen [...]. Die betreffende Weise geistlichen Verhaltens ist objektiv geworden".
[13] Vgl. *M. Hirsch*, Traumatologie (s. Anm. 9), 117; *A. Odenthal*, Liturgie als Ritual. Theologische und psychoanalytische Überlegungen zu einer praktisch-theologischen Theorie des Gottesdienstes als Symbolgeschehen (Praktische Theologie heute 60), Stuttgart 2002, 170–174.
[14] Vgl. *M. Hirsch*, Traumatologie (s. Anm. 9), 118.
[15] Diese Frage findet man in der m. E. äußerst einseitigen Darstellung bei *N. Mette*, Sakramente – Instrumente der Unterdrückung und Symbole der Befreiung. Ästhetische und theologische Anstöße, in: Diakonia 36 (2005) 317–321.

Einsicht, dass „eine Beschädigung der Liturgie immer auch einen schädlichen Einfluß auf die Seele haben muß"[16].

Mit dem Modell „ritueller Erfahrung" versuche ich, die Liturgie in einem dritten Wirklichkeitsbereich anzusiedeln.[17] Er ist zwischen innerer Wahrnehmung und äußerer Realität angesiedelt und vermag als „Frei-Raum" des Symbolischen, eigene Lebenserfahrungen mit den verdichteten Gotteserfahrungen der jüdisch-christlichen Tradition zu vermitteln. Doch darf dies nicht in einem idealisierenden Sinne missverstanden werden. Alfred Lorenzer hat darauf hingewiesen, dass dem Symbolischen grundsätzlich auch Symptomcharakter anhaftet, also auch der Liturgie der Kirche.[18] Der Frei-Raum der Liturgie besteht unter anderem auch darin, Ausdruck der Verwundungen unseres Menschseins zu sein, zugleich aber die Glaubenshoffnung darzustellen. Damit ist das gottesdienstliche Tun unter den eschatologischen Vorbehalt gestellt. Vor diesem kurz abgesteckten theoretischen Hintergrund soll nun der Fokus auf die besondere Karfreitagsfürbitte im Kontext der Missbrauchskrise von 2010 gelenkt werden.

---

[16] So *Th. Stark*, Liturgie als Symbolische Objektivation religiöser Glaubensinhalte. Guardinis richtungsweisender Entwurf eines kulturtheoretischen Forschungsprogramms, in: Münchener Theologische Zeitschrift 50 (1999) 243–257, hier 257, in Anschluss an *R. Guardini*, Vom Geist der Liturgie (s. Anm. 12), 15f.: „Denn es dreht sich nun nicht mehr um Weisen des geistlichen Verhaltens, die nur einem augenblicklichen Bedürfnis genügen sollen, sondern um bleibende Einrichtungen, die fortwährend ihren Einfluß auf die Seele ausüben. [...] So ist es klar, daß sich jeder Baufehler mit unausweichlicher Notwendigkeit durchsetzen wird. Anfangs wird er wohl noch durch die besonderen Umstände, Erregungen, Bedürfnisse verdeckt, welche die betreffende Form geistlichen Verhaltens entstehen ließen. Je mehr diese aber verschwinden und die regelmäßige Seelenlage hergestellt wird, desto stärker muß jeder innere Fehler zum Durchbruch kommen, zerstörend in die Breite und Tiefe wirken".

[17] Vgl. insgesamt *A. Odenthal*, Rituelle Erfahrung. Praktisch-theologische Konturen des christlichen Gottesdienstes (Praktische Theologie heute 161), Stuttgart 2019.

[18] „Die kulturellen Objektivationen sind entweder Symbole der Freiheit oder Symptome des Zwangs, wobei im einzelnen Kunstwerk der Symbolcharakter sich mit dem Symptomcharakter nicht nur mischen kann, sondern in aller Regel vermischt", so *A. Lorenzer*, Tiefenhermeneutische Kulturanalyse, in: Ders., Kultur-Analysen. Psychoanalytische Studien zur Kultur, Frankfurt a. M. 1988, 11–98, hier 85. Vgl. zu Lorenzer *A. Odenthal*, Rituelle Erfahrung (s. Anm. 17), 170–173.

3. Der liturgische Kontext: Die Karfreitagsliturgie

Es ist hier nicht der Ort, der Geschichte der Karfreitagsfürbitten wie der Karfreitagsliturgie insgesamt nachzugehen.[19] Doch sollen kurze Hinweise zur Struktur der Feier dazu dienen, den die Karfreitagsfürbitten umgebenden liturgischen Kontext vorzustellen. So nur kann die besondere Bedeutung der Einfügung der Karfreitagsfürbitte aus Anlass der Missbrauchskrise deutlich werden. Eingerahmt in einen (in derartiger Knappheit einmaligen) Eröffnungs- und Schlussteil wird die Karfreitagsliturgie aus vier Abschnitten gebildet, nämlich Wortgottesdienst, die Großen Fürbitten, die Kreuzverehrung und die Kommunionfeier.[20] In unserem Kontext ist besonders der Blick auf die unmittelbar auf die Großen Fürbitten folgende Kreuzverehrung von Bedeutung. Reinhard Messner hat das besondere Szenarium der Kreuzverehrung herausgestellt, nämlich das durch den Gekreuzigt-Auferstandenen vorgenommene Gericht, das nicht nur am Ende der Zeiten, sondern ritualisiert schon in jeder Karfreitagsliturgie an der versammelten Gemeinde vollzogen wird.[21] Die im Kreuz gewirkte Erlösung gibt es nur durch das vom wiederkommenden Christus ausgeübte Gericht hindurch, dem sich die zum Pascha versammelte Gemeinde jetzt unterzieht. Die eucharistische Liturgie des Kardienstag und Karmittwoch mit den Evangelienlesungen vom Verrat des Judas können bereits als ein Hinweis hierauf verstanden

---

[19] Vgl. hier *P. De Clerck*, La ‚prière universelle' dans les liturgies latines anciennes. Témoignages patristiques et textes liturgiques (Liturgiegeschichtliche Quellen und Forschungen 62), Münster 1977, 125–144 (zu den Großen Fürbitten); *St. Winter*, Mit Christus und durch ihn Gebete und Bitten vor den bringen, ‚der ihn aus dem Tod retten konnte' (Hebr 5,7). Zur Praxis und Theologie der Großen Fürbitten in der Karfreitagsliturgie, in: B. Leven/M. Stuflesser (Hrsg.), Ostern feiern. Zwischen normativem Ausdruck und lokaler Praxis (Theologie der Liturgie 4), Regensburg 2013, 89–112.

[20] Vgl. zur im Laufe der Liturgiegeschichte etablierten Kombination der einzelnen, ehemals selbständigen Feierelemente *H. Auf der Maur*, Feiern im Rhythmus der Zeit I. Herrenfeste in Woche und Jahr (Gottesdienst der Kirche 5), Regensburg 1983, 107–113.

[21] Vgl. *R. Messner*, Zur theologischen Interpretation von Prozessionsantiphonen am Beispiel einiger Antiphonen für den Karfreitag und den Ostermorgen, in: H. Buchinger/D. Hiley/S. Reichert (Hrsg.), Prozessionen und ihre Gesänge in der mittelalterlichen Stadt. Gestalt – Hermeneutik – Repräsentation (Forum Mittelalter. Studien 13), Regensburg 2017, 217–229, hier 219–225.

werden. Die zur Kreuzverehrung am Karfreitag vollzogene Prozession mit dem zu enthüllenden Kreuz kommt deshalb idealerweise aus dem Osten auf die Gemeinde zu, um ihr das Kreuz zur Verehrung und zum Gericht darzubieten: Der Osten wird dabei als die Himmelsrichtung verstanden, aus der Christus am Ende der Zeiten zum Weltgericht wiederkommt. Verbunden wird die Kreuzverehrung mit den am Buch Micha (Mi 6,3) orientierten Improperien:

> „Mein Volk, was habe ich dir getan, womit nur habe ich dich betrübt? Antworte mir. Aus der Knechtschaft Ägyptens habe ich dich herausgeführt. Du aber bereitest das Kreuz deinem Erlöser. Mein Volk, was habe ich dir getan, womit nur habe ich dich betrübt? Antworte mir. Hágios ho Theós. Sanctus Deus. Heiliger Gott."[22]

Die Gesänge sind auf vielfache Weise interessant, ohne dies hier auch nur ansatzhaft einholen zu können. Vor allem ist zu betonen, dass sie auf die Bekehrung der gesamten, hier konkret versammelten Kirche hin zielen und in keiner Weise als antijudaistische Anklage zu verstehen sind: Der Adressat ist die Christenheit, die jetzt Jesu Tod feiert. Zugleich wird das Heilshandeln Gottes in der Geschichte Israels bedacht: Ein Gedenken des Kreuzes Christi geht für die Kirche nicht anders, als dass zugleich die Heilsgeschichte Israels memoriert wird. Sodann wird ein entscheidender Bruch in der Beziehung der Menschen zu Gott markiert: Dem Heilshandeln Gottes fehlt auf Seiten der Menschen eine konkrete Antwort – deshalb der Aufruf: „Antworte mir." Und all das geht ins Dreimal-Heilig (Trishagion) über: Nur der Lobpreis bleibt rettende Haltung auf Seiten der Menschen, gerade in dieser Feier des Bruches des Kreuzes. Das erwartete Reich Gottes erweist sich als Erlösung, aber zugleich als Gericht.[23]

---

[22] Text in: *Die Feier der Heiligen Messe*. Messbuch. Für die Bistümer des deutschen Sprachgebietes. Authentische Ausgabe für den liturgischen Gebrauch. Das Messbuch deutsch für alle Tage des Jahres. Hrsg. im Auftrag der Bischofskonferenzen Deutschlands, Österreichs und der Schweiz sowie der Bischöfe von Bozen-Brixen und Lüttich ([2]1988), Freiburg i. Br. 2007, hier [56].

[23] Vgl. *A. Gerhards*, Improperia, in: Reallexikon für Antike und Christentum 17 (1996) 1198–1212; *I. Mildenberger*, Die Improperien – unbequemes Denkmal oder notwendiges „Denk mal"?, in: B. Leven/M. Stuflesser (Hrsg.), Ostern feiern. Zwischen normativem Anspruch und lokaler Praxis (Theologie der Liturgie 4), Regensburg 2013, 130–153.

Dabei bleibt der Gott Israels und Jesu als der Heilige größer als alles menschliche Fragen. Es dürfte nicht unerheblich sein, dass dieses ritualisierte Gerichtsszenarium Zielpunkt und Kontext der Karfreitagsfürbitten ist. Die fürbittende und den Tod Jesu feiernde Kirche selbst ist auf dem Prüfstand. Vielleicht deshalb sind die Großen Fürbitten des Karfreitags derart ritualisiert: In jedem Jahr sind sie gleich, haben keine konkreten aktuellen Anliegen zum Thema, sondern eher allgemeine, die dabei streng die Hierarchie der Kirche abbilden. Bei aller Festlegung von Text und Reihenfolge wurden auch in der Vergangenheit an dieser Sonderform der Fürbitten Veränderungen vorgenommen, etwa in der Karolingerzeit durch eine aus politischen Motivationen vorgenommene Ausdehnung auf den Karmittwoch.[24] Damit handelt es sich also keineswegs um stabiles unveränderliches Liturgiegut. Die zehn Gebetsanliegen sind: für die heilige Kirche, für den Papst, für alle Stände der Kirche, für die Katechumenen, für die Einheit der Christen, für die Juden, für alle, die nicht an Christus glauben, für alle, die nicht an Gott glauben, für die Regierenden, für alle notleidenden Menschen, wobei besonders die Fürbitte für die Juden in ihrer Fassung für den außerordentlichen Ritus scharfe Kritik hervorgerufen hatte.[25] Die Möglichkeit der Einfügung einer weiteren konkreten Fürbitte in einer spezifischen Notlage und aus aktuellem Anlass sieht das aktuelle Messbuch grundsätzlich vor: „In einer schweren öffentlichen Notlage kann der Ortsordinarius eine besondere Bitte zusätzlich gestatten oder anordnen"[26]. Doch dürfte anhand der erwähnten Facetten deutlich geworden sein, welches Gewicht eine solche Einfügung und die konkrete Fürbitte selbst vor diesem Hintergrund erhalten. Damit ist nun die

---

[24] Vgl. M. Klöckener, Die „orationes sollemnes" am Mittwoch der Heiligen Woche (OR XXIV, 1–4): Eine Neuerung aus der Karolingerzeit, in: Archiv für Liturgiewissenschaft 34 (1992) 84–101.

[25] Vgl. W. Homolka/E. Zenger (Hrsg.), „… damit sie Jesus Christus erkennen". Die neue Karfreitagsfürbitte für die Juden, Freiburg i. Br. 2008. – Zur Problematik der weggelassenen Kniebeuge als antijudaistische Tendenz im Mittelalter vgl. J. Bärsch, Antijüdische Deutungen liturgischer Vollzüge und Gebräuche im Mittelalter. Beobachtungen zu einem Phänomen der Liturgiegeschichte, in: K. Oschema/L. Lieb/J. Heil (Hrsg.), Abrahams Erbe. Konkurrenz, Konflikt und Koexistenz der Religionen im europäischen Mittelalter (Das Mittelalter 2), Berlin – München – Boston 2015, 509–521, hier 511–516.

[26] Die Feier der Heiligen Messe (s. Anm. 22), [42] (Nr. 12).

Fürbitte im Kontext der Missbrauchskrise selbst zu thematisieren und zu problematisieren.

4. Die Karfreitagsfürbitte von 2010 im Kontext der Missbrauchskrise: Ambivalentes Beten

Die außerordentliche Karfreitagsfürbitte ist nicht in den Amtsblättern der deutschen Diözesen promulgiert worden, sondern von den Ordinariaten wohl direkt an die Pfarreien gesandt worden. Die vorstehende Fassung aus Eichstätt dürfte wohl die offizielle Version sein, wobei einzelne Diözesen eigene Textfassungen herausgaben, die im Folgenden unberücksichtigt bleiben.[27] Der Text der Karfreitagsfürbitte im Kontext der Missbrauchskrise lautet so:

D. (P.): Lasst uns beten für die Kinder und Jugendlichen, denen inmitten des Volkes Gottes, in der Gemeinschaft der Kirche, großes Unrecht angetan wurde, die missbraucht und an Leib und Seele verletzt wurden; wir beten auch für diejenigen, die schuldig geworden sind und sich schwer versündigt haben an jungen Menschen, die ihrer Sorge und Obhut anvertraut waren.
(D.: Beuget die Knie. – D.: Erhebet euch.)
P.: Allmächtiger, ewiger Gott, dein Sohn ist in seinem Leiden selbst ein Opfer von Unrecht und Gewalt geworden; wegen unserer Sünden wurde er bis ins Herz verwundet. Sei mit deiner Liebe, deinem Trost und deiner Kraft allen nahe, denen großes Unrecht geschehen ist und die tiefe seelische Verletzungen erlitten haben; richte sie auf, heile ihre Wunden und stärke ihren Glauben; den Schuldigen aber gib Einsicht und Reue, die Bereitschaft zur Umkehr und den festen Willen, vergangene Untaten gut zu machen. Sende uns allen deinen Heiligen Geist als Beistand, damit wir auf dem Weg deiner Gebote bleiben, dem Bösen wider-

---

[27] So die Aussage von Dr. Marius Linnenborn vom Deutschen Liturgischen Institut, dem an dieser Stelle herzlich gedankt sei. Vgl. auch B. Jeggle-Merz, „Schweigen wäre gotteslästerlich". Gottesdienst im Angesicht von Missbraucherfahrungen, in: K. Hilpert/S. Leimgruber/J. Sautermeister/G. Werner (Hrsg.), Sexueller Missbrauch von Kindern und Jugendlichen im Raum der Kirche. Analysen – Bilanzierungen – Perspektiven (Quaestiones disputatae 309), Freiburg i. Br. 2020, 305–316, hier 311–312.

stehen und entschiedener das Gute tun. Darum bitten wir durch Christus, unseren Herrn. – *A.:* Amen.[28]

Zunächst ist in aller Deutlichkeit festzuhalten, welchen Fortschritt diese Karfreitagsfürbitte bedeutet. Es wird nicht länger vertuscht oder verschwiegen, sondern endlich hingeschaut. In der zentralen Liturgie des Kirchenjahres, dem Triduum Paschale, wird der Missbrauchsskandal zum Thema des Betens der Kirche. Die Notlage wird in Gebet umgesetzt, das gleichermaßen die Opfer wie die Täter umfasst – letzteres ist übrigens keine leichte, aber eine wichtige Sache. Doch gerade weil diese Fürbitte an derart zentraler Stelle eines durch die Jahrhunderte immer wieder reflektierten und veränderten liturgischen Tuns steht, darf und muss sie hinterfragt werden, und zwar auf zwischen den Zeilen aufzufindende Grundmuster, die auch theologisch problematisiert werden sollen. Die interesseleitende Frage ist, inwieweit solche eher unreflektiert zugrunde gelegten Muster sich gerade jener Einstellung verdanken, die auch einen Missbrauch hat möglich werden lassen. Anders gesagt: Es geht darum, einer nötigen Grenzziehung oder fatalen Grenzverletzung in der Liturgie nachzuspüren. Die Wahrung der Grenze des anderen Menschen und des nicht menschlicher Manipulation unterworfenen Gottes ist für die Liturgie notwendig, damit sie sowohl als Ausdruck menschlicher oft konflikthafter Lebenswirklichkeit wie auch als der von Gott geschenkte Freiraum des Glaubens erfahren werden kann.

4.1. „Mut zur Selbstbegegnung statt vorschneller Vergebungsbitte" (Dieter Funke)

Zuerst stellt sich eine gravierende Grundsatzfrage, nämlich die, wem eine solche Fürbitte eigentlich dient und ob sie als ein Versuch der Kirche gewertet werden kann, sich auf die Seite der Opfer zu stellen. Unter der Überschrift „Mut zur Selbstbegegnung statt vorschneller Vergebungsbitte" führt Dieter Funke aus:

---

[28] Zusätzliche Fürbitte in den Großen Fürbitten des Karfreitags 2010. Online verfügbar unter https://www.bistum-eichstaett.de/fileadmin/missbrauch/fuerbitte-karfreitag.pdf (zuletzt abgerufen am 15.05.2020).

„Kirchliche Verantwortliche reden sehr schnell von Reue und
Vergebung. Den Opfern helfen aber weder eine depressive Selbst-
erniedrigung noch die zu schnell vorgetragene Vergebungsbitte
weiter. Vor allem Letztere ist deshalb oftmals schädlich, weil sie
die Traumatisierung insofern wiederholt, als jetzt das Opfer benutzt wird, damit der Täter ent-schuldet und sich besser fühlen
kann, weil der Fleck von seinem Kleid beseitigt wurde."[29]

Von hierher kann problematisiert werden, ob nicht das Ziel, jetzt etwas Richtiges zu tun und so den Schaden zu begrenzen, interesseleitend ist. Das aber wäre deshalb fatal, weil es wiederum der Kirche
nicht eigentlich um die Opfer ginge, sondern letztlich wieder nur
um sich selbst. Das hieße dann: Das im Duktus der Karfreitagsliturgie in der auf die Fürbitten folgenden Kreuzverehrung ritualisierte
Gericht soll „abgefedert" werden, anstatt sich ihm zur Gänze zu stellen und damit Mut zur Selbstbegegnung zu wagen. Das heißt aber
auch, für die Frage sensibilisiert zu werden, welche Rolle bei diesem
Beten den Betroffenen, den Opfern zukommt. Sie sind hier doch
eher Objekte des wiedergutmachenden Handelns der Kirche, nicht
zuletzt deshalb, weil im Duktus der Karfreitagsfürbitten das zusam-
menfassende Gebet dem Priester als Repräsentant des kirchlichen
Amtes zukommt. So aber wird den Betroffenen keine Chance einge-
räumt, in dem Sinne Subjekte ihres Lebens zu werden, weil sie selber
vor Gott ihr Leid klagen.

Damit ist die grundlegende Konstruktion der Fürbitte fragwürdig: Nicht die Opfer und Betroffenen stehen vor Gott, um in den
alten Formen von Klage und Anklage zu beten, sondern die kirchliche Hierarchie bemächtigt sich „von oben" des Themas und macht
es zu ihrem, statt es in die Hände der Opfer zu geben und eventuell
mit ihnen zusammen zu beten.[30] Das aber kann als Grenzverletzung
verstanden werden: Es sind nicht die Opfer, die *als Subjekte* einen
Gottesdienst planen, um mit biblisch fundierter Klage den Gott Is-

---

[29] D. *Funke*, Die Wunde, die nicht heilen kann. Die Wurzeln des sexuellen Missbrauchs. Eine Psychoanalyse der Kirche, Oberursel 2010, 124.

[30] Hier stellt sich die grundlegende Frage nach einer „Hierarchisierung" des Gottesdienstes. Vgl. dazu ernüchternd N. *Lüdecke*, Feiern nach Kirchenrecht. Kanonistische Bemerkungen zum Verhältnis von Liturgie und Ekklesiologie, in: Jahrbuch für biblische Theologie 18 (2003) 395–456.

raels und Jesu an ihre Seite zu rufen, und zwar gegen die Täter und auch gegen die diese unterstützenden Institutionen. Vielmehr sind und bleiben die Opfer *Objekte* des Handels und Bittens – auf dieser Ebene kommen sie aus ihrem Objektsein nicht heraus. Es findet zugleich eine Zensur des Gottesdienstes wie des Betens statt: Er ist nicht Ort der Klage der Opfer, sondern Klage und Anklage werden zensiert und dispensiert – wie etwa auch die Psalmen im Beten der Kirche insgesamt.[31] Die Liturgie hat so etwas Widerständiges, gar Subversives, nämlich den Protest verloren und ist von der kirchlichen Institution eingehegt. Die Frage ist, ob denn die Opfer „Thema" eines offiziellen Gottesdienstes dieser Kirche sein wollen, die Schuld an ihrem Leid trägt. Und die Fürbitte ist, zumindest in einem allzu vergröberten Blick, von der Gruppe organisiert, die damals die Täter schützte und jetzt alles richtig machen will. Wenn die Opfer selbst ihr Leid und ihre Hoffnung im Raum der Kirche ritualisieren wollen, ist das etwas anderes. Aber dieser Raum ist dann vergiftet, wenn er ganz sauber und rein sein muss, weil jetzt die kirchliche Hierarchie alles richtig macht. Damit aber würde der „Missbrauch" der Opfer fortgesetzt, man bliebe demselben Paradigma verpflichtet wie bei der Vertuschung des Missbrauchs: Nach außen hin soll alles perfekt sein. Dann geht es der Hierarchie weiterhin letztlich nur um sich selbst. Die Tragik besteht darin, dass das starke Zeichen der besonderen Karfreitagsfürbitte nun eine tiefe Doppelbödigkeit offenbart.

---

[31] So die *Allgemeine Einführung in das Stundengebet*, Nr. 131, in: Die Feier des Stundengebetes. Stundenbuch 1–3. Für die katholischen Bistümer des deutschen Sprachgebietes. Authentische Ausgabe für den liturgischen Gebrauch. Hrsg. im Auftrag der Deutschen und der Berliner Bischofskonferenz, der Österreichischen Bischofskonferenz sowie der Bischöfe von Luxemburg, Bozen-Brixen, Lüttich, Metz und Straßburg, Einsiedeln – Köln – Freiburg i. Br. u. a. 1978, 1, 25*–106*, hier 73*: „Die drei Psalmen 58 (57), 83 (82) und 109 (108), in denen der Fluchcharakter überwiegt, sind in das Psalterium des Stundengebetes nicht aufgenommen. Ebenso sind einzelne derartige Verse anderer Psalmen ausgelassen, was am Beginn jeweils vermerkt ist. Diese Textauslassungen erfolgten wegen gewisser psychologischer Schwierigkeiten, obwohl Fluchpsalmen sogar in der Frömmigkeitswelt des Neuen Testaments vorkommen (z. B. Offb 6,10) und in keiner Weise zum Verfluchen verleiten wollen". Vgl. hierzu E. *Zenger,* Ein Gott der Rache? Feindpsalmen verstehen (Biblische Bücher 1), Freiburg i. Br. – Basel – Wien 1994, 43–73; auch *Ch. Brüning,* „Gott möge ihnen einen Blitz ins Gesäß jagen". Zu den Feindpassagen in den Psalmen, in: Erbe und Auftrag 82 (2006) 128–138.

4.2. Hilft der Blick auf einen „solidarischen" Jesus?

Die Anamnese des zusammenfassenden Gebetes ruft nach der Got-
tesprädikation das Schicksal Jesu in Erinnerung: „[…] dein Sohn ist
in seinem Leiden selbst ein Opfer von Unrecht und Gewalt geworden; wegen unserer Sünden wurde er bis ins Herz verwundet".
Dieser Rekurs auf das Schicksal Jesu möchte augenscheinlich den
Missbrauchsopfern die Solidarität Jesu aufgrund seines eigenen
Schicksals zusagen. Doch kann das gelingen? Es ist ein Unterschied,
ob Betroffene selber diese Deutungskategorie als hilfreich für sich
entwickeln oder ob die Deutung einfachhin „von oben" angeboten
wird. Daran entscheidet sich, ob der anamnetische Rekurs wirklich
hilfreich ist, in einen Raum der Freiheit führt, oder ob er gar als ver-
letzend erfahren wird, weil angesichts des Leidens Christi das Unheil
der Betroffenen relativiert wird und eventuell nun kaum mehr zählt.
Zudem gibt es einen entscheidenden Unterschied zwischen dem
Schicksal der Betroffenen und dem Schicksal Jesu. Jesus wird „aus
freiem Willen" zum Opfer, um seiner Botschaft treu zu bleiben und
die Kette der Gewalt zumindest an dieser einen konkreten heils-
geschichtlichen Situation zu durchbrechen.[32] Die Missbrauchsopfer
aber konnten sich als Kinder oder Jugendliche nicht wehren: Sie hatten keine Wahl. Daher wird fraglich, ob das Schicksal Jesu – so
rememoriert – wirklich als Deutefolie des verwundeten Lebens dienen kann.

4.3. Ein fragwürdiges Heilungsparadigma

Für die Missbrauchsopfer wird in der zusammenfassenden Oration
Gottes Trost und Kraft erbeten: „Sei mit deiner Liebe, deinem Trost
und deiner Kraft allen nahe, denen großes Unrecht geschehen ist
und die tiefe seelische Verletzungen erlitten haben; richte sie auf,
heile ihre Wunden und stärke ihren Glauben". Dass Liebe, Trost
und Kraft Gottes für die Menschen erbeten wird, denen – wie die
Oration sagt – nicht nur Unrecht geschehen ist, sondern die auch
seelisch verletzt worden sind, ist nachvollziehbar und berechtigt.

---

[32] Vgl. zu diesem Themenkomplex etwa A. Odenthal, Gewalt – Ritual – Differenz. Eine praktisch-theologische Problemskizze, in: Theologische Quartalschrift
191 (2011) 341–353.

Doch gerade diese Verletzung – Traumatisierung – lässt den letzten Teil der Bitte fragwürdig werden. Geht es jetzt wirklich vorrangig darum, den Glauben der Opfer zu stärken? Könnte es nicht sein, dass einige überhaupt nicht mehr glauben können, wenn ausgerechnet Vertreter der Institution, die Gottes Liebe bezeugen soll, Urheber oder Vertuscher ihrer Verletzungen sind? Eine Traumatisierung besteht unter anderem darin, dass die Fähigkeit zur Äußerung zerstört ist und stattdessen Sprachlosigkeit vorherrscht. In einer solchen Situation dürfte der Glaube und seine Symbolisierung höchst problematisch sein, weshalb eher mit einer Latenzzeit zu rechnen ist. Genau das aber scheint die hier betende Kirche nicht aushalten zu können, genauso wenig wie die durch ihre Amtsvertreter verursachten Verwundungen. Deshalb bittet die Oration darum, Gott möge die Wunden heilen. Aber Wunden nach einem Missbrauch können nicht heilen – man kann das Verbrechen nicht ungeschehen machen. Die Rede von einer Heilung legt ein Ganzheits- und Heilungsparadigma zugrunde, das menschlich und theologisch fragwürdig ist.[33] Auf der menschlichen Ebene kann eine solche Bitte die Opfer unter Druck setzen, dass irgendwann doch „alles wieder gut sein" muss, was aber nicht geht. Theologisch wäre ein solches Heilungsparadigma durch den Blick auf das Schicksal Jesu zu hinterfragen. Denn die Wunden des Leidens und Sterbens Jesu werden auch nicht durch die Auferstehung einfachhin „geheilt", sondern bleiben. Sie dienen sogar als Erkennungsmerkmal des Gekreuzigt-Auferstandenen für seine Jünger: „Nach diesen Worten zeigte er ihnen seine Hände und seine Seite. Da freuten sich die Jünger, als sie den Herrn sahen" (Joh 20,20). Die (freilich verklärten) Wunden Jesu sind Teil der Identität des „Heiles von Gott her". Statt einer „heilenden" Praxis geht es um einen „heilsamen" Umgang mit den verwundeten Menschen.[34] Er gesteht bleibende Verwundungen zu und respektiert die damit gegebenen Grenzen. Dazu kann auch gehören, die Betroffe-

[33] Vgl. hier D. *Funke*, Idealität als Krankheit? Über die Ambivalenz von Idealen in der postreligiösen Gesellschaft, Gießen 2016.
[34] Zum Begriff des „Heilsamen" im Unterschied zu idealisierenden Konzepten ganzheitlicher „Heilung" vgl. W. *Reuter*, Heilsame Seelsorge. Ein psychoanalytisch orientierter Ansatz von Seelsorge mit psychisch Kranken (Theologie und Praxis 19), Münster 2004.

nen solange mit religiösen Deutungsmustern in Ruhe zu lassen, bis sie von selber *vielleicht* danach suchen und fragen.

4.4. Verallgemeinerung der Schuld auf Kosten einer Verantwortlichkeit der Täter

Ein weiterer Kritikpunkt trifft die Tendenz zu einer Verallgemeinerung der Schuld, wenn die Karfreitagsfürbitte „unsere Sünden" erwähnt. Nun soll nicht geleugnet werden, dass es um ein missbräuchliches Milieu geht, zu dem nicht bloß Täter und Opfer zählen. Aber kann die Verantwortung der Täter so einfach in eine nebulöse Gemeinschaftshaftung aufgelöst werden? Eine der notwendigen Formen im Umgang mit der Missbrauchskrise besteht gerade darin, die Täter als Subjekte ernst zu nehmen und sie nicht aus der Verantwortung für ihr Tun zu entlassen, sondern ganz im Gegenteil mit ihren Taten und deren Folgen zu konfrontieren.[35] Auf eine andere Facette in diesem Kontext hat Klaus Mertes hingewiesen, nämlich die Problematik einer Haftungsgemeinschaft, wenn sie – wie in der Kirche – in einem nicht-demokratischen System zum Tragen kommt:

„[…] kein einziger katholischer Laie trägt Verantwortung dafür, wer die Kirche regiert, wer die Bistümer regiert, wer zu Priestern geweiht wird und wer Leitungsfunktionen in der Kirche ausübt. Deswegen liegt hier die Grenze zum Vergleich mit einer Haftungsgemeinschaft für Regierungsfehler in einer demokratischen Gesellschaft, in der die Bürger durch ihr Wahlverhalten und zahlreiche andere Formen der Partizipation Mitverantwortung tragen dafür, wer sie regiert und wie sie regiert werden. Wenn man die Verfassung der Kirche so will, wie sie ist, dann muss man auch bereit sein, die Konsequenz zu tragen – und dann liegt die volle Verantwortung gerade auch für die Haftung beim Klerus, vor allem beim leitenden Klerus."[36]

---

[35] Vgl. hier D. *Funke*, Idealität (s. Anm. 33), 143.

[36] K. *Mertes*, Die Kirche ist mit Blick auf Entschädigungen keine Solidargemeinschaft, 13.11.2019. Online verfügbar unter https://www.katholisch.de/artikel/23578-die-kirche-ist-mit-blick-auf-entschaedigungen-keine-solidargemeinschaft (zuletzt abgerufen am 15.05.2020).

Dem Urteil ist insofern zuzustimmen, als ansonsten missbräuchliche Strukturen auf Kosten der Laien fortgesetzt würden.

4.5. Das Problem einer Wiedergutmachung

Im Hinblick auf die Täter erbittet das Gebet „Einsicht und Reue, die Bereitschaft zur Umkehr und den festen Willen, vergangene Untaten gut zu machen". Die entscheidende Frage aber ist, wie denn Wiedergutmachung gehe und ob sie gelingen kann. Ein Ungeschehen-Machen der zugefügten Verwundungen ist unmöglich. Die einzige Möglichkeit der Opfer ist, mit den Verwundungen leben und umgehen zu können. Die einzige Möglichkeit der Täter ist, mit der Schuld zu leben und an sich zu arbeiten. Einzig diese Form des Lebens mit Verwundung und Schuld kann begleitet und möglichst heilsam gestaltet werden.

4.6. Die Tendenz zur Extrapolation von Schuld

Die Fürbitte schließt mit dem Gebetsanliegen, dass alle „dem Bösen widerstehen" können. So sinnvoll es ist, in einem liturgischen Kontext grundsätzlich um Erlösung vom Bösen zu bitten, so fragwürdig wird diese Bitte im Kontext des Missbrauchsskandals. Denn sie kann als Delegation der Schuld nach außen verstanden werden, als Extrapolation der Verantwortung auf ein (unbestimmtes) Böses, anstatt menschliche Reife und Verantwortung einzufordern und systemische Korrekturen vorzunehmen. Diese Form des Umgangs mit Schuld ist, jedenfalls nach der Diagnose von Alexander und Margarete Mitscherlich, eine grandiose Abwehrstrategie, die übrigens das westliche Nachkriegsdeutschland im Umgang mit der unendlichen Schuld des Nationalsozialismus entwickelte:

„In jedem Fall ist das Böse externalisiert; es wird draußen gesucht und trifft einen von außen. Dem korrespondiert die Über-Ich-Entwicklung: wie in den Anfängen der Sozialisierung in der Kindheit existiert eigentlich noch kein verinnerlichtes Gewissen. Ein sozial integratives Verhalten hängt von der Gegenwart polizeiähnlicher Instanzen in der Umwelt des Individuums ab. Soweit das Über-Ich internalisiert ist, trägt es Züge einer ganz unpersönlichen, archaischen Härte. Es hat noch keine Auseinandersetzung zwischen Über-Ich und kritischem Ich stattgefunden, durch welche sich das Individuum seine eigene Moral errichtet und an ihr sich kritisch mißt."[37]

Es wäre eine selbstkritische Frage der kirchlichen Institutionen, ob sie nicht der bei den Mitscherlichs beschriebenen psychischen Strukturbildung in vielen ihrer Formen verhaftet bleiben. Da gibt es „polizeiähnliche Instanzen", die deshalb notwendig sind, weil bei vielen „Töchtern" und „Söhnen" der „Mutter" Kirche kein reifes Ich entstanden ist, das für sich selbst Verantwortung übernimmt. Vielmehr ist die „unpersönliche Härte" eines Verbotssystems Indikator einer unausgereiften Strukturbildung, deren Konsequenzen dann auch mangelndes Einfühlungsvermögen in die Opfer sowie der stete Vorrang des Schutzes der Institution anstelle des Mit-Fühlens mit den Betroffenen sind. So jedenfalls wäre die mangelnde Empathie vieler Amtsträger in der Missbrauchsaffäre verstehbar, aber keinesfalls entschuldbar.

Es ist sehr die Frage, ob mit der interpretierten Fürbitte noch ein heilsamer Raum eröffnet wird, der den Ausdruck von Ambivalenzen ermöglicht, oder ob nicht doch die Ebenen durcheinandergeworfen, „diabolisiert" werden. Dann wäre das Beten nicht mehr sym-bolisch, zusammenfügend und heilsam, auch nicht mehr Symptom eines Konfliktes, sondern dia-bolisch: Die Ebenen von Täter und Opfer, Schuld und Verantwortung werden durcheinandergeworfen.[38] Aus heutiger Perspektive legt sich eher das Urteil nahe, bei der Fürbitte handele es sich um ein (freilich gut gemeintes) Musterbeispiel für „Fehlformen liturgischen Betens"[39].

---

[37] A. u. M. Mitscherlich, Die Unfähigkeit zu trauern. Grundlagen kollektiven Verhaltens (1967). Mit einem Nachwort der Autoren zur unveränderten Neuausgabe, München 1977, 60.

[38] Vgl. hier H. Stenger, Symbole und Diabole. Überlegungen zur Glaubensästhetik, in: Ders., Verwirklichung des Lebens aus der Kraft des Glaubens. Pastoralpsychologische und spirituelle Texte, Freiburg i. Br. – Basel – Wien [2]1989, 105–129: Das Sym-bol führt zusammen und schafft Ordnung, das Dia-bol bringt alles durcheinander und führt so letztlich zum Wirklichkeitsverlust.

[39] Vgl. M. B. Merz, Gebetsformen der Liturgie, in: R. Berger/K.-H. Bieritz/J. H. Emminghaus u. a. (Hrsg.), Gestalt des Gottesdienstes, Sprachliche und nichtsprachliche Ausdrucksformen (Gottesdienst der Kirche 3), Regensburg 1987, 97–130, hier 126–130.

5. Ein positives Beispiel: Materialien zum Gebetstag für Opfer sexuellen Missbrauchs

In welchem Maße in den letzten Jahren die Sensibilisierung bezüglich der Gebetssprache zugenommen hat, zeigen die nun vorzustellenden Materialien zum Gebetstag für die Opfer sexuellen Missbrauchs von 2019.[40] Das Modell ist aus dem Kontakt der Präventionsbeauftragten mit den Opfern erwachsen, was sich bereits in einer differenzierenden Anmerkung zu den Vorbemerkungen zeigt:

„Für die Menschen, die sexuellen Missbrauch erlitten haben, verwenden wir verschiedene Begriffe: Das Wort „Opfer" macht deutlich, dass sie im Missbrauchsgeschehen Opfer, d. h. einem Täter/einer Täterin ausgeliefert waren. Das Wort „Betroffene/r" soll zum Ausdruck bringen, dass diese Menschen mit ihrer Geschichte leben, aber nicht dadurch festgelegt, sondern handlungsfähig sind".

Hiermit wird ein systemischer Blick eröffnet, der versucht, den unterschiedlichen Facetten Rechnung zu tragen. Der Text der Fürbitten lautete dann so:

V: Lasst uns Fürbitte halten und miteinander zu Gott beten, dem Freund des Lebens, der allen Menschen das Leben in Fülle schenken will. Wir tun dies als Gemeinde, zu der auch von sexueller Gewalt betroffene Menschen gehören.

1. Lasst uns beten für die Menschen, die Gewalt und Missbrauch erlitten haben oder heute erleiden, die von ihrem Schmerz und ihrer Verzweiflung nicht sprechen können und deren Signale nicht ernst genommen werden.
V: Gott, du Freund des Lebens. – A: Wir bitten dich, erhöre uns.
2. Beten wir für alle, die in unserer Kirche und in unserer Gesellschaft Verantwortung tragen und oft in der Versuchung stehen, das Leid der Betroffenen zu verharmlosen und sich der Wahrheit nicht zu stellen.

---

[40] Vgl. Gebetstag für Opfer sexuellen Missbrauchs. Materialsammlung 2019. Online verfügbar unter https://www.dbk.de/fileadmin/redaktion/diverse_downloads/presse_2019/2019-175a-Gebetstag-fuer-Opfer-sexuellen-_Missbrauchs-Materialsammlung-Gebetstag-2019.pdf (zuletzt abgerufen am 20.05.2020). Die folgenden Zitate hiernach.

V: Gott, du Freund des Lebens. – A: Wir bitten dich, erhöre uns.

3. Lasst uns beten für die Menschen, die erschrecken und oft nicht weiter wissen, wenn sie von Gewalttaten an Kindern und Jugendlichen hören. Und auch für jene, die in Familien und Schulen, in Kirche und Gesellschaft zu einer Atmosphäre des Vertrauens und der Anteilnahme beitragen.

V: Gott, du Freund des Lebens. – A: Wir bitten dich, erhöre uns.

4. Beten wir für alle, die Verletzungen, Zurückweisung und Ausgrenzung erfahren, die sich nach heilsamer Gemeinschaft und Zugehörigkeit sehnen und nach der Begegnung mit Menschen, die ihnen in Wort und Tat von Gottes Güte erzählen.

V: Gott, du Freund des Lebens. – A: Wir bitten dich, erhöre uns.

V: Gott, du willst unser solidarisches Miteinander, unsere Standhaftigkeit und unsere Hoffnung stärken, damit wir einander Lasten tragen helfen und keiner von uns zurück bleiben muss. Wir vertrauen darauf, dass du bei uns bist alle Tage unseres Lebens, bis wir dich schauen dürfen in deinem Licht. Amen.

Zunächst fällt auf, dass die Betroffenen nicht als Objekte, sondern als Subjekte wahrgenommen werden: Sie sind Teil der Gemeinde. Ihnen wird sodann die Schwierigkeit zugestanden, überhaupt über ihr Erleben zu sprechen. Statt von Wiedergutmachung ist von „heilsamer Gemeinschaft" die Rede, nicht mehr. Die Täter und Täterinnen werden explizit nicht genannt, weil es hier zuallererst um die Opfer und die von Gewalt Betroffenen geht. Ihnen als Teil der Gemeinde wird nicht zugemutet, nun auch für die Täter zu beten. Alleine diese wenigen Punkte zeigen den Fortschritt in der Sensibilisierung für die Missbrauchsproblematik und ihre Verbalisierung in Gebet und Liturgie.

6. Zusammenfassung und Konklusionen

Die vorstehenden Überlegungen waren dem Interesse geschuldet, die besondere Karfreitagsfürbitte von 2010 im Kontext der Missbrauchskrise zu würdigen und zu kritisieren. Zu würdigen ist die Fürbitte insofern, als öffentlich in einer zentralen Feier des Kirchenjahres ausgesprochen wird, was jahrzehntelang verschwiegen worden war, nämlich der Missbrauch im Raum der Kirche. Kritik findet die Fürbitte in zwei Richtungen, zum einen durch die Ritualisierung der Gerichtsthematik in der Karfreitagsliturgie, die die Fürbitte als einen Versuch der Entschuldung der Verantwortlichen in der Kirche erscheinen lassen kann. Zum anderen wurden einige Akzentsetzungen freigelegt, die die Fürbitte gerade in theologischer Perspektive fraglich werden lassen, nämlich das Heilungs- und Ganzheitsparadigma oder die Forderung nach Wiedergutmachung, um nur zwei zu nennen. Diese Beobachtungen führten zu der Schlussfolgerung, dass die Fürbitte wohl kaum authentisches Beten im Angesicht der Betroffenen ermöglicht. Sie zeigt vielmehr, wie schwer der Abschied von einer „perfekten" Kirche zugunsten einer leidsensiblen Haltung fällt, die ihren Platz auf Seiten der Opfer und Betroffenen einnimmt. Die Texte des Gebetstages von 2019 sprechen hier gottlob eine andere Sprache. Zugleich wurde deutlich, wie bedeutsam Ritualisierungen eigentlich sind, wollen sie authentischer Ausdruck des Glaubens der Kirche wie der Not der Menschen sein.

Die Diskussion über den Missbrauch in der Theologie von 2010 bis 2020

Konrad Hilpert

1. Absicht und Abgrenzungen

Ich möchte in diesem Beitrag den Versuch machen, die theologischen Reflexionen, die das öffentliche Bekanntwerden der Missbrauchsfälle in katholischen Einrichtungen ausgelöst hat, zu erfassen. Ich beschränke meinen Blick dabei auf die deutschsprachige Theologie und auf den Zeitraum der letzten zehn Jahre. Beide Beschränkungen sind nicht zwingend, aber sinnvoll: die sprachräumliche nicht, weil das Missbrauchsphänomen auch in vielen anderen Sprach- und Kulturräumen, in denen die katholische Kirche präsent ist, zum Vorschein gekommen ist und starke Reaktionen ausgelöst hat, sodass es zu einem weltweit sichtbaren Problem geworden ist; und die zeitliche nicht, weil Missbrauch im Verantwortungsbereich der Kirche bereits vor 2010 in den Vereinigten Staaten und Kanada und in Irland zu einem Thema geworden war[1], das die Öffentlichkeit in diesen Ländern aufwühlte und vonseiten der Kirchenleitung in Rom Interventionen[2] erzwang. Die Ausläufer dieser Erschütterungen erreichten auch die deutsche Öffentlichkeit. Aber es blieb ein Nebenthema, bis am 28. Januar 2010 der Brief bekannt wurde, den der Jesuitenpater Klaus Mertes als Rektor des Berliner Canisius-Kollegs an die ehemaligen Schüler dieses Gymnasiums geschrieben hat und der dazu aufforderte, von Patres, Lehrern und Erziehern erlittenen sexuellen Missbrauch zu offenbaren. Durch die Veröffentlichung dieses Briefs geriet das Thema in die vorderste Reihe der öffentlichen Agenda und setzte eine ganze Kette von Bekenntnissen, Bezichtigun-

---

[1] Einzelne Skandalfälle gab es bereits in den 1990er Jahren in Australien, Österreich, Belgien und Frankreich.

[2] Einbestellung der amerikanischen Kardinäle nach Rom durch Papst Johannes Paul II. im April 2002; Brief Johannes Pauls II. an die Priester zu Gründonnerstag 2002; Hirtenbrief Benedikts XVI. an die katholische Kirche Irlands.

gen, Untersuchungen und Bestreitungen in Gang, deren Wirkungen auf die Öffentlichkeit wie auch auf den Binnenraum der Kirche man nur mit dem Stichwort „Skandal" einigermaßen angemessen charakterisieren kann.

Die Aufdeckung der Missbrauchsfälle 2010 bedeutet im Nachhinein fraglos eine Zäsur, zumindest für die Diskussion in den deutschsprachigen Ländern, und wurde zum Startschuss für ein ganzes Bündel von Bemühungen um die Aufklärung der Ereignisse, die Deutung, die Ursachen und die geeigneten Maßnahmen der Bekämpfung und der präventiven Verhütung von Missbrauch innerhalb und bald auch außerhalb der Kirche. Die deutschen Moraltheologen meldeten sich bereits im April 2010 mit einer Erklärung zum sexuellen Missbrauch in kirchlichen Einrichtungen zu Wort[3] und legten noch im darauffolgenden Jahr einen umfangreichen Informations- und Diskussionsband zu den davon berührten Fragen vor[4].

Aus der großen Menge von Perspektiven, Erkenntnisbemühungen und vorgeschlagenen Maßnahmen will ich mich hier auf die theologischen Stimmen beschränken. Das geschieht aber nicht, weil andere Stimmen, insbesondere die der Psychologen, Mediziner und Strafrechtler, für verzichtbar oder gar für nicht zuständig erachtet würden, sondern weil deren Aufgabe jeweils eine spezifisch andere ist: Aufgabe der Sozialwissenschaft ist es in diesem Zusammenhang, Ausmaße, Arten und Orte des Vorkommens von sexueller Gewalt gegen Kinder und Jugendliche zu erforschen, Aufgabe der Psychologie, zu untersuchen und zu erklären, wie es zu sexueller Gewalt gegen Kinder und Jugendliche überhaupt und in kirchlichen Kontexten im Besonderen kommt; Aufgabe der Rechts- und Strafrechtsexperten wiederum ist die Entwicklung von Konzepten zur Sanktionierung und Verhinderung von Übergriffen in Institutionen der Gesellschaft und der Kirche. Damit diese auch wirksam werden können, muss nach heutigem Standard empirischer Forschung auch die Ist-Soll-Abweichung der veränderten Strukturen und Konzepte – und zwar unter Einbeziehung der Rückmeldungen Betroffener – be-

---

[3] Vgl. *Erklärung der Arbeitsgemeinschaft der deutschen Moraltheologen zu den Fällen von sexuellem Missbrauch in kirchlichen Einrichtungen*, u. a. veröffentlicht in: Münchener Theologische Zeitschrift 62 (2011) 83f.
[4] S. K. *Hilpert* (Hrsg.), Zukunftshorizonte katholischer Sexualethik (Quaestiones disputatae 241), Freiburg i. Br. 2011.

obachtet werden, damit die Gruppe der besonders verletzlichen Personen auch tatsächlich nachhaltig geschützt wird.[5] Es wäre eine Selbstüberschätzung der Theologie, wenn sie meinen oder beanspruchen würde, all das aus eigener Kompetenz leisten zu können, weil doch sie mit dem System Kirche am meisten und genuin vertraut ist, und zwar sowohl in der zugrunde liegenden Theorie als auch in ihrer konkreten Praxis. Allerdings war die Theologie de facto nicht der Motor der Aufdeckung und Offenlegung des Skandals. Sie kann aber trotzdem bei der Analyse der Gründe wie auch bei der Implementierung der gewonnenen Erkenntnisse aus den Forschungen in eine verbesserte Prävention von sexueller Gewalt ein hilfreicher und sachkundiger Bezugsrahmen und Kooperationspartner sein. Dieser analytische und präventionsbezogene Beitrag der Theologie zur Missbrauchsproblematik ist gewichtig und nicht verzichtbar, geht es hierbei doch um nicht weniger als um das Vertrauen in die Kirche als sichtbare Institution einschließlich ihrer Organisationen und mittelbar sogar um die Glaubwürdigkeit ihrer Botschaft.

In den theologischen Beiträgen und Debatten über die Herausforderungen, die die zahlreichen Fälle von sexuellem Missbrauch und der Umgang damit im Raum der katholischen Kirche darstellen, lassen sich im Blick auf die Jahre 2010–2020 sieben zentrale Punkte erkennen, um die sich die inhaltlichen Überlegungen drehen. Sie treten teils in der Form eines Defizits auf, teils als Postulate oder als Gegenstand grundlegender Diskussionen. Diese Punkte stehen allerdings nicht für die Stadien einer Entwicklung, bilden also keine zeitliche Abfolge.

Diese sieben Punkte möchte ich jetzt nacheinander behandeln. In einer Schlussreflexion möchte ich dann noch auf die Frage eingehen, was das alles für die Theologie und das Theologietreiben im Kontext von Wissenschaft bedeutet.

---

[5] Diese Überprüfung der Fehler-Abweichung nennt man Translation. Es handelt sich im Prinzip um eine spezielle Art von Evaluation. Zur Translationsforschung s. u. a. *H. Kindler/R. Derr*, Prävention von sexueller Gewalt gegen Kinder und Jugendliche. Fortschritte, gegenwärtiger Stand und Perspektiven, in: Bundeszentrale für gesundheitliche Aufklärung. Forum Sexualaufklärung und Familienplanung 2 (2018) 3–13.

2. Zentrale Diskussionspunkte in der theologischen Debatte

2.1. Sexueller Missbrauch – eine Form von Gewalt

Sexuelle Handlungen erwachsener Personen an, mit oder vor Kindern stoßen in der Kirche genauso wie in der Gesellschaft auf starke und ziemlich einhellige Missbilligung. Wenn man es bei der intuitiven Ablehnung nicht belassen möchte und nach Argumenten für diese Ablehnung sucht, wird man rasch auf ganz unterschiedliche Figuren treffen, mit denen die Verwerflichkeit derartiger Handlungen begründet wird: In amtlichen kirchlichen Kommentaren und Stellungnahmen zu den Missbrauchsfällen war von Anfang an häufig von Sünden gegen das 6. Gebot des Dekalogs[6] die Rede oder aber, ebenfalls auf der Grundlage der Sicht des geltenden Kirchenrechts[7], von Verfehlungen von Priestern gegen die Keuschheit oder das Zölibatsversprechen. Beide Zuordnungen des Missbrauchs gehen allerdings an der zentralen Perspektive vorbei, die der Logik des neuzeitlichen Kinderschutzes zugrunde liegt und die in der Kinderrechtskonvention der Vereinten Nationen aus dem Jahr 1989 eine weltweite und rechtlich verbindliche Ausgestaltung gefunden hat. Hier ist nämlich das Wohl des Kindes der oberste Gesichtspunkt (Art. 3); deshalb ist das Kind „vor jeder Form körperlicher oder geistiger Gewaltanwendung, Schadenszufügung oder Misshandlung, vor Verwahrlosung oder Vernachlässigung, vor schlechter Behandlung oder Ausbeutung einschließlich des sexuellen Missbrauchs zu schützen" (Art. 19). Und das soll für alle Formen der Obhut gelten; aufgezählt werden Elternschaft, Vormundschaft, rechtliche Vertretung und Betreuung jeder Art durch eine erwachsene Person (Art. 19); unter die letztgenannte Art von Obhut fallen dann auch Erziehung in Schule und Internat und die verschiedenen Formen der Weckung und Förderung von besonderen Begabungen.

---

[6] Zur Kritik der Interpretation sexueller Gewalt als individueller Sünde gegen das 6. Gebot s. u. a. *S. Goertz*, Sexuelle Gewalt als individuelle Sünde gegen das sechste Gebot!? Marginalien zu blinden Flecken in der Moraltheologie, in: Ders./H. Ulonska (Hrsg.), Sexuelle Gewalt: Fragen an Kirche und Theologie, Berlin 2010, 127–146, und *S. Ernst*, „Ein Kleriker, der sich auf andere Weise gegen das sechste Gebot verfehlt ...". Anmerkungen und Anfragen aus moraltheologischer Sicht, in: H. Hallermann/T. Meckel/S. Pfannkuche u. a. (Hrsg.), Der Strafanspruch der Kirche in Fällen von sexuellem Missbrauch, Würzburg 2012, 185–209.

[7] Vgl. Can. 1395, § 2 CIC.

Bietet bereits die asymmetrische Konstellation zwischen Erwachsenem und Kind bzw. Jugendlichem zahlreiche Möglichkeiten zu übergriffiger Einwirkung, so kommt bei sexuellen Handlungen eine spezifische körperliche und seelische Grenzüberschreitung hinzu, die nachhaltig verletzen kann. Insofern geht es um einen Akt der Übermächtigung, aus der Perspektive des Kindes primär, aber auch mitunter aus dem Empfinden des Erwachsenen je nach Tätertyp, gegen den sich das betroffene Kind aus Unkenntnis und wegen der Unterlegenheit und häufig auch zusätzlich wegen seiner Abhängigkeit nicht adäquat wehren kann. Hinzu kommt, dass Priestern und Personen, die in kirchlichen Einrichtungen erzieherisch tätig sind, oft ein besonderes Vertrauen entgegengebracht wird.[8] Sexueller Missbrauch ist aus ethischer Perspektive demzufolge in erster Linie ein Problem der Verfügung über Schwächere, Schutzsuchende, Nichtverstehende, und sexuelle Handlungen oder Berührungen sind das Medium, in dem und durch das dieses Verfügen-Wollen ausgeübt wird.

Man kann den Missbrauch an Kindern bzw. Jugendlichen deshalb auch als Angriff auf ihre Würde als Person deuten[9]. Denn es wird ihnen etwas zugemutet, bei dem sie selbst in ihrem Empfinden, in ihrem Verstehenkönnen und in ihrem Willen keine Rolle spielen. Manche Betroffene erleben ihre Hilflosigkeit als Wertlosigkeit und Erniedrigung zum Objekt der Wünsche eines anderen.

Im Lauf der jahrelangen Debatten hat eine interessante Erweiterung des mit „Missbrauch" umschriebenen Fehlverhaltens stattgefunden: In den Blick genommen wird jetzt auch der geistliche Missbrauch, das heißt die Lenkung und Steuerung einer Person durch Ausnutzung einer Vertrauensstellung im Rahmen geistlicher Führung und Begleitung.[10] Statt physischer wird in diesem Fall spirituell-moralische Gewalt in Form von Ängsten und Schuldgefühlen ausgeübt.

---

[8] Sehr eindrücklich beschrieben für irische Verhältnisse bei E. *Conway*, Die irische Kirche und sexuelle Gewalt gegen Minderjährige. Skizze der Krise – Entwurf einer theologischen Agenda, in: S. Goertz/H. Ulonska (Hrsg.), Sexuelle Gewalt: Fragen an Kirche und Theologie, Berlin 2010, 176–191, hier: 181.

[9] So ausführlich S. *Müller*, Der Schutz von Minderjährigen vor sexuellem Missbrauch, in: Münchener Theologische Zeitschrift 62 (2011) 22–32.

[10] Vgl. *K. Mertes*, Geistlicher Missbrauch. Theologische Anmerkungen, in: Stimmen der Zeit 144 (2019) 93–102. Den Anstoß gab das Berichts-Buch von D. *Reisinger*, Spiritueller Missbrauch in der katholischen Kirche, Freiburg i. Br. 2019.

2.2. Nur Fehlverhalten von Einzelnen oder auch systembedingt?

In der Debatte über den sexuellen Missbrauch durch Amtsträger der katholischen Kirche gab es von Beginn bis heute die Behauptung, es handle sich bei den aufgedeckten Taten um Fehlverhalten Einzelner. Diese Behauptung war eine Reaktion auf die These, dass es sich um ein systemisches Phänomen handle. Für Letzteres sprechen die anfangs nur vermuteten, inzwischen vor allem durch die MHG-Studie[11] bestätigten Fallzahlen (4,4 Prozent der Kleriker), die nach Auskunft der untersuchenden Forscher allerdings nur die Untergrenze darstellen; sie rechnen mit einem erheblichen Dunkelfeld. Entscheidender als die Fallzahlen ist für den Befund eines systemischen Versagens der Nachweis eines Zusammenhangs zwischen genuinen Strukturen der Organisation Kirche, die Missbrauch ermöglichen oder gar begünstigen, und dem tatsächlichen Vorkommen von Missbrauchsfällen. Noch stärker richtet sich der Vorwurf eines Systemversagens jedoch auf die Verantwortlichkeit für die weitgehende Unsichtbarmachung der Missbrauchsfälle.

Die Diagnose, dass es sich um ein systembedingtes Problem handle, widerspricht also sowohl der Vermutung, dass es sich bei den sichtbar gewordenen Missbrauchsverbrechen um eine zufällige Häufung entsprechender Vorkommnisse handeln könnte, wie auch der Annahme, die ans Licht gekommenen Missbrauchsaktivitäten ließen sich aus der psychopathologischen Disposition der Täterpersönlichkeiten erklären. Auch wenn es zutrifft und im Sinne der Verantwortlichkeit daran festzuhalten ist, dass es sich um Taten handelt, die von Menschen ausgeführt wurden und die genauso gut von ihnen hätten unterlassen werden können, gab und gibt es offensichtlich systemspezifische Faktoren und Verhältnisse, die es den Tätern erlaubt haben, so vorzugehen, wie sie es getan haben, sowie institutionalisierte Strategien, die dafür gesorgt haben, dass die verübten Gewalttaten weitgehend unbekannt blieben, die Folgen für die Be-

---

[11] Vgl. *H. Dreßing/H. J. Salize/D. Dölling u. a.*, Forschungsprojekt „Sexueller Missbrauch an Minderjährigen durch katholische Priester, Diakone und männliche Ordensangehörige im Bereich der Deutschen Bischofskonferenz", Mannheim – Heidelberg – Gießen, 24. September 2018. Online verfügbar unter https://www.dbk.de/fileadmin/redaktion/diverse_downloads/dossiers_2018/MHG-Studie-gesamt.pdf (zuletzt abgerufen am 27.05.2020).

troffenen ignoriert werden konnten und der Schaden für die Institution maximal gering gehalten werden konnte.

Vor allem die tradierte kirchliche Doktrin über die Sexualität und die Lebensform des Pflichtzölibats sind unter Verdacht geraten, solche systemischen Bedingungs- oder Förderungsfaktoren für Missbrauch gewesen zu sein. Auch wenn sich eine direkte Kausalität zwischen Zölibat und dem Vorkommen von Übergriffen schon rein statistisch nicht bestätigt hat, spricht einiges dafür, dass es indirekte Zusammenhänge geben könnte, insbesondere bei Amtspersonen, die sich mit ihrer eigenen Sexualität nicht auseinandergesetzt haben, und solchen, die den Zölibat als Schutzraum benutzen.[12] Über weitere Gründe wird in den folgenden Abschnitten noch zu sprechen sein.

Nicht zu übersehen ist aber auch, dass sich dort, wo Missbrauch geschehen ist, gemeinsame Muster der Erziehung, Ausbildung und spirituellen Formung der Täterpersönlichkeiten erkennen lassen, die in den sozialen Beziehungen und Situationen des Vorgehens und in der Behandlung durch die Institution erkennbar sind, die spezifisch sind für den Raum der Kirche und eng zusammenhängen mit ihrem Selbstverständnis und ihrer Zuschreibung von Pflichten und Rechten. Diese gemeinsamen Muster und die strukturellen Bedingungen, in denen sie sich abspielen und aus denen heraus sie lebendig sind, werden ausgeblendet, wenn man beim Missbrauch von Kindern und Jugendlichen durch Priester und Ordensleute nur auf die persönliche Schuld und den Regelverstoß der einzelnen Täterindividuen abhebt. Zugleich würde diese Sicht der Kirche erlauben, sich selbst als die Leidtragenden dieser Vergehen und deren Akteure darzustellen. Wer das systemische Ausmaß und strukturelle Bedingtheiten von vornherein ausschließt und „nur" bedauerliches Versagen von Einzeltätern sieht, kanalisiert die Verantwortlichkeit in der Weise, dass die Institution selbst und das Ansehen derer, die sie vertreten, „frei" von jeder Schuld bleiben müssen. Wenn man sich also weigert, die Frage nach systemischen Gründen überhaupt zu stellen, läuft man Gefahr, sich an künftigem Missbrauch mitschuldig zu machen.

---

[12] Vgl. *K. Hilpert*, Auch ein systemisches Problem? Sexueller Missbrauch und die Sexuallehre der Kirche, in: Herder Korrespondenz 64 (2010) 173–176; *N. Lüdecke*, Sexueller Missbrauch von Kindern und Jugendlichen durch Priester aus kirchenrechtlicher Sicht, in: Münchener Theologische Zeitschrift 62 (2011) 43–60.

2.3. Die zentrale Bezugsgröße von Verantwortung und Sorge: das Leid der Opfer

Die Selbstdistanzierung von der Maxime, möglichst Schaden vom Ansehen der Institution fernzuhalten, hat beträchtliche Konsequenzen für alle am Missbrauch bzw. auch an seiner Vermeidung Beteiligten, also für die, die Amtsverantwortung haben in der Kirche, für die Täter, für die betroffenen Opfer und schließlich auch für alle, die noch Opfer werden könnten und durch Präventionsmaßnahmen davor geschützt werden sollen, also die Kinder und Jugendlichen in Obhutsverhältnissen. Es gehört zu den bedrückendsten Einsichten der Theologie, die sich den Herausforderungen aus der Offenlegung des Missbrauchs in der Kirche gestellt hat, dass die Vorrangstellung des Schutzes der Institution nicht nur Verantwortlichkeit für missbrauchsförderliche Strukturen verdeckt oder zu Nichtzuständigkeit „pulverisiert" hat, sondern de facto die Täter geschützt hat. Geschützt nämlich vor staatlicher Strafverfolgung, geschützt vor dem Verlust ihres Ansehens und guten Rufs, vor der Kritik und der Forderung nach Kompensation des Leids der Opfer, geschützt aber auch vor einer verordneten Einschränkung ihrer seelsorgerischen Tätigkeit und der Ablehnung durch Gemeinden und Gläubige, falls diese von der Art ihrer früheren Verfehlungen Kenntnis bekommen hätten.

Die am meisten Leidtragenden dieser Zentrierung auf den Schutz von Institution und klerikalen Tätern sind die Opfer des Missbrauchs selbst.[13] Nicht nur, dass ihr Leid und die gravierenden,

---

[13] Dafür plädierte schon 2011 energisch K. *Kießling* (Hrsg.), Sexueller Missbrauch: Fakten, Folgen, Fragen, Ostfildern 2011.
Zur Ambivalenz der Rede von „Opfern" des Missbrauchs s. *M. K. Moser*, Opfer zwischen Affirmation und Ablehnung. Feministisch-ethische Analysen zu einer politischen und theologischen Kategorie, Münster 2007. Kurz, aber prägnant auch Magnus Striet: „Auf der einen Seite ist den Betroffenen gegen ihren Willen Schlimmes angetan worden, waren sie Situationen von Manipulation, Zwang und Gewalt ausgeliefert. In diesem Sinne sprechen wir im Alltag von einem Opfer und unterstreichen damit, dass Menschen unverschuldet Gewalt widerfahren ist. Der Begriff kann Solidarität mobilisieren und wahrt die Integrität der Betroffenen. [...] Auf der anderen Seite besteht die Gefahr, die Betroffenen durch die Opfer-Rede auf das fortdauernde Opfer-Sein zu reduzieren. Viele Betroffene sexuellen Missbrauchs lehnen die Opfer-Rede für sich ab." (Vorwort, in: Ders./R. Werden (Hrsg.), Unheilige Theologie! Analysen angesichts sexueller Gewalt gegen Minderjährige durch Priester, Freiburg i. Br. 2019, 7–14, hier: 13). Zu der

zum Teil verheerenden Spätfolgen lange so gut wie keine Aufmerksamkeit fanden und ihnen keine Hilfe angeboten wurde, um das erlebte Schmerzliche und Belastende zu be- und verarbeiten. Vielmehr wurde den meisten auch nicht geglaubt oder einfach Gehör verweigert, wenn sie gegenüber nichtinvolvierten Erwachsenen in ihrer Einrichtung oder in ihrer Familie von solchen „ungeheuerlichen" Vorfällen berichten wollten. Dieser Mangel an Gehör und Glauben und die damit verbundene Entmutigung fanden in einem Meinungs-Umfeld statt, in dem solche Taten verschwiegen, abgestritten, kleingeredet und erst behandelt wurden, wenn es gar nicht mehr anders ging, aber dann als absolute Ausnahmefälle. In den theologischen Debattenbeiträgen der letzten zehn Jahre ist vor allem dies als Versagen der Verantwortlichen, gemeinhin als „Vertuschen" bezeichnet, nach seinen Ursachen hin bedacht und diskutiert worden.[14]

Viele Betroffene haben deshalb ihr Schweigen jahrzehntelang aufrechterhalten. Und der Entschluss von Pater Mertes, öffentlich zu sagen, dass es Fälle von Missbrauch in der eigenen Einrichtung gegeben hat, und frühere Absolventen zu ermutigen, von ihnen erlittene Verletzungen und Belästigungen anzuzeigen, wurde zum initialen Schritt für die Aufdeckung des ganzen Missbrauchs-Komplexes. Denn hier ist zum ersten Mal die Perspektive umgekehrt worden, sodass das früher beschwiegene Leid endlich geäußert werden durfte und die Opfer dabei die Gewissheit hatten, dass sie angehört würden und ihnen geglaubt würde. Für die Opfer selbst ist das sehr wichtig, oft sogar wichtiger als Entschädigungen, weil es für sie vor allem anderen darum geht, dass das ihnen zugefügte und meist über Jahre innerlich verschlossene Leid endlich anerkannt wird. Das Aussprechenkönnen des Erlittenen ist dann natürlich auch die Grundlage für Ansprüche auf Therapiemaßnahmen und Schmerzensgeld. Die heutigen Verantwortlichen der Kirche hoffen außerdem darauf,

---

weitergehenden Überlegung, ob im theologischen Denken die Vorstellung vom Sünder-Sein aller nicht die Eigenwertigkeit von Kindern und Jugendlichen, die Opfer geworden sind, überlagert hat, s. *M. Striet*, Sexueller Missbrauch im Raum der Katholischen Kirche. Versuch einer Ursachenforschung, in: Ders./R. Werden (Hrsg.), Unheilige Theologie! Analysen angesichts sexueller Gewalt gegen Minderjährige durch Priester, Freiburg i. Br. 2019, 15–40, hier: 34–38.

[14] S. dazu etwa *M. Wijlens*, Bischöfe und Ordensobere und ihre Aufgabe hinsichtlich sexuellen Missbrauchs in der Kirche, in: S. Goertz/H. Ulonska (Hrsg.), Sexuelle Gewalt: Fragen an Kirche und Theologie, Berlin 2010, 147–175.

dass die Anerkennung des Leids der Opfer die entscheidende Voraussetzung zur Gewährung von Versöhnung sein möge.

2.4. Das Fehlen einer theologischen Reflexion der faktischen Macht in der Kirche

Ein Schlüsselbegriff in der theologischen Debatte zum Missbrauch, vor allem der jüngeren, ist das Stichwort Macht.[15] Das war aber nie nur auf die Asymmetrie gerichtet, die in der Konstellation zwischen einem Erwachsenen und einer ihm anvertrauten jüngeren Person besteht und im Missbrauch offen oder auch nur latent gewaltförmig ausgenutzt wird. Und „Macht" steht auch nicht nur für ein elementares Phänomen des sozialen Zusammenlebens, das in der Theologie an geeigneter Stelle bedacht werden sollte, etwa in der Sozialethik. Nein, bei der Thematisierung von Macht im Zusammenhang des Missbrauchsproblems geht es um etwas anderes, nämlich um das Zuwenig an theologischer Reflexion im Bezug auf die Macht, die in der Kirche selber vorhanden ist und ausgeübt wird, etwa als Entscheidungsmacht über Personen, über Finanzen und die Nutzung von Immobilien, über Strukturen. Aber auch über das Seelenleben von gläubigen Menschen, in denen Zweifel, Skrupel, Enttäuschungen, Ängste wie auch Hoffnungen und das Gefühl der Befreiung geweckt oder verstärkt werden können. Und gelegentlich sogar und immer noch über das, was Theologen sagen, schreiben und lehren dürfen.

Zweifellos wird in Dogmatik, Liturgik und Kanonistik viel über Vollmacht, Autorität und Berechtigungen nachgedacht. Aber diese Reflexionen beziehen sich fast ausschließlich auf die Ausübung und die Träger der kirchlichen Ämter, die durch Weihe und das mit der Weihe verliehene Amtscharisma sowie durch Rechtsakte, die unmittelbar auf Christus als den Stifter der Kirche zurückgeführt werden, übertragen werden. Aber das betrifft alles einen eigenen, sozusagen

---

[15] Vgl. *G. M. Hoff*, Kirche zu, Problem tot! Theologische Reflexionen zum Missbrauchsproblem in der katholischen Kirche, in: Kursbuch 196 (2018) 26–41; *M. Sellmann*, Sprecht über Macht!, in: Herder Korrespondenz 73 (2019) Nr. 8, 14–16. Schon recht früh: *S. Gärtner*, Verdammte Macht. Zum Umgang mit einem heiklen Thema in der Kirche, in: Münchener Theologische Zeitschrift 63 (2012) 353–362.

metaphysischen Bereich der Wirklichkeit. Dass die real existierende, in der Gesellschaft inkarnierte und mit ihr lebende Kirche auch ein Raum ist, in dem Machtstrukturen vorhanden sind, entlang derer Macht gegenüber gläubigen Menschen ausgeübt wird, ist zwar seit den großen Dokumenten des Zweiten Vatikanums grundsätzlich geklärt (insbesondere *Lumen gentium* 8 und *Gaudium et spes* 40–45), spielt aber im Alltag der Theologie und erst recht der kirchlichen Selbstsicht eine allenfalls marginale Rolle.

Immerhin hat es immer wieder Versuche gegeben, dafür zu sensibilisieren oder wenigstens den einen oder anderen prinzipiellen Minimalstandard, der in der Sozialverkündigung der Kirche für eine gerechte Ordnung der Gesellschaft eingefordert wird, wie z. B. die Geltung des Subsidiaritätsprinzips, auch für die Kirche selbst einzufordern. Aber solche Versuche wurden immer wieder und werden bis heute mit dem Einwand beantwortet, die Kirche sei kein weltliches Herrschaftsgebilde und schon gar nicht eine Demokratie, und damit delegitimiert. Das sind Überreste des bis in die Gegenreformationszeit zurückreichenden und im Zweiten Vatikanum zum ersten Mal fallen gelassenen Anspruchs, dass die Kirche eine völlig eigenständige und unabhängige Gesellschaft neben der normalen, staatlich geordneten sei (societas perfecta).

Als wichtigstes sozialethisches Kriterium jeder legitimen Herrschaftsordnung gilt seit der Aufklärung das von Montesquieu formulierte Prinzip der Gewaltenteilung zwischen Gesetzgebung, Verwaltung und Rechtsprechung. Es wird von der Kirche für den eigenen Bereich immer noch nicht anerkannt. Jahrzehntelange Bemühungen um die Etablierung einer unabhängigen kirchlichen Verwaltungsgerichtsbarkeit sind trotz aller Anstrengungen bisher weltwie ortskirchlich immer im Sande verlaufen. Ämter und Macht verteilen sich noch immer nach „Ständen". Der Umfang der Partizipation an Entscheidungen der sog. Laien bleibt bis auf weiteres abhängig von der individuellen Einsichtigkeit und dem Wohlwollen der Bischöfe und ihrer Kurien.

Wenn die Trennlinie zwischen denen, die Macht ausüben können („Klerus"), und denen, die aufgrund ihres Geschlechts und ihres Standes vom Zugang zu Ämtern und Macht ausgeschlossen sind („Laien"), zusätzlich mit dem Grenzverlauf zwischen denen, die, was ihre Sexualität betrifft, enthaltsam leben (sollen), und denen, die ihre Sexualität in einer Ehe leben (dürfen), zusammenfällt, steigt die Wahrscheinlichkeit, dass das Machtgefälle auch Chancen für Gelegenheiten und Milieus enthält, die sich für Missbrauch nutzen lassen, und systemisches Beschweigen und Verschleiern von geschehenem Missbrauch zulässt oder sogar nahelegt.

Von daher erscheint es geradezu als zwangsläufig, als Folge des öffentlichen Bekanntwerdens der Missbrauchsfälle durch Priester und Ordensleute theologisch über eine Kultur der Verteilung („Mitbestimmung") und Begrenzung der Macht in der Kirche sowie über Regeln der Kontrolle von Macht und der Rechenschaftspflicht für die Inhaber der Macht nachzudenken. Zugleich bedarf der Gebrauch der spirituellen Sprache, mit der die Amtsvollmachten herkömmlich gerechtfertigt und „aufgeladen" wurden, einer kritischen Überprüfung. Das betrifft beispielsweise die Benutzung von Redewendungen wie „Berufung", „Dienst", „Gehorsam" (bzw. „Verrat" bei Aufgabe eines Amtes), „Ganzhingabe", „Reinheit" sowie die dazugehörende Auratisierung von Personen, die ein Amt übertragen bekommen haben.[16] Formeln dieser Art und ihr Gebrauch unterstellen nämlich den unmittelbaren Zusammenhang zwischen Amtsvollmacht und dem göttlichen Willen. Und zugleich können andere gewichtige theologische Vokabeln wie „Brüder" und „Schwestern" so gebraucht werden, dass sie reale Machtverhältnisse verwischen.

2.5. Idealisierung und ihre Schattenseiten

Ein immer wieder mal erwähnter, meines Erachtens allerdings sehr gewichtiger Punkt der Kritik in den theologischen Kommentierungen und Bearbeitungen des Missbrauchsskandals ist durch das Stichwort Idealisierung markiert.[17] Denn bei allen Formen des Miss-

---

[16] Zur Kritik des dahinterstehenden Bildes vom Priester s. die Analyse von G. Essen, Das kirchliche Amt zwischen Sakralisierung und Auratisierung. Dogmatische Überlegungen zu unheilvollen Verquickungen, in: M. Striet/R. Werden (Hrsg.), Unheilige Theologie! Analysen angesichts sexueller Gewalt gegen Minderjährige durch Priester, Freiburg i. Br. 2019, 78–105.

[17] Vgl. K. Hilpert, Auch ein systemisches Problem? Sexueller Missbrauch und die Sexuallehre der Kirche, in: Herder Korrespondenz 64 (2010) 173–176; S. Goertz, Sexuelle Gewalt als individuelle Sünde gegen das sechste Gebot!? Marginalien zu blinden Flecken in der Moraltheologie, in: Ders./H. Ulonska (Hrsg.), Sexuelle Gewalt: Fragen an Kirche und Theologie, Berlin 2010, 127–146; E. Conway, Die irische Kirche und sexuelle Gewalt gegen Minderjährige (s. Anm. 8), hier: 183;

brauchs, bei dessen Anbahnung und Realisierung, aber auch in der
Eigensicht und Selbstrechtfertigung der Täter und schließlich auch
für die Etablierung der Vertuschungspraxis spielen Idealisierungen
eine kaum zu überschätzende Rolle: Die Täter sind Männer, die –
so die offizielle Lehre – in besonderer und den normalen Gläubigen
nicht zugänglicher Weise Gott bzw. Christus repräsentieren und vertreten. Als Amtsträger sind sie dem Volk der sündigen Gläubigen
zwar nicht unbedingt enthoben, werden aber deutlich herausgeho-
ben. Die meisten haben auch den Anspruch an sich selbst, Vorbild
für viele zu sein, nicht wenige auch das Bewusstsein, zu einer Elite
zu gehören. Solche Idealvorstellungen von sich selbst erhalten in
den Vorstellungen und Erwartungen, die die Gläubigen von Menschen, die sich für diesen Beruf und für die damit verbundene Lebensform der Ehelosigkeit entschieden haben, leicht eine Bestäti-
gung von außen. Sie bringen sie auch gern mit der Vorstellung
einer Reinheit und Unbeflecktheit in Verbindung, die auch Kindern,
vornehmlich Jungen, zugeschrieben wird und sich an dieser orientiert.[18] Korrelierend dazu haben einige Strömungen in der Marien-
verehrung des 19. Jahrhunderts das weibliche Ideal der Kindlichkeit
gepflegt und in der Volksfrömmigkeit fest verankert.

Dazu kommt die überkommene, in Resten und manchen Positionen mehr gewusste als befolgte Lehre über Sexualität und ihre Praxis, in der das Delikt des Missbrauchs bis in die jüngste Zeit gar
nicht thematisiert wurde[19]. Aber auch von Ambivalenzen, typischen
Konfliktpotenzialen einer Beziehung und der Möglichkeit, dass Part-

ohne direkten Bezug auf das Missbrauchsproblem: M. *Heimbach-Steins*, Das moralische Gebäude der Kirche – „ein Kartenhaus"? Tendenzen der Idealisierung,
Ontologisierung und restriktiven Normierung in den lehramtlichen Weisungen
zu Ehe und Familie, in: K. Hilpert/B. Laux (Hrsg.), Leitbild am Ende? Der Streit
um Ehe und Familie, Freiburg – Basel – Wien 2014, 131–145.
[18] Zum religions- und kulturgeschichtlichen Hintergrund dieser Vorstellung
s. die Hinweise bei H. *Lutterbach*, Werdet wie die Kinder, in: Herder Korrespondenz 73 (2019) 48–51.
[19] Zum ersten Mal taucht Missbrauch als ausführlicheres Thema, allerdings noch
ohne Bezugnahme auf den kirchlichen Raum, 1997 im zweiten Band des Hand-
buchs der Moraltheologie von Josef Römelt auf (Regensburg 1997, 49–51). Den
Hinweis verdanke ich S. *Goertz*, Sexueller Missbrauch und katholische Sexualmoral. Mutmaßliche Zusammenhänge, in: M. Striet/R. Werden (Hrsg.), Unheilige
Theologie! Analysen angesichts sexueller Gewalt gegen Minderjährige durch
Priester, Freiburg i. Br. 2019, 106–139, hier: 130.

nerschaften und Ehen scheitern und Familien zerbrechen können, war darin nicht die Rede. Wenn sie überhaupt einmal zum Thema wurden, dann nur in negativer Weise als „Unzucht" und Untreue. Idealisierung fand darüber hinaus in der Weise statt, dass die offizielle kirchliche Verkündigung davon ausging, dass die wesentlichen Elemente und Normen ihrer Sexualdoktrin von den allermeisten Gläubigen bejaht und in ihrer Verbindlichkeit anerkannt würden, obschon in wichtigen Punkten ganz offenkundig das Gegenteil der Fall ist: Zu nennen sind nur die Verbreitung vorehelichen Zusammenlebens, die Praxis der Empfängnisverhütung, die hohe Zahl von Scheidungen und Wiederverheiratungen, die Toleranz gegenüber gleichgeschlechtlichen Partnerschaften.[20] Sämtliche der genannten Idealisierungen schaffen Anreize, dass überall dort, wo dann eben doch Nichtideales wie der Missbrauch passiert, Mechanismen praktiziert werden, die das Bild nicht oder möglichst wenig trüben. Die gängigsten dieser Mechanismen sind Dämonisierung und Tabuisierung. Die Dämonisierung jedes sexuellen Tuns, des weiblichen Körpers oder sensibler Körperzonen war jahrhundertelang die Logik, mit der man der Sexualmoral Wirkung verliehen hat. Tabuisierung, die heute den Namen „Vertuschung" angenommen hat, war die Strategie, die man eingeschlagen hat, wenn Dinge passiert sind, die der Theorie nach gar nicht hätten vorkommen dürfen wie etwa Homosexualität im Allgemeinen und die im Klerus im Besonderen, aber eben auch Missbrauch und Übergriffe von Priestern und Ordensleuten.[21]

---

[20] Zur Kritik bzw. Revisionsbedürftigkeit der offiziellen Sexualmoral s. etwa *K. Hilpert* (Hrsg.), Zukunftshorizonte katholischer Sexualethik, Freiburg i. Br. 2011; *Ders.*, Kirchliche Sexualethik, in: G. Brüntrup/C. Herwartz/H. Kügler (Hrsg.), Unheilige Macht. Der Jesuitenorden und die Missbrauchskrise, Stuttgart 2013, 141–148; *M. M. Lintner*, Den Eros entgiften. Plädoyer für eine tragfähige Sexualmoral und Beziehungsethik, Brixen 2011; *S. Goertz*, Sexueller Missbrauch und katholische Sexualmoral. Mutmaßliche Zusammenhänge, in: M. Striet/R. Werden (Hrsg.), Unheilige Theologie! Analysen angesichts sexueller Gewalt gegen Minderjährige durch Priester, Freiburg i. Br. 2019, 106–139, der auch den wiederholten Versuch Papst Benedikts XVI. widerlegt, den Missbrauch in der Kirche permissiven Entwicklungen in Gesellschaft und (deutscher!) Moraltheologie der 1960er und 1970er Jahre anzulasten.

[21] Zur Kritik des in zahlreichen bischöflichen Reaktionen auf das Bekanntwerden des Missbrauchs geäußerten Sichschämens über die Vertuschungspraxis s. den Beitrag von *R. Werden*, Systemische Vertuschung. Zur Rede von Scham in den

Idealisierungen sind problematisch, insofern sie die Realität, in der die Menschen alltäglich leben und handeln müssen, grob verzeichnen und dort Stimmigkeit und Harmonie versprechen, wo im gelebten Leben regelmäßig Widerstände, Spannungen, Ambivalenzen und nicht zu Erwartendes bewältigt werden müssen. Die zugrunde liegenden Ideale selbst müssen deshalb nicht schon falsch sein. Im Gegenteil: So gehören zu den Idealen, die auch unter schwierigen Bedingungen ihre Gültigkeit und Strahlkraft behalten und angesichts der Missbrauchsereignisse besondere Bekräftigung verdienen, fraglos das Abstandnehmen von Gewalt und Erzwingen von Intimität, das Einverständnis des Partners, Respekt vor der Selbstbestimmtheit, Verzicht auf Täuschung und Verstellung, Verlässlichkeit, Verantwortlichkeit und Gerechtigkeit in der Aufteilung der Aufgaben und Belastungen.

Ganz in diesem Sinne hat die Münsteraner Sozialethikerin Marianne Heimbach-Steins für eine kritische Revision des kirchlichen Leitbilds von gelebter Partnerschaft und Familie plädiert:

„Vorrang vor einem Gerüst von Ge- und Verbotsnormen muss ein Angebot wertschätzender Kommunikation haben, in dem die realen Schritte und Anstrengungen konkreter Menschen für verantwortungsvolles partnerschaftliches, eheliches und familiäres Zusammenleben Respekt und Unterstützung erfahren und biographische Brüche, Scheitern und Schulderfahrungen bearbeitet werden können, ohne dass dies als Ausschließung erfahren werden muss."[22]

2.6. Organisations- und Professionsethik

Wenn das Hauptproblem, das die nahrhafte Wurzel des sichtbar gewordenen sexuellen und geistlichen Missbrauchs bildet, ungezügelte und theologisch nicht eingehegte Macht ist, braucht die Kirche et-

---

Stellungnahmen von Bischöfen im Kontext der Veröffentlichung der MHG-Studie, in: M. Striet/R. Werden (Hrsg.), Unheilige Theologie! Analysen angesichts sexueller Gewalt gegen Minderjährige durch Priester, Freiburg i. Br. 2019, 41–77.

[22] *M. Heimbach-Steins*, Das moralische Gebäude der Kirche – „ein Kartenhaus"? Tendenzen der Idealisierung, Ontologisierung und restriktiven Normierung in den lehramtlichen Weisungen zu Ehe und Familie, in: K. Hilpert/B. Laux (Hrsg.), Leitbild am Ende? Der Streit um Ehe und Familie, Freiburg – Basel – Wien 2014, 131–145, hier: 140.

was von der Art, was andere soziale Organisationen mit gesellschaftlicher Macht wie Unternehmen und Wirtschaftsverbände längst eingeführt haben: nämlich Regeln, die den Gebrauch von Macht durchsichtig, voraussehbar weil regelkonform, überprüfbar und eben auch korrigierbar machen.[23] Erst dann sind Willkür, Beliebigkeit und Intransparenz einigermaßen sicher auszuschließen.

Es ist verständlich, dass fast alle Verantwortlichen, die sich von den Dimensionen des Missbrauchs schockieren ließen und sich gegenüber der Öffentlichkeit zu entschlossenem Handeln herausgefordert sahen, umgehend die Erstellung von Regelwerken und Richtlinien veranlasst haben mit dem erklärten Ziel, Missbrauch so früh wie möglich und effektiv zu verhüten. Dafür konnte man vielfach auf erprobte Modelle und bewährte Regelungen anderer Organisationen zurückgreifen und sie adaptieren.

Doch müssen solche Regelwerke auf die spezifischen Ziele, Aufgaben und auch Blindheiten der Kirche abgestimmt, verinnerlicht und auf die diversen Grundvollzüge hin konkretisiert werden. Es muss in der Kirche erst noch selbstverständlich werden, dass Kontrolle und Überprüfung einerseits und die Herausbildung von Führungsqualitäten andererseits nicht als etwas Aufgesetztes oder gar als Aufoktroyieren von systemfremden Instrumenten empfunden werden, geschweige denn als Angriff auf das Leitungsamt überhaupt. Worum es dabei geht, ist wirkliche Hilfe, das Vermeiden von Fehlleitung und Ausnutzung von Macht sowie von Zerstörung von Vertrauen. Ferner soll ein Führungspersonal herangezogen werden, das in der Lage ist, die eigenen Mitarbeiter und Mitarbeiterinnen zu fördern und zu guter Arbeit zu motivieren, sodass sie dafür Sorge tragen, dass die Kirche ihren Auftrag auch erfüllen kann. Weder die Zustimmung zu ganz speziellen sexualethischen Positionen noch eine Zusage, über bestimmte Streitfragen wie das Priestertum von Frauen nicht zu diskutieren, sind taugliche Voraussetzungen, die für Führungsaufgaben qualifizieren.

---

[23] Dafür plädiert entschieden M. *Sellmann*, Sprecht über Macht!, in: Herder Korrespondenz 73 (2019) Nr. 8, 14–16. Für den Bereich der deutschen DAX-Unternehmen gilt etwa der Deutsche Corporate Governance Kodex (DCGK). Aktuelle Fassung online verfügbar unter https://www.dcgk.de//files/dcgk/usercontent/de/download/kodex/191216_Deutscher_Corporate_Governance_Kodex.pdf (zuletzt abgerufen am 27.05.2020).

Die Implementierung solcher Organisations- und Führungsent-
wicklung in die Ekklesiologie und Hilfen zu ihrer konkreten Umsetzung vor Ort sind Aufgabe der Organisations- und Führungsethik,
die ergänzend zu der im traditionellen Fächerkanon der Theologie
bereits existierenden individuums- und nahraumbezogenen Persön-
lichkeits- bzw. Rollenethik und der Sozialethik entwickelt werden
muss.[24] In der Professionsethik geht es um die Verantwortung, die
jemand als Angehöriger einer bestimmten Berufsgruppe (z. B. Ärzte,
Anwälte, Sozialarbeiter) an Aufgaben und Pflichten hat, sei es durch
Gewohnheit oder aufgrund eines Versprechens, das er oder sie gegeben hat, oder aufgrund eines durch Unterschrift auf einem Vertrag
zum Ausdruck gebrachten Einverständnisses. In der Organisations-
ethik hingegen geht es um die innere Gliederung und Kultur größe-
rer Einheiten, in denen viele verschiedene Akteure mit unterschiedlichen Qualifikationen und Kompetenzen abgestimmt aufeinander
zusammenwirken, jeder seinen persönlichen Verantwortungsbereich
zugewiesen bekommt, fällige Entscheidungen nach Regeln gefällt
und dann auch umgesetzt werden. Von zentraler Bedeutung für das
Gelingen von Organisationen sind heute akzeptierte Leitbilder und
Verhaltenscodices, die alle Mitarbeiter und auch die Vorgesetzten
dazu verpflichten, bestimmte ethische Standards zu beachten. Derartige Compliance-Regelwerke umfassen immer auch Maßnahmen
zur frühzeitigen Verhinderung von Fehlverhalten, Meldewege und
Verfahrensweisen für Fälle, wo Fehlverhalten wie beispielsweise
Missbrauch trotz allem geschieht oder beobachtet wird. Solche
Strukturen von Organisationsverantwortung braucht es heute auch
für kirchliche Organisationen und für die Ausbildung des Nach-
wuchses für Führungspositionen.[25]

---

[24] Dazu K. Hilpert, Was ist ein moralisches Problem aus Sicht der Theologischen
Ethik?, in: M. Zichy/J. Ostheimer/H. Grimm (Hrsg.), Was ist ein moralisches
Problem? Zur Frage des Gegenstandes angewandter Ethik, Freiburg i. Br. 2012,
86–109; Ders., Ehe, Partnerschaft, Sexualität. Von der Sexualmoral zur Beziehungsethik, Darmstadt 2015, 116–118.
[25] Vgl. z. B. Rahmenordnung der Deutschen Bischofskonferenz Prävention gegen
sexualisierte Gewalt an Minderjährigen und schutz- oder hilfebedürftigen Erwachsenen im Bereich der DBK vom 18.11.2019; Empfehlungen des Deutschen
Caritasverbands zur Prävention von sexuellem Missbrauch sowie zum Verhalten
bei Missbrauchsfällen in den Diensten und Einrichtungen der Caritas vom
26.04.2010; der auf dem Ethikkodex für professionelle Seelsorger aufbauende

2.7. Kritik und Bekehrung

Das schlagartige Bekanntwerden der Missbrauchsfälle hat natürlich auch die Frage aufgeworfen, ob und wie solches Unrecht „aufgearbeitet" werden kann. In vielen Stellungnahmen von offizieller kirchlicher Seite haben für die Tatorte heute zuständige Bischöfe ihre Scham über das, was da geschehen ist, bekundet. Scham über die Ereignisse und über Taten, die nie hätten passieren dürfen. Manchmal folgte solcher Bekundung von Scham auch die Bitte, die Betroffenen, also die Opfer, mögen das Geschehene entschuldigen. Es ist Aufgabe der Theologie, auch an diesem Punkt genauer hinzuschauen. Vorbedingung für die ernste Bitte um Vergebung ist nach einhelligem Zeugnis der Tradition das Eingeständnis eigener Schuld und eigenen Versagens. Es wird kritisch angemerkt, dass in vielen Stellungnahmen aber gerade diffus bleibt, wer die Verantwortung übernimmt für die Strukturen, die den Missbrauch ermöglicht haben, und für die Maßnahmen, die als „Vertuschung" charakterisiert werden.[26] Die Frage des Schuldeingeständnisses ist für viele Betroffene überhaupt nur abzuschließen, wenn sie zuvor ausführlich Gelegenheit bekommen haben, dem Täter und/oder einem Verantwortlichen gegenüberzustehen und mit ihm bzw. ihr zu sprechen. Sie brauchen das unmittelbare Gespräch, auch um nach Jahren bzw. Jahrzehnten der Leugnung oder der Ignorierung zum ersten Mal zu erleben, dass ihnen ihre Schilderung des Geschehenen geglaubt wird.[27]

Desweiteren wird von theologischer Seite darauf hingewiesen, dass die Gewährung von Vergebung das Vorrecht der Opfer ist, jedenfalls solange sie leben und unter den ihnen zugefügten Taten

---

Text Qualität der Seelsorge des Österreichischen Pastoralinstituts vom 20.10.2011.

[26] Beispiele in: R. *Werden*, Systemische Vertuschung (s. Anm. 21), hier: 52–71.

[27] In dem bekannten Interview des Bayerischen Rundfunks mit Doris Wagner und Kardinal Schönborn ist wohl die wichtigste und am meisten berührende Stelle die zum Schluss gestellte Frage „Glauben Sie mir?", die vom Kardinal nachdenklich, aber unmissverständlich bejaht wird: „Ich glaube Ihnen das, ja". Vgl. Im Gespräch: Die ehemalige Ordensschwester und der Kardinal, 05.07.2019. Online verfügbar unter https://www.br.de/nachrichten/deutschland-welt/im-gespraech-die-ehemalige-ordensschwester-und-der-kardinal,RHJ2npd (zuletzt abgerufen am 27.05.2020). Das Gespräch ist online verfügbar unter https://www.br.de/br-fernsehen/programmkalender/ausstrahlung-1655322.html (zuletzt abgerufen am 27.05.2020).

leiden, und dass niemand berechtigt ist, sie unter moralischen Druck zu setzen, möglichst rasch und noch bevor sie Zeit hatten, sich mit dem oft erst in großem Abstand zum Geschehen erfolgten Geständnis auseinanderzusetzen. Das diesbezügliche Sich-gedulden-Müssen ist durchaus Teil des Willens zur Wiedergutmachung, genauso wie die Bereitschaft, zu haften für das, was den Betroffenen an Schaden für Leib und Seele angetan wurde und sachkundige Therapie und Begleitung erfordert. Zu rasch und zu demonstrativ vorgetragene Eingeständnisse geraten leicht unter den Verdacht, den mühsamen und bitteren Aufschrei der Opfer übertönen zu wollen.

3. Ein noch vorläufiges Fazit

Im Jahr 2020, also zehn Jahre nach dem Bekanntwerden der Missbrauchsfälle in der katholischen Kirche in Deutschland, kann und darf man eine Zwischenbilanz über die Bemühungen seitens der Theologie ziehen, sich den Herausforderungen, die in diesem skandalösen Geschehen für sie enthalten sind, zu stellen.

Wenn ich es richtig sehe, gibt es hier drei „Großbaustellen", auf denen bereits heftig gearbeitet, analysiert, dekonstruiert, konzeptionell überlegt wird und Fundamente abgesteckt werden.

Eine erste ist das Bild und die Rolle der Sexualität für das Menschsein. Die Zusammenhänge und Balancen zwischen subjektiver Bedürftigkeit, dem Anspruch auf individuelle Selbstbestimmung, respektvollen Beziehungen, Verantwortung und personaler Gestaltung sowie den Möglichkeiten von Elternschaft müssen neu vermessen werden. Die Aufdeckung der Missbräuche ist Anlass, Sexualität und sexuelle Orientierungen als legitime Dimensionen des Menschlichen ernst zu nehmen und die Strategien der Ignorierung, der Verdrängung und der Dämonisierung zu verabschieden. Andererseits sollten die Identifizierung von Tätergruppen und die Offenlegung der Techniken der Vertuschung weder zu einem Generalverdacht gegen Priester überhaupt noch zu einer Aufspaltung nach dem Muster führen: Da ist alles Böse versammelt und alle sexuellen Praktiken und Muster, die darin nicht involviert sind, seien automatisch gut und Ausdruck von neu gewonnener Freiheit. Es gibt im Zusammenhang mit gelebter Sexualität auch weiterhin Ambivalentes, höchst Fragwürdiges und auch Abgründiges[28], und deshalb sind ethische Überlegungen zu Verantwortlichkeit und Respekt auch jenseits des Missbrauchs von Kindern und Jugendlichen notwendig.[29]

Eine zweite Baustelle ist die Macht, die es in der Kirche de facto immer gibt, teils offen und teils verborgen, bislang aber zu wenig diszipliniert. Hierüber besteht noch lange gründlicher Reflexionsbedarf.[30] Natürlich geht es dabei vordringlich zunächst einmal um die Reform der Strukturen, die den sexuellen Missbrauch begünstigt haben und ihn weiter begünstigen. Entsprechende Reflexionsprozesse sind voraussehbar schmerzlich und können auch Konflikte auslösen. Die Überlegungen werden aber darüber hinaus reichen müssen und ihre kritische Aufmerksamkeit auch auf Verfügungsmacht, die die berufliche Existenz gefährden kann (etwa bei Nichterteilung des Nihil obstat, bei der Laisierung von Priestern, bei einer Wiederverheiratung nach Scheidung), sowie auf paternalistische Praxen der Amtsführung und der Verwaltungen richten, die an den Bedürfnissen, Lebenserfahrungen und auch an den Empfindlichkeiten der Gläubigen und der Gemeinden vorbeigehen. Auch die kirchliche Moralverkündigung, die bisher den unerschütterlich wirkenden Eindruck erweckt hat, dass sie im Vollbesitz der Definitionsmacht über alle Lebenssituationen sei, und der je nachdem als Privilegierung des männlichen Geschlechts oder als Diskriminierung des weiblichen empfundene grundsätzliche Ausschluss der Frauen von den Weiheämtern werden in diesem Zusammenhang hinterfragt werden müssen.

Ein drittes umfassendes Anliegen schließlich, das sich bei der Analyse der Auseinandersetzung mit dem Missbrauchsskandal auf-

---

[28] S. dazu etwa die bedenkenswerten Überlegungen von *J. Röser*, Wenn aber die Sexualität nicht „lieb" ist …?, in: Christ in der Gegenwart 6 (2013) 67f.

[29] Über die Aufgaben und Veränderungsprozesse, die sich speziell der Theologischen Ethik stellen, damit in Zukunft der Wahrscheinlichkeit für sexuellen Missbrauch von vornherein entgegen gearbeitet wird, s. *K. Hilpert*, Lernprozesse in der theologischen Ethik, in: Ders./S. Leimgruber/J. Sautermeister/G. Werner (Hrsg.), Sexueller Missbrauch von Kindern und Jugendlichen im Raum von Kirche. Analysen – Bilanzierungen – Perspektiven (Quaestiones disputatae 309), Freiburg i. Br. 2020, 251–267.

[30] Vgl. den genannten Essay von *G. M. Hoff*, Kirche zu, Problem tot! Theologische Reflexionen zum Missbrauchsproblem in der katholischen Kirche, in: Kursbuch 196 (2018) 26–41.

drängt, aber auf einer etwas anderen Ebene liegt als die beiden anderen „Großbaustellen", ist die konstitutive Bedeutung des Dazulernens für die Theologie.[31] Nur wenn und insoweit diese offen ist für das, was die Humanwissenschaften und die mit deren Methoden durchgeführten Studien über den Missbrauch und die Gründe seines jahrzehntelangen Verschwiegen-Werdens zutage fördern, kann sie selber zu diesem Komplex Kompetentes sagen und sich konstruktiv an der Suche nach Maßnahmen für eine effektive Prävention beteiligen.[32] Wird hingegen die Kenntnisnahme dieser Resultate verweigert oder selektiert, weil sie unangenehm sind, geht unnötig viel Zeit verloren, bis die Fakten sich dann doch einen anderen Weg an die Öffentlichkeit suchen und weiteres Ansehen und Vertrauen zerstört werden.[33] Allein mit sich selbst und auf dem Boden der tradierten kirchlichen Lehre, die zugegebenermaßen auch Ausdruck eines theologischen Denkens ist, aber eben eines viel älteren, fest geronnenen und deshalb schwer ergänz- oder veränderbaren, kann sie das nicht in Ordnung bringen. Es ist ihre Aufgabe als Teil der Wissenschaft, angesichts hinzugewonnener neuer Erkenntnisse die Zeitbedingtheit vorhandener Denkvorstellungen und -muster sichtbar zu machen und Vorschläge zu entwickeln, wie die Impulse der Botschaft Jesu unter den stark veränderten und sich weiterhin stark ver-

---

[31] Vgl. K. *Hilpert*, Ehe, Partnerschaft, Sexualität. Von der Sexualmoral zur Beziehungsethik, Darmstadt 2015, 127f.

[32] Eine wichtige Brückenfunktion kommt hierbei Literaturberichten zu. Exemplarisch sei verwiesen auf J. *Sautermeister*, Literarische Rundschau zum Thema „Sexueller Missbrauch/Sexualisierte Gewalt", in: Münchener Theologische Zeitschrift 62 (2011) 71–82.

[33] Ein besonders anschaulicher Fall von solcher Verweigerung möglicher Erkenntnis ist der Fall des Schweizer Missionspaters Jakob Crottogini SMB, dessen Untersuchung über die sexuellen Schwierigkeiten junger Seminaristen 1956 noch vor der Veröffentlichung (erschienen unter dem Titel Werden und Krise des Priesterberufes. Eine psychologisch-pädagogische Untersuchung über den Priesternachwuchs in verschiedenen Ländern Europas, Einsiedeln 1955) vom damaligen Heiligen Offizium indiziert und wirksam unterdrückt wurde. Genaueres dazu in: J. *Scheiper*, Der „Fall Crottogini" oder: Priesterbild, Sexualität und Zensur, in: Münchener Theologische Zeitschrift 70 (2019) 118–144. Über die Spannungen zwischen Sexualität und der zölibatären Lebensform von Priestern und Ordensleuten konnte man seit den 1990er Jahren auch durch die umfangreiche, aus dem Amerikanischen übersetzte Studie von A. W. R. *Sipe*, Sexualität und Zölibat, Paderborn 1992, Bescheid wissen.

ändernden Bedingungen des Denkens und Handelns praktiziert und an neue Generationen weitergegeben werden können. Insofern könnte der Missbrauchsskandal eine exemplarische Herausforderung für die Klärung sein, dass Lernen eine Grundtugend des Theologietreibens ist.

Ob und wieweit solche theoretischen Bemühungen auch Früchte tragen, wird sich auf der Ebene der realen kirchlichen Praxis entscheiden. Der „Synodale Weg" ist immerhin ein ernstes Signal, gemeinsam nach dieser Richtung hin etwas bewegen zu wollen.

Verzeichnis der Autorinnen und Autoren

Ulrich Feeser-Lichterfeld, Dr. theol. Dipl.-Psych., Professor für Praktische Theologie mit dem Schwerpunkt Praxisbegleitung, Praxisforschung und Pastoralpsychologie an der Katholischen Hochschule NRW, Abteilung Paderborn, Weiterbildungen und freiberufliche Tätigkeit als Supervisor, Coach und Organisationsberater.

Judith Hahn, Dr. theol. Lic. iur. can., Professorin für Kirchenrecht an der Katholisch-Theologischen Fakultät der Ruhr-Universität Bochum.

Konrad Hilpert, Dr. theol., emeritierter Professor für Moraltheologie an der Katholisch-Theologischen Fakultät der Ludwig-Maximilians-Universität München.

Marion Jarczok, Dipl.-Soz., wissenschaftliche Mitarbeiterin im Bereich „Epidemiologie und Verlaufsforschung im Kinderschutz" an der Klinik für Kinder- und Jugendpsychiatrie/Psychotherapie des Universitätsklinikums Ulm.

Andreas Jud, Dr. phil., Professor für „Epidemiologie und Verlaufsforschung im Kinderschutz" an der Klinik für Kinder- und Jugendpsychiatrie/Psychotherapie des Universitätsklinikums Ulm und Dozent der Hochschule Luzern – Soziale Arbeit/Schweiz.

Andreas Odenthal, Prof. Dr. theol., Professor für Liturgiewissenschaft an der Katholisch-Theologischen Fakultät der Universität Bonn.

Wolfgang Reuter, Dr. theol., Privatdozent für Pastoraltheologie an der Katholisch-Theologischen Fakultät der Rheinischen Friedrich-Wilhelms-Universität Bonn, Psychoanalytiker in eigener Praxis, Leiter der Klinikseelsorge am LVR-Klinikum, Kliniken der Heinrich-Heine-Universität Düsseldorf und Koordinator der Behinderten- und Psychiatrieseelsorge in Düsseldorf/Rhein-Kreis Neuss.

Jochen Sautermeister, Dr. theol. Dr. rer. soc., Dipl.-Psych., Professor für Moraltheologie an der Katholisch-Theologischen Fakultät der Rheinischen Friedrich-Wilhelms-Universität Bonn, psychologischer Ehe-, Familien- und Lebensberater.

Michael Schüßler, Dr. theol. Dipl.-Päd., Professor für Praktische Theologie an der Katholisch-Theologischen Fakultät der Eberhard-Karls-Universität Tübingen.

Oliver Wintzek, Dr. theol., Privatdozent für Fundamentaltheologie an der Katholisch-Theologischen Fakultät der Albert-Ludwigs-Universität Freiburg, von 2017–2020 Vertretung des Lehrstuhls für Dogmatik und Theologische Propädeutik an der Katholisch-Theologischen Fakultät der Rheinischen Friedrich-Wilhelms-Universität Bonn.